OS NA DDÔN NHW...

I deulu Caerdegog, Ynys Môn,
am ddal eu tir.

OS NA DDÔN NHW...

CEFIN ROBERTS

Argraffiad cyntaf: 2019
© Hawlfraint Cefin Roberts a'r Lolfa Cyf., 2019

Cynllun y clawr: Sion Ilar

Rhif Llyfr Rhyngwladol: 978 1 78461 701 1

Dymuna'r cyhoeddwyr gydnabod cymorth ariannol
Cyngor Llyfrau Cymru

Cyhoeddwyd ac argraffwyd yng Nghymru
ar bapur o goedwigoedd cynaliadwy gan
Y Lolfa Cyf., Talybont, Ceredigion SY24 5HE
e-bost ylolfa@ylolfa.com
gwefan www.ylolfa.com
ffôn 01970 832 304
ffacs 01970 832 782

I

Titrwm, tatrwm...

EISTEDDAI CEMLYN WRTH y bwrdd brecwast yn gwrando ar y gwynt yn ffyrnigo. Roedd yn gas ganddo sŵn gwynt; gwynt di-ildio mis Tachwedd. O lle doth hwn mwya sydyn? meddyliodd, wrth i'w fam daro'r bocs Kellogg's o'i flaen ac ymbalfalu yn yr oergell am yr wyau. Yr un gwynt ddaeth draw i'w peltio y noson y bu ei dad farw oedd hwn; ond fyddai'r un o'r ddau'n sôn am hynny. Os byddai hi'n wynt, waeth beth fo'i dymer, cau eu cegau'n drap a wnâi'r ddau a gadael llonydd iddo wneud ei lanast. Gellid cyweirio unrhyw ddifrod mewn tywydd teg.

Wrth dywallt ei frecwast yn ddi-ffrwt i'r ddysgl ffrwythau o'i flaen, daeth arogl cig moch i'w ffroenau a theimlodd dro yn ei stumog. Roedd arogl saim yn gymysg â phersawr rhad ei fam wedi dechrau codi cyfog arno'n ddiweddar.

'Un wy?' gofynnodd yr hen wreigan, gan sychu un o'r wyau yn y barclod a fu unwaith yn fôr o flodau bach gleision.

Safai Tyddyn Pwyth yng nghysgod Craig y Morlo, ond pan chwythai'r gwynt o'r gogledd, roedd y bwthyn mor agored i'r corwyntoedd â chopa'r mynydd uchaf. Yma, ar un o ymylon eithaf yr ynys, y cafodd Cemlyn ei eni a'i fagu. O'r fan yma y bustachodd i'r ysgol ac yna i'w waith yn y lladd-dy ym Modeurwyn. Trwy ddwy giât mochyn a thros dair camfa, yr un fu ei lwybr boreol am ugain a mwy o flynyddoedd. Prin iawn y gallai gofio'r adegau hynny pan

5

y llamai dros y gamfa a gaflio dros y giatiau i'w waith; a doedd bore heddiw ddim yn eithriad.

Feiddiai Cemlyn ddim dweud wrth ei fam nad oedd o fawr o awydd brecwast wedi ei ffrio. Tarai'r hen wraig y badell ar y tân unwaith y clywai ei mab yn stwyrian mor ddeddfol â chodiad yr haul. Hen, hen arferiad nad oedd modd ei newid bellach.

O bosib mai arogl yr hen saim oedd wedi troi ei stumog. Hynny, a gweithio bob dydd yng ngwynt yr holl garcas yn y lladd-dy. Roedd meddwl am fynd i'r gwaith yn pwyso'n drwm arno heddiw wrth i hisian y saim foddi sŵn y gwynt.

'Fydd dy gelogs di'n slwtsh os na fyti di nhw, Cemlyn,' meddai ei fam, wrth dorri'r ail wy.

'Un wy dwi isio plis, Mam.'

'Rhy hwyr. Tasat ti'n f'atab i'r tro cynta lasat ga'l be w't ti isio. Ti'n ddi-hwyl? Be 'di matar?' gofynnodd ei fam, wrth iddi grimpio'r tafelli'n ddidrugaredd yn y badell.

'Dim,' atebodd Cemlyn, a tharo'i ddysgl hanner gwag yn y sinc.

'Sgin ti marfar drama heno?' holodd ymhellach.

Fel arfer byddai hwyliau mymryn gwell ar Cemlyn ar noson ymarferion.

'Nag oes, nos fory,' atebodd, a mynd trwodd i'r daflod i nôl ei fag gwaith a chwilio am ei ffôn symudol.

Fel hyn roedd hi arno bob bore; byth yn cofio lle byddai wedi gadael ei betheuach. Mor wahanol i'w chwaer. Roedd Megan wastad wedi bod yn drefnus hefo'i phethau; gwybod yn union ble byddai ei llyfrau ysgol a'i chas pensiliau. Doedd fiw i Cemlyn symud 'run blewyn o'i heiddo na fyddai Megan wedi synhwyro'r weithred o fewn dim. Waeth faint wadai, byddai ei chwaer yn siŵr o ddod o hyd i ffordd o'i gornelu'n y diwedd.

'Chdi fuo'n fy stafall i gynna?'

'Naddo'n tad, fuish i'm ar gyfyl dy stafall di. Be sy haru chdi, hogan?'

'Hoel sgidia budron hyd y carpad, dyna ti be sy "haru" mi.'

'Wel, nid fy rhai i oeddan nhw, iawn, felly rho'r gora i feio ar gam, 'nei di?'

'Be oedd dy jacad di'n da wrth ochor 'y ngwely i 'ta, Cemlyn?'

Waeth pa ffordd y ceisiai wingo allan o'r gornel y câi ei hun ynddi, byddai Megan yn saff o ffeindio rhyw ffordd o sodro'i brawd yn ôl ynddi'n ddigon sydyn.

'Be oeddat ti'n ei neud yn fy stafall i, p'run bynnag?' A'i llais cyhuddgar yn ei lorio am yr eildro.

Fyddai ganddo ddim esgus pendant i'w chwaer ar unrhyw achlysur. Cael ei hun yno'n edrych trwy gylchgronau ac ambell gatalog fyddai o gan amlaf. Edrych ar luniau o ferched tlws, siapus, yn edrych i fyw llygad y camera ac yn rhoi gwên fach mor annwyl a chynnes yn ôl arno. Mor hawdd fyddai siarad hefo merched fel y rhai yn y llun chwedl â'r genod tafodrydd yn yr ysgol.

Roedd hynny flynyddoedd yn ôl bellach, ond doedd Cemlyn ddim wedi cael unrhyw lwc yn ei fywyd carwriaethol byth ers ei ddyddiau ysgol chwaith. Aeth pob cylchgrawn yn ei dro i gynnau tân ac aeth pob catalog yn wenfflam ar goelcerth y pentref wedi i Megan godi ei phac a gadael cartref, ond chynheuwyd yr un fflam yng nghalon Cemlyn erioed. Tipyn o fethiant fu pob un o'i ymdrechion i hudo unrhyw ferch i rannu ei gariad â hi, a chyda phob methiant deuai mwy o ofn ac ansicrwydd yn ei sgil. Caeodd y llifddorau ar ei deimladau mwyaf cyfrin.

Fesul mis, fesul blwyddyn, dihangodd i'w lyfrau a'i ddiddordebau. Daeth bywyd a bodolaeth y sêr yn fwy cyfarwydd iddo na'r bobl ar y blaned yr oedd yn ei thramwyo – boed y rheiny'n sêr y sgrin neu'r sêr a oleuai'r ffordd adre iddo wedi treulio ychydig oriau yn y Ship hefo'i ffrindiau.

Roedd tynfa'r sêr yn ddihangfa ac yn gysur i Cemlyn. Ymgollai'n llwyr yn eu galaethau pell, a gwyddai am eu llwybrau llaethog a'u clystyrau enwog i gyd. Yn yr un modd, fe awchai am wybodaeth am y ffilmiau â'u sêr hwythau. Roedd ganddo fwy o wybodaeth am hynt a helynt rhai o actorion y sgrin arian na'i gymdogion agosaf ym Modeurwyn. Daliai'r bws i dref Llanfarian bob prynhawn Sadwrn i wylio'r ffilm ddiweddaraf, a galwai yn y Ship ar ei ffordd adre am lymaid sydyn hefo Geraint Big End, cyn dychwelyd at ei fam erbyn swper i adrodd yr hanes i gyd.

Ond Cwmni Drama Bodeurwyn oedd y ddihangfa bwysicaf o ddigon iddo. Roedd y cyfle i ymgolli ym mywydau cymeriadau ffug yn fodd iddo anghofio rhigol ei fywyd undonog yn y lladd-dy. Dim ond un siom a gawsai Cemlyn gan y cwmni erioed. Roedd Glenys Ty'n Pant, y cynhyrchydd, wedi cynnig y brif ran yn un o gynyrchiadau'r cwmni iddo, ond o fewn cwta wythnos roedd wedi ailystyried, gan awgrymu y byddai rhan y gwas yn fwy addas ar ei gyfer na'r carwr ifanc. Buan iawn y clywodd mai Susan Puw, y ferch a gawsai'r brif ran gan Glenys yn y rhan fwyaf o'u cynyrchiadau, oedd wedi cwyno am y castio. Roedd wedi gwrthod rhan y brif ferch os mai Cemlyn Owen fyddai'n ei 'chusanu'n nwydus' ar ddiwedd act dau. Gwyddai Cemlyn nad fo oedd y bachgen mwyaf golygus o blith actorion y cwmni, ond beth am hynny? Ond llyncodd ei rwystredigaeth a bodlonodd ar chwarae'r rhannau digrif, neu ran y dihiryn, pan ddôi'r cyfle.

Gwisgodd ei hwdi llwyd dros ei grys-T, gan wthio'i droed dde i'w dreinyr yr un pryd. Trawodd ei fodyn yn erbyn ei ffôn symudol. Sut ddiawl na chofis i mai fan'na rhois i o?

gofynnodd iddo'i hun, cyn taro'r droed chwith yn y llall a'i chychwyn hi'n ôl am y gegin.

Cododd Catrin Owen y ddwy dafell o gig moch a'r ddau wy yn ofalus ar blât oedd yn twymo ar y gradell.

'Dara i nhw ar frechdan iti os basa well gin ti. Neith ginio iti wedyn.'

'Diolch, Mam.' A diolchodd i Dduw, yr un pryd, na fyddai'n rhaid iddo stumogi'r cig moch – tan amser cinio, beth bynnag.

Edrychodd allan ar y môr â'i gesig gwynion yn carlamu tuag at Graig y Morlo, a'r gwynt yn eu hysio'n ddidrugaredd tua'u tranc ar y creigiau duon. Byddai wedi mynd yn ei fan ar fore mor ddiflas â hyn fel arfer, ond roedd honno wedi chwythu ei phlwc ers pan aethai â'i fam i Matalan i brynu coban newydd. Roedd Geraint Big End wedi mynd i'w pherfedd fore trannoeth ac wedi methu adfywio'r hen chwaer. Felly, roedd y fan fach yn segura ar yr iard gefn ers wythnosau bellach, a'r ieir yn edrych yn syn arni'n foreol, yn methu deall beth oedd yr anghenfil llwyd yn ei wneud yn tresbasu ar eu libart.

Roedd gan Cemlyn ddyrnaid o ieir yn gori mewn sied ar waelod yr iard a oedd wedi astudio'r hen fan o bob ongl ers iddo'i symud hi yno i aros ei thynged.

Edrychent ar ei gilydd yn syn ac yna'n ôl ar yr hen fan fel tasan nhw'n dal i drio dyfalu beth oedd yn bod arni. Ond doedd yr un o'r ieir wedi mentro allan fore heddiw, er iddo agor drws y sied cyn brecwast. Roedden nhw'n ddigon bodlon dan do yn mochel rhag y ddrycin. Roedd ganddo feddwl y byd o'i ieir.

Tra-arglwyddiaethai un ceiliog Orpington anferth ar y pedair iâr o'r un brid, a thair Sussex, dwy Redcap a dwy Norfolk Grey. Byddai'n arddangos un neu ddwy o'r ieir yn y Primin yn flynyddol, ac roedd y rhubanau a'r tystysgrifau'n un cawdel hyd ei stafell wely ymhlith ei lyfrau a'i sgriptiau, yn dyst o'i lwyddiannau yn y sioe.

'Wela i chi heno 'ta, Mam,' meddai Cemlyn, gan daro'i gôt fawr amdano.

'Sgin ti marfar ar ôl gwaith?' holodd ei fam.

'Nag oes,' meddai wrthi unwaith eto. 'Wela i chi tua'r chwech 'ma,' a rhoi cusan fach ar ei boch.

'Pam dach chi 'di gwisgo sent bora 'ma?' gofynnodd.

'Ydw i?'

Roedd yn edifar ganddo ofyn hynny iddi cyn i'w frawddeg adael ei enau. Dylai fod wedi gwybod yn well.

'Meddwl mynd i dre oeddach chi?' gofynnodd, gan geisio rhoi ateb parod iddi.

'Ia,' meddai hithau, gan feddwl yn sydyn y byddai hynny'n syniad go lew. 'Ia... falla yr a' i.'

'Cofiwch fynd â'ch côt fawr hefo chi os dach chi'n mynd 'ta,' meddai Cemlyn, cyn mentro allan i'r ddrycin. Roedd ei fam wedi bod i lawr i'r pentre ryw bythefnos yn ôl yng nghanol y glaw heb bwt o gôt amdani.

Pan agorodd ddrws y ffrynt sylwodd fod hugan lwyd wedi lapio'i hun yn dynn am Graig y Morlo, fel mai prin y gwelai Cemlyn lidiart yr ardd heb sôn am Gamfa'r Gwyddal. Erbyn iddo gyrraedd y llidiart gallai deimlo'r diferion yn nadreddu i lawr ei gefn a phenderfynodd redeg yn ôl i'r tŷ i mofyn ambarél. Roedd meddwl am gyrraedd y lladd-dy yn wlyb at ei groen yn codi'r felan arno.

'Mond wedi picio i nôl ambarél ydw i iawn, Mam!' galwodd o'r cyntedd. Agorodd ei fam ddrws y gegin ac edrych yn syn ar ei mab.

'O, d'ei di ddim i dy waith heb frecwast, Cemlyn bach,' meddai, a chysgod y niwl yn syrthio dros ei llygaid.

2

Rwyf weithiau yn Llundain...

WYDDAI ANNEST DDIM lle roedd hi'n iawn pan ddeffrôdd hefo anferth o gur pen yng ngwesty'r Thistle ar Gray's Inn Road. Hen westy trillawr, tair seren a thri cham o'r orsaf drenau yn ardal King's Cross oedd y Thistle. Gwesty oedd wedi gweld dyddiau gwell. Roedd hi mewn stafell fechan, fyglyd, wedi ei gorddodrefnu'n rhad fel na allai anadlu ynddi bron. Doedd ganddi ddim dewis ond cau'r ffenestri llychlyd, gan mai'r unig opsiwn arall oedd cael ei byddaru gan sŵn y trenau di-baid a oedd bron yn crafu talcen y gwesty wrth basio heibio iddo. Mor wahanol i'r dyddiau pan oedd ganddi ei fflat moethus ei hun yn edrych allan dros Queen's Park. Ers i'r cynigion am waith grebachu, roedd wedi cael cyngor gan ei chyfrifydd i werthu'r fflat cyn i brisiau tai'r brifddinas blymio i'r gwaelodion yn llwyr.

Cafodd Annest Gwilym waith yn syth ar ôl gorffen ei chwrs yn Rose Bruford ar gyfresi drama Saesneg lled boblogaidd ac ambell ran achlysurol yng nghynhyrchiadau'r West End. Roedd hi, ar y pryd, yn ticio'r bocsys angenrheidiol i gynhyrchwyr a oedd yn chwilio am ferch ifanc, ddeniadol hefo rhyw fymryn o ddirgelwch Celtaidd o'i chylch. Châi hi byth ei chastio i'r brif ran, ond eto'n ddigon llwyddiannus i gael sylw gan y wasg Gymreig am iddi lwyddo yr ochr arall i'r ffin. Ddychwelodd hi erioed i Gymru i actio mewn unrhyw gynhyrchiad, ond fe ymddangosodd yn achlysurol ar ambell raglen drafod ar y radio a'r teledu yn sgwrsio am ei 'llwyddiannau' yn Llundain. Gwyddai Annest y byddai tipyn yn uwch ei pharch yn ei gwlad ei hun o wneud llai yno. Ond bymtheng mlynedd yn ddiweddarach, doedd y gwaith ddim yn llifo i'w chyfeiriad mor rhwydd ag y bu ar gychwyn ei gyrfa, a diddordeb y werin datws hefyd yn pylu yn y seren wib.

Caniad ei ffôn symudol oedd wedi ei deffro, ac er iddi gau'r ffenestri, treiddiai grŵn di-baid y trenau i'w chadw rhag syrthio'n ôl i'w chwsg anniddig. Gwyddai'n iawn mai Graham, ei hasiant, oedd yn ei galw. Isio fy holi am y clyweliad yn yr Almeida ddoe, mwn, meddyliodd. Fe gâi Graham aros. Doedd hi ddim yn barod eto i wynebu diwrnod arall o fwytho hangofyr ar y trên yn ôl i Gaerdydd ac o ddal wyneb hefo'i ffrindiau yn y Bae. Clyweliad symol arall a gawsai, a doedd hi ddim yn debygol o gael ail alwad, yn ôl yr ymateb a gafodd gan y cyfarwyddwr. 'Thank you, Annyest,' oedd yr unig ebwch a gafodd gan hwnnw. Roedd ynganu ei henw'n anghywir yn ddigon drwg, ond thrafferthodd y shinach ddim i ddal ei llygaid wrth iddi adael y stafell chwaith. Roedd pob achlysur bychan fel hyn yn rhwbio rhagor o halen ar friw ei methiannau diweddar.

Tynnodd ar sigarét gynta'r dydd a llyncu'n ddwfn i fygu'r siom. Cododd i fynd i'r tŷ bach a'r atgof am ei noson ffyrnig rhwng y cynfasau'n fflachio drwy ei chof wrth iddi deimlo'i bronnau'n bynafyd, a'r boen a saethai rhwng ei choesau'n deffro atgofion chwerwfelys; atgofion am noson o garu gorffwyll, ysbeidiol, hefo'r barman bach ifanc ar ôl iddo gau'r bar a golchi'r gwydrau yn oriau mân y bore.

Mi lanwodd hwnnw ei gwydryn yn rhad ac am ddim pan sylweddolodd ei bod yn mynd i fod yn 'hawdd'. Dynes ganol oed oedd Annest i'r llafnyn o farman. Doedd hi'n amlwg ddim y gyntaf i wenu'n ddel arno dros wydryn o win yn aros i'r bar wagio fesul cwsmer. Rhwydd, meddyliodd, wrth wenu'n slei yn ôl arni. Ond roedd yntau'r un mor 'hawdd', barnodd Annest. Pan oedd pawb arall wedi clwydo daeth ati hefo hanner potel o win yn ei law, a'i hanner gwên yn llawn addewidion.

Doedd o ddim yn garwr rhy ddrwg, o ystyried ei oedran. Dilynodd ei chyfarwyddiadau yn fanwl gan adael iddi hi ei harwain i'r llefydd y dymunai iddo eu mwytho, cyn rhoi'r hawl iddo ddiwallu ei angen ifanc yntau arni hithau. Mynnodd ei fod yn dyrnu'n galed bryd hynny. Roedd yn gas ganddi garu tyner. Dim sibrwd melys a chusanu ysgafn a'i cynhyrfai. Rhegi a bytheirio fel anifail a fynnai Annest Gwilym gan ei dynion erbyn hyn. Roedd hi angen mymryn o frathu a chripio a doedd y llafnyn yma ddim yn gyndyn o'i gwasanaethu. Roedd y cyfan drosodd yn llawer rhy gyflym ar ei gynnig cyntaf, ond ddiflannodd o ddim i'r nos a chau drws y stabl ar ei ôl chwaith. Nid dyn priod oedd hwn. Stalwyn ifanc, rhydd ac egnïol gafodd hi i'w phwnio neithiwr, ac roedd o'n dipyn gwell dyrnwr yr eildro.

Edrychodd ar ei hadlewyrchiad yn y drych a suddodd ei chalon i'w sodlau. Oedd y rhychau wedi bod mor amlwg â hyn yn y clyweliad ddoe, tybed? Gwyddai'n iawn y byddai'r rhan wedi cael ei rhoi ar blât iddi rhyw bum mlynedd yn ôl. Ond nid felly yr oedd hi bellach. Ymdrechai'n llawer rhy galed yn ei chlyweliadau'n ddiweddar. Hefo pob rhan a wrthodid iddi byddai'r gorymdrech yn fwy amlwg y tro wedyn. Tybed oedd ei hasiant yn ei danfon am y rhannau anghywir – rhannau a oedd yn rhy ifanc iddi? Efallai mai dyna oedd y siom a welai yn wyneb cyfarwyddwyr wrth iddi gerdded i mewn i'r ystafell glyweld. Haen ar ôl haen o amheuon yn cynyddu fesul clyweliad. A dim un cynnig yn cael ei wneud.

Llifodd y dŵr yn llugoer o'r gawod a phenderfynodd y

byddai'n aros nes y cyrhaeddai adre cyn golchi ei gwallt a ffonio'i hasiant. Doedd yr un pleserau ddim i'w cael mewn ystafell ymolchi tair seren â'i sebonau rhad.

Beth ddywedai hi wrth ei ffrindiau heno? Roedd hi wedi dweud wrthyn nhw droeon o'r blaen fod ei hasiant wedi amau nad oedd y rhan yn addas ar ei chyfer, bod dyddiadau'n gorgyffwrdd neu bod y ffi yn rhy dila; unrhyw esgus heblaw am y gwirionedd plaen na chafodd hi gynnig y rhan am fod rhywun arall yn y clyweliad yn well (ac yn ieuengach) na hi. Ond roedd ôl traul ar bob un o'i hesgusodion erbyn hyn. Gweithiai un neu ddau o'i ffrindiau yng Nghaerdydd yn y diwydiant darlledu ac roedd yn amau bod Caron eisoes wedi synhwyro crac mewn ambell un o'i straeon. Nid hi oedd yr unig un i ymbalfalu am esgusodion dros ei methiannau ac roedd rhai o'r esgusodion yn dechrau troi'n diwn gron erbyn hyn.

Efallai mai dweud y gwir wrthyn nhw fyddai orau. Efallai y câi hi gydymdeimlad wedyn. Yn sicr, byddai Caron yn ei dandwn drwy'r gyda'r nos unwaith y gwelai fod Annest yn teimlo'n isel. Dyna pryd y byddai Caron ar ei orau. Roedd yn dda am wrando ar stori ddagreuol a chynnig ysgwydd a mwythau pan fyddai Annest ei angen. Gallai ddisgrifio'i hanturiaethau hefo'r barman iddo wedyn a glana chwerthin dros eu Mojitos a'u brandi. Roedd hi'n meddwl y byd o Caron.

Brecwast cyfandirol oedd yr unig beth a gynigiai'r gwesty ac roedd Annest angen mwy na hynny heddiw. Wedi yfed a charu ar stumog wag doedd paned o goffi a phowlennaid o fiwsli briwsionllyd ddim yn mynd i'w digoni. Roedd yn gwarafun pob dimai wrth dalu'r bil yn y dderbynfa. Siwrnai seithug arall i'r brifddinas a'i derbyniodd hefo'i breichiau ar agor led y pen bymtheng mlynedd ynghynt. Roedd hyd yn oed y bil am y gwin dipyn trymach na'r hyn a dybiai. Mae'n rhaid bod ei dyrnwr bach ifanc wedi codi'r pris llawn arni wedi'r cyfan.

* * *

Fflat un ystafell wely ym Mae Caerdydd oedd ei chartref erbyn hyn. O leia roedd hynny'n cynnal y ddelwedd o lwyddiant cymharol ac yn dal i dwyllo ei chylch ffrindiau ei bod yn cadw'i phen uwchben y dŵr. Ond roedd Annest wedi cael sawl cyfnod o fyw o'r llaw i'r genau yn ddiweddar. Fe ddeuai ambell ran iddi mewn hysbyseb yn achlysurol i'w harbed rhag gorfod derbyn y briwsion Cymreig a gynigid iddi gan ei hasiant weithiau.

'I could get you a handsome fee for it, Annest.'

'Yes, Graham, but…'

'Maybe if you just read the script before you turn it down.'

'No way. Tell them I'm not interested.'

'Annest darling, I have. But I think they need some big names to get the commission through.'

Roedd hi'n falch o gael ei hystyried yn 'enw' o hyd yng Nghymru fach, ond roedd hi hefyd yn gwybod mai cam yn ôl yn ei gyrfa fyddai derbyn. Doedd Graham, mwy na'r un asiant arall, ond yn gwarchod ei fuddiannau ei hun yn trio gwthio'r rhan arni, ac yn gwybod y câi yntau gelc go lew allan o enw Annest Gwilym petai hi'n dechrau derbyn rhannau yn Gymraeg. Doedd Graham ddim yn deall Cymru, a doedd o ddim yn gwthio'i gleientiaid i weithio yno ar chwarae bach. Mae'n rhaid bod Cwmni Teledu Aran wedi gwneud cynnig go lew iddo'r tro yma. Canodd ei ffôn symudol wrth iddi hepian, a'r trên yn croesi'r hen, hen ffin.

'Annest, darling, Teleddie Araahn have asked me if you

would reconsider that script they sent you last summer. How do you feel by now?'

'Bloody awful to be honest with you, Graham. I had a terrible journey down to London, an even worse audition and a monster of a headache as a result.'

'They rang earlier to give me some feedback.'

'What did they say?'

'Not a lot.'

'I didn't like them anyway.'

'If you just read the Teleddie Araahn script for me, Annest.'

'OK, Graham, if you send me a copy.'

'You've already got one, Annest.'

'Yes, but...'

Aeth i mewn i dwnnel a cholli'r signal a thrafferthodd hi ddim i'w alw'n ôl. Doedd ganddo ddim byd gwell, difyrrach na newydd i'w gynnig iddi, yn amlwg. A fory, mi fyddai sgript yn glanio yn llawn o straeon cachu gwartheg a llosgach yn ei haros i'w hystyried. Tydi bywyd yn ddifyr? meddyliodd, wrth i lwydni Casnewydd gau o'i chwmpas. Croeso adra, Annest!

3

Yn gweithio'n daer amdani…

CYRHAEDDODD CEMLYN y lladd-dy yn hwyrach nag arfer ac yn wlyb diferol. Wrth ddringo Camfa'r Gwyddal roedd y gwynt wedi troelli'n ddirybudd a chipio'r ambarél o'i afael yn llwyr. Rhedodd ar ei hôl ar hyd y gors agored nes bod ei draed yn fwd hyd at ei fferau. Rhwng hynny a'r gwynt, roedd o ddeng munud yn hwyr yn cyrraedd ei waith, ac yn disgwyl pryd o dafod gan Mr Griffiths, y rheolwr.

Ond roedd y lladd-dy'n dawel fel y bedd pan agorodd Cemlyn y drws a chamu i mewn i'w waith. Roedd cryn ddwsin o lafnau lleol yn gweithio yn y lladd-dy, ond Cemlyn a Mr Griffiths fyddai'n gwneud y gwaith paratoi a gofalu bod popeth yn ei le cyn i'r ffariar gyrraedd ar gyfer yr *ante-mortem*. Doedd y drws ddim ar glo. Trawodd ei law ar y tegell, ond roedd hwnnw mor oer â'r cig oedd yn hongian yn yr oergell o'i flaen.

Rhyfedd, meddyliodd Cemlyn; roedd car Mr William Griffiths y tu allan, a'i allweddi'n un bwndel llonydd wrth ymyl y ffôn. Mae'n rhaid nad oedd o wedi mynd yn bell iawn gan fod aroglau mwg ei sigarét gyntaf yn dal i hongian yn y swyddfa.

Penderfynodd Cemlyn mai'r peth gorau fyddai iddo gychwyn ar ei waith. Mi fyddai'r hogiau a'r ffariar yn cyrraedd cyn bo hir ac yn disgwyl y byddai popeth yn barod ac yn eu lle. Agorodd ddrws yr oergell a phwyso'r botwm i gael golwg ar y cigoedd. Cychwynnodd y meri-go-rownd o gyrff a grogai o'r bachau droelli'n araf. Cymerai gip ar bob burgyn yn ei dro gan sicrhau fod y tymheredd yn gyson â'r noson cynt.

Roedd y rhan yma o'r gwaith yn atgoffa Cemlyn o'r rhesi y byddai'n arfer rhedeg iddynt yn yr ysgol, slawar dydd, a'r athro'n cyfri'r pennau wrth iddynt ddychwelyd i'r dosbarth; ond doedd yr un pen ar gyfyl y creaduriaid a ddeuai tuag ato bob bore yn ei waith. Cyn hir, byddai pob un ohonynt wedi eu datgymalu'n ddestlus a'u harddangos ar gownter y bwtsiwr.

Bore arall yn byw drwy'r un hen rigol, meddyliodd. Ond yr eiliad nesa fe chwalwyd y rhigol hwnnw'n rhacs pan ymddangosodd Mr Griffiths fel rhith drwy'r tarth rhewllyd. Roedd ei lygaid pwl yn syllu'n fud ar Cemlyn, a'i wefusau gwelw fel pe baent ar fin dweud rhywbeth o bwys wrtho. Fferrodd Cemlyn yntau am ychydig eiliadau, wedi ei ddal gan y rhythu mud. Roedd hi'n amlwg yn llawer rhy hwyr i ddatgysylltu Mr Griffiths o'r bachyn y crogai oddi arno ac felly fe faglodd ei ffordd am y ffôn.

'Cemlyn Owen, Lladd-dy Llanfarian. Mr Griffiths 'di gneud amdano'i hun.'

Roedd y ferch yn swyddfa'r heddlu fymryn yn brin ei Chymraeg a'r ymadrodd 'gwneud amdano'i hun' yn gwbl ddieithr iddi. Rhwng hynny a'r ffaith fod cryn dipyn o rwd ar Saesneg Cemlyn yntau, fe gafodd fwy o drafferth nag a dybiai i ddweud wrthi'n union beth oedd wedi digwydd. Trawodd Cemlyn y derbynnydd yn ôl yn ei grud, a dyna pryd y sylwodd ar y tamaid llythyr ar y ddesg o'i flaen. Mewn ysgrifen grynedig roedd Mr Griffiths wedi ceisio'i rybuddio na ddylai fynd i'r oergell y bore hwnnw ac am iddo ffonio'r heddlu'n syth wedi iddo gyrraedd.

'Rho wbod iddyn nhw fod fy nghragan i yn y ffrij ond bod fy enaid i wedi mynd i rwla dipyn cnesach. Falla gwela i di yno ryw ddiwrnod, Cem. Mi wna i'n siŵr bydd y teciall ar y tân erbyn iti gyrradd.'

Cyn iddo orffen darllen clywodd sŵn seiren undonog yr heddlu yn nadu ei ffordd tua'r lladd-dy. Plygodd y llythyr a'i roi ym mhoced ei ofyrôl. Canodd ei ffôn symudol a gwelodd Cemlyn mai ei fam oedd yn galw.

'Mi adewist dy focs bwyd yn y porticol, Cemlyn bach.'

'Peidiwch â poeni, Mam, fydda i adra i ginio heddiw.'

'Fyddi di byth yn dŵad adre i ginio fel arfar… be sy?'

'Dim byd.'

'Be 'di'r sŵn 'na, Cemlyn?'

'Rhowch y brechdana'n y ffrij, Mam. Fydda i adra tua'r un 'ma.'

Diffoddodd ei ffôn symudol cyn i ruo'r ceir heddlu foddi ei lais yn llwyr.

4

O cweiriwch fy ngwely, rwy'n glaf...

'DWI MOR, MOR *depressed*, Caron,' meddai Annest o'i chiwbicl yn nhoiledau merched y Matrix. 'Fedra i'm dechra deud wrthach chdi sut dwi'n teimlo, ocê. Dwi jyst isio anghofio am bob dim heno a chwalu 'mhen i efo chdi, iawn?'

'Ie ocê, bach,' atebodd Caron, gan rwbio gweddill y powdwr gwyn rhwng ei ddannedd, edrych ar ei adlewyrchiad yn nrych y tŷ bach, a gwneud yn siŵr fod ei grys yn hongian allan yn y llefydd iawn.

Daeth Annest o'i lle chwech gan redeg ychydig o ddŵr dros ei dwylo. Chwistrellodd haenen o bersawr ar ei garddyrnau cyn estyn am ei *lipgloss* a gwneud yn siŵr nad oedd ganddi finlliw ar ei dannedd.

Fyddai Caron byth yn trafferthu mynd i dai bach y dynion mewn clybiau fel y Matrix os oedd o allan yng nghwmni'r merched. Roedd wedi colli trywydd sawl sgwrs yn y gorffennol wrth iddynt barhau â'r drafodaeth yn y toiledau. Doedd dim amdani felly ond eu dilyn i ba le bynnag yr aent. Roedd y rhan fwyaf o'r menywod a ddeuai i'r Matrix yn rhy feddw neu'n rhy lawn o'u hunain i hidio'r un ffeuen pwy oedd yno'n rhannu'r geudy hefo nhw beth bynnag.

'Dwi'm isio gweld y genod heno, so dwi'm yn mynd yn agos i Dylan's, ocê?'

'Ie, reit, beth bynnag ti moyn, Annest.'

'Gesh i decst gin Llio'n deud ma fan'no roeddan nhw'n cychwyn heno, so *no way* dwi'n mynd ar gyfyl y lle.'

'Ti'n siŵr taw 'na beth ti moyn?'

'God, yndw! 'Nelan nhw'm byd ond holi 'mherfadd i am yr *auditions* beth bynnag, ac o'n i'n *crap*, iawn? O'n i'n teimlo fatha chwech oed yn dŵad o 'na a no we dwi isio ffycin *post-mortem* ar hynny gin ffycin Angharad ffycin Prysor na uffar o neb arall tasai'n dŵad i hynny, ti'n dallt?'

'Odw, bach.'

Gwenodd Caron ar ei ffrind, gan adael iddi edrych yn ymbilgar i'w lygaid. Er gwaetha'i holl ffaeleddau roedd Caron yn eitha hoff o Annest. Roedd o'n gwybod hefyd pe llwyddai i'w pherswadio i dderbyn y rhan hefo Cwmni Teledu Aran, y byddai hynny'n gwneud lles i'w yrfa yntau. Chydig mwy o win a rhyw un llond trwyn arall ac mi fyddai Annest yn yr union gyflwr iddo fentro trio dwyn perswâd arni.

'Be sy'n ddigri?' gofynnodd Annest, ar ôl syllu ar ei ffrind yn gwenu'n wirion arni.

'Ti! 'Na beth sy'n ddigri, Annest Gwilym.'

'Ydw i?' gofynnodd Annest, heb arlliw o wên ar ei hwyneb.

Aeth yn ôl i'r bar a dilynodd Caron hi yr un mor sigledig. Archebodd hithau rownd arall o win gwyn mawr a Bacardi *chaser* a theimlodd ei siom yn dechrau diflannu'n raddol wrth i'r ddiod hitio'r man cywir a lladd pob atgof am ei siwrne seithug i Lundain; yr union le y byddai'n hiraethu cymaint am gael dychwelyd iddo fel arfer. Ac roedd ganddi Caron yn gysur, a digon o win a chyffur i ddanfon ei hatgofion chwerw i ebargofiant – am ychydig oriau o leiaf.

Er cystal y gwin yn y Matrix, roedd y gerddoriaeth Gymraeg yn mynd ar nerfau Annest ar ôl sbel. Yr un hen wynebau'n mynd a dod, a'r un hen ganeuon yn cael eu chwarae fel cnul di-baid.

'Lle ti am fynd â fi 'ta?' gofynnodd i Caron, ar ôl taro'r *chaser* melys ar ei thalcen.

''Sot ti moyn un bach arall?'

'Na, dim diolch; ma Al Lewis yn iawn yn ei le, ond dwi'm isio'i glwad o'n canu'r un ffycin trac am y pumad gwaith.'

'Wi'n lyfo Al Lewis.'

'Wyt, mwn… Gawn ni dacsi?'

'I le?'

'Rwla.'

'Be, jyst neido miwn i'r tacsi a gweud "Wherever you want to take us"?'

'Pam lai? Mond inni beidio glanio'n blydi Dylan's.'

'Co ni off 'de!' Llowciodd Caron ei *chaser* yntau a nôl cotiau'r ddau tra oedd Annest yn stryffaglio hefo gweddill ei gwin a galw am dacsi 'run pryd.

'Gawn ni fynd i Juice nes ymlaen?'

'Ie, os ti moyn.'

'O leia ddaw Angharad Prysor ddim ar gyfyl fan'no!'

'Na… Dwi'n credu gallwn ni fod yn itha saff o 'ny.'

'Dwi'n gwbod bo' chdi'n ffrindia hefo hi 'de, Caron, ond mae o'n pisio fi *off big time* pan ma nhw'n ei cha'l hi mor hawdd. Tydi Angharad ffycin Prysor yn gwbod dim mwy am ddrama nag ydi'r botal frandi 'na. Llai, os rwbath.'

'Tacsi tu fas.'

'Sôn am sgodyn anfarth mewn pwll *minute*, myn uffar i.'

'Reit 'te, Jaws, co ni off!'

Dechreuodd Annest bendwmpian yng ngwres y tacsi. Roedd cymaint wedi digwydd mewn pedair awr ar hugain a'r cyfan yn un gybolfa o ddryswch a siom. A theimlai'r un hen chwerwder yn cronni yn ei hymysgaroedd unwaith eto. Mwythodd ei hun yn lledr moethus y tacsi a manteisiodd

Caron ar y seibiant i ddanfon neges at Angharad. Ond roedd clustiau Annest yn ddigon praff i glywed cliciadau Caron yn bodio'i gyfrinair i'w iPhone.

'Dwi'm yn gwbod be 'sa chi'n neud heb 'ych blydi *mobiles*.'

'Pwy?' holodd ei ffrind.

'Chi 'de! Styc i'ch blydi ffona symudol fel tasa'ch bywyda chi'n dibynnu arnyn nhw.'

Tarodd Caron y botwm Send a gwibiodd ei neges gwta i lawr i Dylan's yn y Bae fel wennol fach dawel yn dychwelyd i'w nyth.

'Ni ar ein ffordd i Juice felly cadwch draw! Gweld ti fory. C x.'

Roedd y clwb nos ar King's Road wedi bod yn ddihangfa i Annest ar sawl achlysur. Os oedd hi am gael Caron iddi hi ei hun am y noson fe wyddai na ddeuai'r un o'r 'ieir' i wasgu dafnau ola'u sgwrs yn Juice. Fe ddiflannai Caron i rywle ar ddiwedd y noson hefyd, ond doedd hi'n hidio 'run ffeuen am hynny. Roedd yn well ganddi ei chwmni ei hun ym mherfeddion dyfna'r nos beth bynnag. A byddai Caron yn siŵr o'i ffonio yn y bore i ddweud pa mor siomedig fu ei noson rhwng y cynfasau. Mynd o luch i dafl fu hanes ei berthynas gyda'i gariadon erioed. Ond wedyn, doedd dim mymryn mwy o lewyrch wedi bod ar ei llwybrau carwriaethol hithau chwaith. Mynd rownd mewn cylchoedd. Pawb yn dianc i'r nos o'i breichiau a hithau ond yn rhy falch o'u gollwng o'i gafael.

* * *

Rhoddodd ochenaid o ryddhad pan sylweddolodd ei bod wedi deffro yn ei gwely ei hun ar ei phen ei hun ac na fu'n rhaid iddi ymladd ei ffordd i gael ei bodloni eto neithiwr. Mor syml y gallai bywyd sengl fod.

Wrth i haul cynta'r dydd sleifio drwy'r hollt yn y llenni doedd Annest ddim eto'n cofio iddi addo i Caron y byddai hi'n ystyried y rhan a gafodd ei chynnig gan Deledu Aran. Roedd y gwin wedi llacio'i gwefusau gryn dipyn erbyn iddyn nhw gyrraedd Juice, ac er bod llygaid Caron wedi crwydro gryn dipyn hyd y llawr dawnsio yn ystod oriau ola'r noson, doedd hynny ddim cyn iddo ei chael i roi ei gair iddo y byddai'n ei ffonio'n syth ar ôl gorffen darllen y sgript. Gwawriodd arni fod ei ffrind wedi bod allan ar berwyl neithiwr ac wedi llwyddo. Roedd wedi awgrymu bod swm go sylweddol wedi ei nodi yn y gyllideb gyferbyn â'i henw. Ond roedd o wedi cynnig abwyd arall iddi hefyd, un a oedd mor felys fel na allai Annest wrthod y demtasiwn o dderbyn cyn iddi agor y sgript, heb sôn am ei ddarllen. Gwyddai Caron bod ei ffrind wedi llyncu'r pry genwair, y bachyn a'r wialen bysgota mewn un. Ond doedd Annest ddim eto wedi dadebru digon i gofio'u sgwrs feddw.

Roedd ei hail ben mawr mewn deuddydd yn waeth na'r cynta, a'r atgofion am y noson yn ddarniog ac aneglur i gychwyn. Dim ond yn ysbeidiol y dôi ambell ddarlun yn ôl i'w chof – Caron yn dweud fod yr hogyn bach del hefo'r bandana coch am ei wddw wedi ei hadnabod ac yn gofyn am ei llofnod; rhyw lafnyn yn cael ei luchio allan am regi'r barman; dwy ferch yn ymladd fel ci a chath yn y toiledau; Caron yn diflannu i'r nos hefo'r hogyn bach del hefo'r bandana coch – yr un hen stori.

Gorweddodd ar ei gwely, yn falch ei bod yn unig am unwaith. Roedd un o'r bownsars yn Juice wedi trio'i orau i'w pherswadio i fynd ymlaen i barti yn nhŷ rhyw ffrind ym Mhenarth. Ond roedd clydwch a chynhesrwydd y tacsi a blinder y noson flaenorol wedi bod yn ddigon iddi neidio i mewn a chau'r drws yn glep yn ei wyneb. Roedd wedi cyrraedd adra hefo'r un bownsar ar sawl achlysur o'r blaen ac wedi cael ei siomi bob gafael. Carwr trwsgwl, brysiog, oedd prin yn agor ei falog i'r pen.

Ymbalfalodd am ei phwrs a suddodd ei chalon. Dim golwg o'i bag. Roedd wedi ei adael yn y tacsi. Llamodd o'i gwely mewn panig a dechrau gwisgo amdani'n ffwndrus. Cofiodd bod ei ffôn symudol yn ei bag hefyd. Damia'r blydi nosweithia meddw 'ma! ebychodd wrthi ei hun. Cododd ei jîns a chael ei bag yn gorwedd oddi tano. Rhyddhad. Gorweddodd yn ôl ar ei gwely yn lledwenu wrth weld fod Caron eisoes wedi danfon tecst ati. Agorodd y neges:

Wel… be ti'n feddwl?

Crychodd ei thalcen mewn penbleth cyn i'r holl sgwrs wrth y bar yn Juice ddechrau llifo'n ôl fesul cymal. Cofiodd am yr abwyd. Roedd Iwan Prys, un o actorion mwyaf llwyddiannus Cymru, wedi derbyn prif ran y bachgen yn y ffilm. Os oedd y sgript yn ddigon da i Iwan Prys, roedd o'n sicr yn ddigon da i Annest Gwilym. Ond fyddai hi byth yn cyfaddef hynny ar goedd i'r un enaid byw. Nid yn sobr, beth bynnag.

Credai Annest ei bod wedi llwyddo i guddio peth o'i chynnwrf oddi wrth Caron neithiwr; ond mor hawdd yw twyllo'ch hun dan haen o lwch a photeleidiau o win a brandi. Ar yr un eiliad ag yr oedd Annest yn cysuro'i hun yng ngwres diddos ei chwrlid porffor na fu'n oreiddgar am y rhan, roedd Caron yn danfon tecst arall at Angharad Prysor, yn union fel yr oedd honno wedi ei siarsio i wneud.

Ma hi yn y bag dwi'n credu! x

HENDRE EBOLION, 10 MEDI, 2112

*L*E UNIG, ANIAL *yw Cwm Dirgel, lle mae'r tir yn gorsiog a llwydaidd. Yn y cefndir, clywn sŵn hymian awyren unig yn hedfan yn weddol isel ac mae'r awyr yn dywyll, ddi-liw. Smotyn bychan yn y pellter yw Hendre Ebolion, a'r argraff gyntaf a gawn yw mai tŷ gwag ydyw. Ond wrth inni oedi a chraffu ar yr olygfa, sylwn fod yno arwydd o fywyd pan groesa merch gymharol ifanc y buarth a rhedeg i gyfeiriad y beudy. Nid ydym yn ddigon agos eto i sylwi ar unrhyw fanylion, ond gwelwn fod y gwynt ffyrnig yn peri iddi orfod gafael yn dynn yn ei siôl ddu, sy'n chwyrlïo uwch ei phen.*

Mae'r ferch, Brengain, yn aros am ennyd i edrych i fyny ar yr awyren, yna mae'n rhedeg i'r beudy a chau'r drws yn glewt. Cyfyd dyrnaid o frain a britho'r awyr ar sŵn clepio'r drws. Boddir nadu'r awyren yn raddol gan y gwynt a'r glaw a'r crawcian, a chlywn sŵn anadlu yn graddol ymuno â'r cacoffoni. Fel y diflanna sŵn yr injan yn llwyr daw dwy goes milwr i mewn i flaendir y llun. Mae'r anadlu rŵan yn gryfach na sŵn y gwynt a'r glaw ac mae'r ffermdy'n edrych yn llai fyth rhwng coesau cawraidd y milwr.

Ar ei ymddangosiad, clywn alaw ddolefus, foddawl yn cael ei chwarae ar bibgorn, ac yn raddol daw'r gyfalaw i chwarae mig â hi ar y crwth. Rydym yn dal i glywed yr anadlu'n hidlo trwy'r gerddoriaeth. Chwerw-felys yw'r harmonïau wrth i'r ddwy alaw geisio sefydlu eu hunain yn ein clustiau; weithiau'n asio'n berffaith a'r tro arall yn ddisgord ansoniarus. Mae'r

ddau offeryn fel petaent yn ymladd am fod yn brif alaw nes daw
llais tenor addfwyn i mewn a hawlio'n sylw. Try'r pibgorn a'r
crwth yn gyfeiliant i'r llais melfedaidd. Nid oes geiriau i'r gân
ar y cychwyn, dim ond synau; ond wedi symud trwy ambell
gyweirnod mae'r alaw yn dechrau dod yn gyfarwydd inni:

"Titrwm, tatrwm, gwen lliw'r ŵyn,
Lliw'r meillion mwyn, rwy'n curo;
Mae'r gwynt yn oer oddi ar y llyn,
O flodyn y dyffryn, deffro.
Chwyth y tân; mi gynnith toc.
Mae hin ddrycinog heno."

Mae tinc cyfarwydd, tebyg iawn i David Lloyd, yn llais y
tenor mwyn. Rhyw hiraeth am gyfnod a fu, neu sydd eto i ddod
– does wybod. Yna daw'r gerddoriaeth i ben yn ddisymwth
bron.

Mae baban yn cysgu ym mhreseb y beudy. Mae Brengain yn
edrych arno yn ei gwsg diniwed ac awgrym o ddeigryn yn ei
llygaid gleision. Yn dawel, mae'n cordeddu ei siôl yn belen ddu
yn ei dwylo ac yn mygu'r baban i farwolaeth.

Gwelwn siot o'r tad yn edrych o'i stafell wely tua'r beudy.
Mae fel petai'n gwybod bod ei ferch wedi gweithredu yn ôl ei
ddymuniad.

TAD: Titus!

TITUS: Ia, 'Nhad?

TAD: Dos i'r beudy. Mi fydd dy chwaer d'angan di rŵan.

Mae llais merch yn canu'n ddigyfeiliant yn tarfu ar y
tawelwch. Llais gwerinol yw hwn.

"Cysga di fy mhlentyn tlws,
Nes i'm gau a chloi y drws.
Cysga di fy mhlentyn tlws,
Cei gysgu tan y bore…

Cei gysgu tan y bore."

Gwelwn deitlau agoriadol y ffilm ar y sgrin.

Dros y teitlau gwelwn Titus yn rhedeg allan o'r tŷ ac yn edrych dros glawdd y libart. Brawd ieuengaf Brengain yw Titus, ac er ei fod yntau yn ei dridegau mae rhyw osgo bachgennaidd i'w gorff a'i ymarweddiad. Un fraich sydd ganddo. Mae'n sylwi ar y milwr ac mae'r milwr yn syllu arno yntau a golwg bell yn ei lygaid. Yna mae'r milwr yn syrthio'n sypyn ar y gors oer a rhed Titus yn llawn cynnwrf i gyfeiriad y beudy yn gweiddi, 'Brengain! Brengain!'

Torrwn i'r beudy, lle mae Brengain yn syllu ar y baban llonydd. Nid yw'n clywed llais ei brawd na sŵn ei draed yn rhedeg tua'r beudy. Clywn y glicied yn codi a daw llewyrch o olau ar ei hwyneb gwelw. Torrwn i weld amlinelliad o Titus yn sefyll yn ffrâm y drws. Crycha Brengain ei thalcen i drio craffu ar fynegiant ei brawd yn erbyn y golau. Sylweddola fod rhywbeth o'i le.

BRENGAIN: Be sy, Titus?

TITUS: Milwr!

Mae'r camera'n oedi yn agos ar wyneb dagreuol Brengain yn syth wedi ymateb ei brawd. Mae ei gwedd yn newid a daw arlliw o ofn a thristwch i'w llygaid. Ond, o dan y cyfan, fe welwn rhywfaint o obaith yno hefyd.

* * *

Sgript crap arall am gachu gwarthaig a chefn ffycin gwlad, meddyliodd Annest gan daflu'r bwndel papur i ganol gweddill ei llanast. Wyddai hi ddim eto fod y stori eisoes wedi cydio ynddi.

6

Merch ifanc own ben bore...

TYNNODD CEMLYN y bais sidan felen yn ofalus amdano ac edrych ar ei adlewyrchiad yn y drych. Deuai i hen ystafell ei chwaer bob tro y byddai'n gwisgo un o'i ffrogiau. Roedd yno ddrych mwy ar ddrws y wardrob ac felly fe gâi well golwg arno'i hun. Gwthiodd fwy o wadin i'r bronglwm ac edrychodd ar ei adlewyrchiad o'r ochr. Tylinodd y ddwy fron gan geisio'u cael yn weddol hafal cyn plymio i mewn i'r ffrog goch llachar a chau'r botymau'n araf. Deuai rhyw gynnwrf i'w du mewn pan welai'r holl ddarnau'n disgyn i'w lle fesul haen.

Doedd dim wedi newid yn y stafell ers i Megan adael cartre, bron i ugain mlynedd yn ôl. Yr un dillad gwely, yr un dodrefn rhad a'r un hen gasgliad o drincets ffair a gasglodd dros y blynyddoedd. Roedd ganddi dipyn crandiach pethau'n addurno'i chartref erbyn hyn.

'Priodi pres' ddaru ei merch, yn ôl Catrin Owen. Daeth Megan yn ôl o Ffair y Borth un nos Wener oer ym mis Hydref mewn clamp o gerbyd a oedd bron cyn lleted â'r lôn i Dyddyn Pwyth, a chyflwyno Brynmor i'w rhieni. Roedd wedi bod yn mela hefo rhyw hogyn o ben arall yr ynys ers sbel ond erioed wedi mentro dŵad ag o ar gyfyl ei chartref. Cyfaddefodd Megan wrth ei brawd, flynyddoedd yn ddiweddarach, mai cywilydd oedd arni i ddŵad â Brynmor i Dyddyn Pwyth cyn y noson honno.

'Tasat ti'n gweld tŷ rhieni Brynmor mi fasat yn dallt pam oedd gin i gwilydd.'

'Fyswn i?'

'Mi fedrat ffitio Tyddyn Pwyth i gyd i mewn i'w cegin nhw.'

'Ydi hynny rwbath i fod cwilydd ohono fo 'ta, Megan?'

'Mi oedd o ar y pryd. Rŵan 'mod i'n byw yno fy hun ma dŵad adra'n haws.'

'Haws?'

Dwy blaned ar wahân oedd Cemlyn a'i chwaer erbyn hynny. Fel seren gynffon yn cwympo ar wib o'i chynefin, fe ddiflannodd Megan i'r düwch heb adael dim o'i hôl ond ei thrincets ffair a'i chywilydd, a phob sgwrs yn ei gwthio ymhellach o'i chynefin.

'Dwyt ti rioed wedi bod awydd lledu d'adenydd, d'wad, Cemlyn?'

Oedd, mi roedd Cemlyn wedi meddwl am fywyd y tu draw i Gamfa'r Gwyddal a'r lladd-dy, ond buan iawn y deuai hualau ei gyfrifoldebau i dagu'r dychymyg a sodro'i ddwy droed yn ôl ar libart Tyddyn Pwyth yn glewt.

Prin y deuai Megan adre i ymweld â'i rhieni ar ôl priodi Brynmor, ac ers i'w thad farw'n ddisymwth roedd ei hymweliadau wedi mynd yn brinnach fyth. Yn gannwyll i'w lygaid, doedd dim modd i Megan roi cam o'i le yng ngolwg ei thad. Serch hynny, fe wyddai Cemlyn yn iawn nad oedd Brynmor wedi ennill ei le yng ngolwg ei fam.

'*Chap* neis iawn 'di o,' fyddai ei dad yn ei ddweud wrth edrych ar y Rover coch yn chwyrnellu tua'r Giât Lôn ac i fyny gelltydd Llam y Weddw.

Wedi gweld eu cefnau, âi Catrin Owen ar ei hunion i'r gegin i wagio'r paneidiau llugoer a oedd prin wedi eu cyffwrdd gan fwmial 'digwyddodd darfu' dan ei gwynt. Byddai Brynmor ar frys garw i adael Tyddyn Pwyth ar bob ymweliad ac roedd hynny'n ei chorddi hithau. Hen yrru gwirion, meddyliai Cemlyn, wrth weld y car yn herio'r gweirgloddiau i symud o'i ffordd.

'Fydd hi angan dim byd os ceith hi'i thraed dan bwr' ym Mhlas Mawr,' meddai Richard Owen, wedi un ymweliad byrrach na'r arfer, gan edrych yn llawn edmygedd ar y car nes iddo ddiflannu'n llwyr o'i olwg.

'Ti'n meddwl, Dic?' gofynnodd Catrin, wrth ddychwelyd i nôl y bowlen siwgwr a'r jwg llefrith bach gwyn hefo crac ar ei wefus.

'Fo 'di'r unig etifedd 'te, Catrin? Pwy arall ceith o? Synnwn i damad bydd gynnon ni achos dathlu cyn y Dolig, gewch chi weld.'

Ac roedd Richard Owen yn llygad ei le. Cafwyd priodas anferth ym Mhlas Mawr y gwanwyn canlynol a glaniodd y ceffyl a chert crandia'n fyw i hebrwng Megan a'i thad o Dyddyn Pwyth at yr allor. Daeth y gymdogaeth gyfan allan i weld merch y tyddynnwr yn priodi mab y plas. Hebryngwyd hi'n dalog heibio capel Hermon, lle'r addolai teulu Tyddyn Pwyth yn selog bob Sabath, ac ar eu pennau i'r eglwys, lle roedd Brynmor yn aros amdani. Cyn iddi adael y tŷ, clywodd Cemlyn ei chwaer yn rhoi ochenaid o ryddhad wrth iddi edrych arni ei hun yn y drych yn ei ffrog o liw'r galchen; yr un drych yn union ag yr oedd Cemlyn yn edrych iddo rŵan yn ei ffrog fflamgoch yntau.

Taenodd finlliw pinc yn dew dros ei wefusau a rhoi haenen las ar gaead ei ddau lygad. Tynnodd net gwallt ei fam dros ei ben cyn gosod y wig yn ei le. Pan oedd yn gwbl hapus camodd yn ôl i edrych ar y darlun cyflawn. Dechreuodd cornel ei wefus grynu rhyw fymryn a daeth deigryn i'w lygaid. Ymhen dim, roedd yn beichio wylo yn y drych ac yn bloeddio, 'Jaaaaac! Lle yn y byd mawr wyt ti wedi mynd? JAAAAAAAC!'

'Brensiach y bratia! Oes rhaid iti weddi gymaint, Cemlyn bach?' gofynnodd ei fam wrth ddod i mewn hefo basged wnïo yn ei llaw a rhes o binnau rhwng ei dannedd. 'Mi daerwn fod diwadd y byd ar ddŵad.'

'Dach chi'n meddwl 'mod i angan mwy o stwffin?'

'Ti angan mwy o hem ar y ffrog 'na, ma hynny'n saff ti. Rŵan, saf ar y stôl fach i mi ga'l taro pin neu ddwy ynddi.'

'Ma hi jyst y peth, Mam! Diolch.'

'Glenys Ty'n Pant 'di deud ei bod hi isio'r paneli melyn 'ma ynddi i neud iti sefyll allan yn y ffinale.'

'Hefo gwallt gosod sy'n goleuo i fyny a dŵr yn saethu o 'nhethi, mi fydda i'n siŵr o sefyll allan, peidiwch â phoeni!'

Chwarddodd Catrin Owen lond ei bol wrth hemio'r ffrog i'w mab. Roedd Cemlyn wrth ei fodd yn clywed ei fam yn chwerthin yn iach fel hyn; chwerthin heb arlliw o gysgod yn agos iddo. Ac er bod yr achlysuron hynny lle codai hwyliau'r ddau i'r entrychion yr un pryd yn prinhau bob dydd, roeddan nhw hefyd yn adegau y byddai Cemlyn yn eu costrelu bob diwedd dydd yn ei gof.

'Dyna chdi,' meddai hi, gan roi'r pwyth olaf yng ngodre'r ffrog a thorri'r edau â'i dannedd yn ddi-lol.

Roedd wedi gwneud dwsinau o wisgoedd i'w mab dros y blynyddoedd ar gyfer sawl cynhyrchiad, ond ei wisg i'r panto oedd y gwaith anoddaf o ddigon. Addasu a stwna mewn siopau ail law yn y dref oedd y drefn arferol pan fyddai Cemlyn wedi ei gastio i ddrama. Ond byddai'n mynd i fwy o hwyl o beth mwdril hefo'i wisg i'r panto blynyddol. Cemlyn chwaraeai ran y *dame* yn ddi-ffael yn sbloets Nadolig y Theatr Fach, a byddai disgwyl mawr i weld beth fyddai'r rig-owt a gynlluniai Catrin Owen ar ei gyfer.

'Be gebyst ddudist di oedd enw'r sioe, d'wad, Cem?'

'*Jac Ffadan Beni.*'

'Hen enw gwirion.'

'Panto 'di o, Mam!'

'*Jac yn y Goedan Ffa* alwon ni fo sdalwm.'

'Rhy drwsgwl, medda Glenys Ty'n Pant.'

'Ia, mwn.'

Gwenodd Cemlyn a dechrau tynnu ei wig, ond mynnodd Catrin Owen ei fod yn aros yn union fel ag yr oedd o iddi gael tynnu ei lun. Roedd ganddi albwm yn llawn o luniau o Cemlyn yn ei wisgoedd amrywiol ar gyfer pob cynhyrchiad y bu ynddo o'r cychwyn yn deg, yn was ac yn fwtler, yn ffermwr ac yn glown; a thoreth o ffrogiau amryliw yn goron ar bob blwyddyn ers tro byd bellach.

'Reit 'ta… dyna hynna 'di neud. Tara hi ar y gwely ac mi ro i bwyth ynddi cyn iti ddŵad adra o gwaith heno. Gei fynd â hi hefo chdi i weld be fydd gin Glenys i'w ddeud wedyn.'

'Dwi 'di rhoi'r gora i 'ngwaith ers pythefnos, Mam.'

Daeth rhyw olwg bell i lygaid Catrin Owen am sbel. Yna gwenodd ac edrych i fyw llygaid ei mab.

'Do'n do, 'ngwas i. 'Rhen Fistar Griffiths druan. Rhaid gin i fod rwbath mawr 'di dŵad drosto fo.'

'Do'r hen gradur.'

'Mi ddaw 'na rwbath, gei di weld.'

Rhoddodd Cemlyn y ffrog i orwedd yn ofalus ar y gwely a newid i'w ofyrôls, ac aeth ei fam drwodd i'r parlwr i roi hem daclusach ar ei champwaith. Roedd Geraint Big End am ddŵad i fyny cyn cinio i gael un golwg arall ar y fan iddo. Os nad oedd posib gwneud dim â hi y tro yma, roedd Geraint am ei gwerthu hi am arian sgrap iddo. Roedd haenen o gen gwyrdd wedi dechrau ymddangos ar y bonet ac roedd un o'r ieir bellach yn ddigon hapus i fynd i ori dan yr injian yn achlysurol. Mi fyddai Geraint wedi cynnig gwaith i Cemlyn yn y garej tasa ganddo fo'r modd i wneud. Ond roedd yntau, fel y rhan fwyaf o fusnesau bychain yr ardal, yn ci chael hi'n ddigon anodd cael dau ben llinyn ynghyd y dyddiau yma.

Edrychodd allan ar yr ieir yn lloffa'n ddiamcan hyd yr iard. Doedd o ddim wedi eu bwydo y bore hwnnw gan bod ei fam wedi hefru arno ers iddo godi i drio'i ffrog, felly roedd yr hen chwiorydd ar eu cythlwng yn crafangu'n hurt hwnt ac yma.

Crwydrodd ei lygaid i lawr y llwybr tua'r môr a rhoddodd ochenaid o ryddhad. Roedd yn dal i deimlo cysur ei ryddid newydd, er gwaetha'r ffaith fod yr 'esgid fach yn gwasgu' yn go dynn erbyn hyn. Deuai rhyw fymryn o arian rhent i mewn am y tir yn achlysurol ac roedd yn gwerthu'r wyau oedd dros ben i siop y pentre. Roedd Catrin Owen, hithau, yn dal i allu gwneud rhyw geiniog neu ddwy yn altro dillad pan fyddai galw. Ac er fod cael yr edau drwy'r crai yn mynd yn anos iddi bob dydd, roedd Cemlyn adra rŵan i dendiad a'i helpu hefo rhyw fanion felly. Doedd o ddim yn mynd i lawr i'r Ship mor aml chwaith, ac roedd hynny'n arbed dipyn ar y coffrau.

Rhyw feddwl yr oedd o, wrth edrych drwy'r ffenest, tybed a oedd modd gwneud mwy o arian o'r ddau gae oedd yn ymestyn at Lam y Weddw. Nhw oedd berchen y ddwy acer rhwng y tyddyn a'r môr, ac er nad oedd fawr o ddyfnder gweryd i'r tir, roedd yr olygfa yno'n ddiguro. Chydig o garafanau efallai? Maes pebyll o bosib? Fyddai o fawr o dro yn newid yr hen sied yn doiledau a dwy neu dair o gawodydd. Efallai y byddai hynny'n rhoi mymryn mwy o jam ar eu crystyn na'r cildwrn o rent a delid iddynt ar hyn o bryd.

Wrth synfyfyrio felly a chnoi cil ar y posibiliadau sylwodd fod rhywun yn cerdded tuag at y tŷ o gyfeiriad y giât mochyn. Roedd y ddau'n edrych yn rhy ffurfiol o beth coblyn i fod yn gerddwyr. Ond eto, roeddan nhw'n dod o gyfeiriad Llam y Weddw, felly mae'n rhaid eu bod ar ryw berwyl arall os mai o gyfeiriad y môr y deuent. Be goblyn ma rhein isio? meddyliodd, wrth fustachu i mewn i'w lodrau melfaréd a chrys-T tyllog. Daeth cnoc ar y drws cefn cyn iddo gael hosan am ei droed.

Syllodd y ddau ddyn ar Cemlyn yn sefyll yn droednoeth yn nrws Tyddyn Pwyth a'i grys-T tu chwith a'i falog ar agor. Fyddai hynny ddim wedi taro'r ddeuawd siwtiog yn od efallai, oni bai am y stremp o wefusau pinc a'r colur glas llachar ar ei lygaid.

'Bora da,' meddai Cemlyn, heb sylweddoli'n llawn y fath olwg oedd arno.

'Good morning, Mr Owen. I'm Mr Wakefield, from Saturn Company Limited, and this is my colleague, Mr Chapman.'

'Oh, right you are. Would you… ym… like to come in?'

Suddodd calon Cemlyn wrth feddwl y byddai'n rhaid iddo fustachu hefo'r ddau ddieithryn yma yn yr iaith fain. Roeddan nhw'n edrych yn ddigon od arno hefyd, fel tasa ganddo fo gyrn yn dŵad allan o'i dalcen, ond diolch i'r drefn, gwrthod y gwahoddiad ddaru nhw a dweud mai dim ond gofyn am ei ganiatâd i edrych yn frysiog ar y tir yr oeddan nhw ar hyn o bryd, a gwneud rhyw fymryn o *environmental checks* cychwynnol. Gofynnodd Mr Chapman iddo oedd o wedi derbyn y llythyr ddanfonon nhw iddo ryw bythefnos yn ôl.

'A letter?'

'Yes, you should have received an introductory letter from Saturn a couple of weeks ago.'

'Wel ym, no… I don't think I… Well, no.'

Ymddiheurodd Mr Wakefield am hynny ond eglurodd y byddai rhywun arall o'r cwmni yn dod i'w gweld nhw maes o law i roi rhagor o fanylion.

Manylion? meddyliodd Cemlyn; ond aeth o ddim i gyboli â gofyn yn uchel rhag iddo fynd i ragor o ddŵr poeth hefo'i Saesneg. Derbyniodd eu cerdyn busnes a dweud bod crocso iddyn nhw edrych ar y caeau a chaeodd y drws ar eu hôl, ond nid cyn sylwi bod yr ieuengaf o'r ddau yn edrych fel petai o un ai'n dioddef o grampiau go ddrwg yn ei stumog neu'n ymladd i beidio chwerthin yn ei ŵydd. Yn syth wedi iddo gau'r drws sylweddolodd beth oedd tarddiad y digrifwch. Aeth yn chwys oer drosto pan welodd adlewyrchiad o fam Jac Ffadan Beni yn nrych y gegin gefn yn edrych yn ôl arno. Roedd o wedi tynnu'r wig, ond roedd y net gwallt a'r clips yn goron ar ei gywilydd. Mae'n rhaid bod y colur wedi rhwbio yn erbyn ei grys-T wrth iddo ddadwisgo'n gyflym gan bod ei wyneb yn un stremp o liwiau cymysg.

'Pwy oedd 'na?' holodd ei fam wedi iddyn nhw fynd.

Roedd Catrin Owen wedi bod yn rhyw how wrando ar eu sgwrs yn y briws, ond doedd hi ddim wedi dal y manylion.

'Dynion diarth,' atebodd Cemlyn, gan redeg y tap dŵr poeth ac estyn am sebon a chadach gwlanan.

'Atebist ti'r drws â golwg fel'na an' ti?' holodd ei fam, hefo gwên yn lledu dros ei hwyneb rhychiog.

''Nes i'm cofio!'

Ffrwydrodd bloedd o waelod bogel Catrin Owen, a chwarddodd nes ei bod yn sâl. Ddaru Cemlyn ddim ymuno â hi i gychwyn, ond wrth weld ei fam yn estyn am gadair i'w harbed ei hun rhag glanio'n swp ar lawr y gegin, gwelodd yntau'r ochr ddigri hefyd. Ond roedd yr ymweliad annisgwyl yn dal i bwyso ar ei feddwl.

'Gawsoch chi lythyr yn deud eu bod nhw'n dŵad draw yma, Mam?' gofynnodd, wedi iddi gael ei gwynt ati.

'Llythyr?' gofynnodd Catrin Owen.

A dychwelodd y niwl i'w llygaid.

Dyma'r unig gysur gaf...

TAFLODD ANNEST y bwndel papur pinc yn ddi-ffrwt ar ben y bwndeli gwyrdd a melyn. Doedd darllen tudalen ola'r trydydd drafft o'r sgript ddim yn cynnig dim mymryn mwy o gysur iddi na'r drafft cyntaf na'r ail. Gwisgodd ei chlustlysau a sicrhau fod pob blewyn yn ei le cyn y cyrhaeddai Angharad Prysor i fynd â hi i'r gogledd ar gyfer y clyweliadau. Erbyn hyn roedd y cynnwrf o chwarae rhan ochr yn ochr ag un o sêr ifanc disgleiriaf Cymru wedi pylu rhywfaint, yn enwedig gan mai ei enw o a ddefnyddiai'r cwmni ym mhob erthygl a welodd hi hyd yma yn trafod y ffilm. Rhyw ymddangos ymhlith 'gweddill y cast' fyddai ei henw hi yn amlach na pheidio, ac roedd hynny'n ei chynddeiriogi'n waeth. Yn sicr doedd ganddi ddim mymryn llai o ran nag a gynigid i Iwan Prys yn y ffilm; mwy os rhywbeth. A halen ar friw oedd nad oedd unrhyw steil yn perthyn i'r cymeriad. 'Merch wladaidd yr olwg' oedd y disgrifiad yn y sgript, a doedd hynny ddim wedi plesio Annest Gwilym.

'But Annest, darling, you said you didn't want any more auditions for juve leads!'

'I know that, Graham, but I didn't exactly see myself going from the blushing young lover to playing a middle-aged farmer's daughter with a half-wit brother that does nothing but milk goats all fucking day either!'

'I'll try and have a word with them about that, Annest, but I've just had a call from your accountant again and...'

'God!' ebychodd Annest o waelodion ei chrombil. Roedd ganddi ddiwrnod digon caled o'i blaen heb i Graham grybwyll ei chyfrifydd, o bawb.

'At least give him a ring, Annest. He's been trying to get hold of you for months.'

Gwyddai Annest y byddai bil treth anferth yn ei disgwyl ym mis Ionawr ac nad oedd amynedd ei chyfrifydd na phobl Cyllid y Wlad yn ddiwaelod. Roedd y flwyddyn ddiwethaf wedi bod yn llwm arni o ran gwaith ond, yn anffodus, nid ar sail ffigurau'r flwyddyn honno y byddai'n cael ei threthu eleni. Roedd wedi gwneud nifer o hysbysebion y flwyddyn cynt ac roedd y rheiny wedi cadw'r blaidd o'i drws am sbel. Ond doedd hi ddim wedi cynilo'r un ddimai o'r celc a gafodd pan oedd yr haul wedi tywynnu rhyw fymryn arni y flwyddyn flaenorol. Roedd hi wedi arfer byw'n fras trwy'r dyddiau da ac roedd yn anodd iawn tynnu hen gastiau allan o actores ganol oed/ifanc oedd wedi cynefino â therapi gwario. Rhoddai ei phen yn ddyfn yn y tywod ar adegau felly, gan anwybyddu rheseidiau o amlenni oddi wrth y banc. Mor rhwydd oedd tynnu cerdyn credyd allan o'i phwrs pan oedd y dynfa'n gryf a'r ewyllys yn wan. Gyda'r Nadolig ar y trothwy a'r bil treth ar ei ffordd, roedd y cytundeb gan Deledu Aran wedi rhythu'n heriol arni o'i desg am ddyddiau. Yn y diwedd fe wrandawodd ar gyngor ei hasiant a'i chyfrifydd ac, yn erbyn pob greddf bersonol, fe arwyddodd y darn papur a selio'r fargen.

Ond fe wyddai Annest mai rhyw gildwrn o ymdrech a wnâi'r cwmni a'r awduron i drio ailwampio'i chymeriad. Gwyddai hefyd y byddai asiant Iwan Prys yn cadw llygad ar bob newid bach neu fawr a wneid i'r sgript, ac na fyddai'r cwmni'n cael symud sill heb sêl eu bendith hwy. A rŵan, roedd hi ar fin cychwyn i'r gogledd i helpu hefo'r clyweliadau.

Doedd dim gofyn i Iwan Prys ddod ar gyfyl y rheiny wrth gwrs. Roedd o'n rhy brysur ym mhen arall y byd yn rhywle yn gwneud ei filiwn nesaf i fod yn mela hefo rhyw dipyn o glyweliad. Roedd Annest wedi ystyried gwrthod mynd hefyd, ond fe gynigiwyd ffi ychwanegol iddi na allai fforddio ei gwrthod bellach. Canodd Angharad Prysor gorn ei MG Convertible bach glas y tu allan a suddodd calon Annest wrth feddwl am y daith hirfaith i fyny'r A470 yn ei chwmni. Un peth oedd ymdopi â'i phresenoldeb ynghanol 'yr ieir' dros wydraid yn Dylan's ambell noson, ond roedd meddwl am rannu gofod mor gaethiwus am oriau mor faith hefo hi yn fater gwahanol. O leia byddai Caron yno'n gwmni iddi. Roedd hi eisoes wedi trefnu hefo'i chyfaill mai hi fyddai'n eistedd yn y sedd gefn. Er mor gyfyng oedd y car, fe allai esgus pendwmpian os na fyddai'r sgwrs at ei dant.

Doedd dim byd arbennig am Angharad Prysor ar yr olwg gyntaf. Merch ddigon disylw fyddai ambell un, gan gynnwys Annest Gwilym, wedi ei ddweud amdani o'i phasio'n gyflym ar y stryd; gwallt cringoch a thipyn o frychni ar ei thrwyn, llygaid treiddgar a gwefusau main. Ond nid pawb a welai'r nodweddion yma fel ffaeleddau. Gall llwyddiant a hyder esgor ar ei dlysni ei hun ar adegau. Ac roedd Angharad Prysor yn ferch lwyddiannus, a gwelid hynny'n hollol amlwg yn ei hosgo a'i gwisg. Bu'n rhan o'r tîm ymchwil am sbel, yn gweithio ar raglenni natur ac ambell raglen ddogfen, ond buan y gwelodd ei chyfle i ddringo'n araf o'r naill adran i'r llall, a bellach roedd hi'n un o gynhyrchwyr mwyaf llwyddiannus y cwmni.

Canodd y cynhyrchydd ei chorn am yr eildro ond doedd Annest ddim ar frys i ymateb iddo. Danfonodd neges at Caron.

Ar fy ffordd! x

Cymerodd ei hamser i orffen ei choffi a chau ei chês. Pam dylwn i ruthro iddyn nhw? meddyliodd. Un edrychiad cyflym arall yn y drych i wneud yn siŵr fod pob blewyn yn ei le. Syrthiai ei bòb du yn dwt uwch ei hysgwyddau fel sidan sgleiniog. Roedd ei gwallt wedi ei dorri'n berffaith ac yn un elfen o'i hedrychiad na allai Angharad Prysor fyth gastadlu ag o. Cip sydyn dros y fflat a chau'r drws ar ei hôl. Atseiniai ei sodlau ar y grisiau wrth iddi edrych drwy ei bag llaw i sicrhau fod popeth ganddi; persawr, colur, arian, ffôn ac iPlayer. Byddai hwnnw'n fodd iddi ddianc at ei cherddoriaeth weithiau yn ystod ei siwrnai – diolch i'r drefn.

Daeth Caron allan o'i sedd i wneud lle iddi fynd i'r cefn a chododd Annest ei hael arno'n slei i ystumio ei diffyg brwdfrydedd. Cilwenodd yntau'n ôl arni ac aeth hithau i mewn i'r car a'i gwên mor ffals â'i haeliau. Rhoddodd ryw esgus o gusan i Angharad ar ei ffordd i mewn a chychwynnodd y tri ar eu siwrnai flinedig tuag Ynys Môn.

Roedd y daith i'r gogledd yn waeth na'r hyn yr oedd wedi ei ddychmygu – Angharad yn trafod hyd at syrffed rhyw raglen roedd hi newydd orffen ei golygu, a Caron yn ei dandwn hyd eitha'i allu. Pam oedd o'n crafu gymaint arni a hithau'n ei drin mor wael? Fe gâi Caron wybod hynny unwaith y llwyddai Annest i'w gornelu ar ei ben ei hun yn y gwesty.

Diolch byth fod y cwmni wedi eu bwcio i westy'r Tarw ym Miwmares dros y deuddydd nesaf. Byddai mymryn o foethusrwydd yn ei haros ben arall y siwrnai yn hwb i'w chynnal ar ei thaith flinderus.

'Pa wlad arall sydd hefo prif lôn mor drybeilig o wael yn cysylltu de a gogledd, meddach chi?' Torrodd cwestiwn Angharad ar y distawrwydd pan ddaeth i stop wrth oleuadau ffordd ym Mhenrhyndeudraeth.

Ia, ia, meddyliodd Annest, deud o eto am y ffycin degfad tro! Ond, 'Ydi ma hi'n uffernol, tydi?' oedd yr ymateb a leisiodd. A gwyddai Annest yn union beth fyddai ymateb Angharad wrth aros i'r goleuadau droi'n wyrdd, ond cafodd Caron y blaen arni y tro yma.

'Pam yffach ma nhw jyst yn gwella bits o'r hewl yn y Gogs bob amser? Chi'n bai-paso Porthmadog a nawr chi'n styc yn Penrhyn-ffycin-lle-chi'n-galw.'

'Hollol, Caron, mi est â'r geiria o 'ngheg i. Ddeuthon ni'n reit deidi tan Dolgella, yn do?' atebodd Angharad.

Teidi, o ddiawl, meddyliodd y ferch flin oedd yn gwingo yn y sedd gefn. Roedd Angharad yn yrwraig hynod o ofalus. Rhwng hynny a'r ffaith ei bod wedi aros am ginio yn Rhaeadr a phaned eto fyth mewn rhyw warws gwerthu dillad jeriatrics yn Ninas Mawddwy, roedd ei chaethiwed wedi para dipyn hwy na'r hyn yr oedd wedi ei ddychmygu.

'Dwi'n difaru f'enaid nad esh i drw Beddgelart rŵan.'

'Ffor'no fyswn i 'di mynd,' awgrymodd Annest yn swta.

'Fasa well troi'n ôl dach chi'n meddwl?' holodd Angharad yn betrus.

'Chdi sy wrth y llyw,' oedd yr ateb di-hid o'r cefn.

Penderfynu peidio ddaru nhw'n y diwedd. Roedd Caron wedi clywed bod eira ar y ffordd.

'Faint sy'n dŵad i'r clyweliada 'ma fory 'ta?' gofynnodd Annest, i drio torri ar y rhigol o drafod y tywydd a'r lôn yn ddi-baid.

'Rhyw ugian. Wedyn 'dan ni'n cyfarfod y plebs ar y dydd Sul.'

'Plebs?' holodd Annest.

'Ia. Sion isio dewis wyneba gwledig i olygfeydd y dafarn. 'Di o'm isio "wyneba clwb nos", fel mae o'n eu galw nhw, felly mae o am gastio'r ecstras yn lleol hefyd.'

'Wela i.'

Rhoddodd Annest ryw ochenaid fach dawel wrth feddwl y byddai hi'n berfeddion nos arnyn nhw'n cael cychwyn am adre nos Sul felly. Roedd Sion, y cyfarwyddwr, yn un eithaf manwl, ac er fod hynny'n rhinwedd ar bob achlysur arall, doedd aros iddo bigo'i 'werin datws' ddim yn plesio Annest Gwilym. Onid dyna mae merch colur yn da? meddyliodd. Troi actorion ac ecstras yn wreng neu'n fonedd yn ôl y gofyn?

'Sdim rhaid i ti fod 'na ar y dydd Sul. Gei di *day off* bryd 'ny,' ceisiodd Caron ei chysuro.

Waw! meddyliodd Annest, diwrnod yn rhydd ym Miwmares… ar ddydd Sul! Fedra i'm disgwl! Rhoddodd ei phen i orwedd a chau ei llygaid. Roedd y dagfa ym Mhenrhyn yn dal i beswch yn araf yn ei flaen a doedd pen y daith yn cynnig ddim mymryn mwy o gysur iddi chwaith. Gobeithiai i'r nefoedd y byddai ganddi ystafell go lew i ddianc iddi ym Miwmares.

8

Ple buost ti neithiwr, fab annwyl dy fam?

Roedd Glenys Ty'n Pant yn gandryll hefo Geraint am beidio dysgu ei linellau'n iawn a hithau'n ben set. Cwta wythnos oedd ganddyn nhw cyn y perfformiad cyntaf ac roedd yn dal i fwnglera'i ffordd hefo tameidiau o bapur hyd y set ym mhobman; byth a hefyd yn anghofio'i giws. Roedd o hyd yn oed wedi anghofio dod ar y llwyfan o gwbl ryw ddwywaith, dair, yn yr ail act. Bob tro y deuai saib hirach na'r arfer fe gerddai Susan Puw at erchwyn y llwyfan, sefyll yn stond a throi ei llygaid i gyfeiriad Glenys gan roi ebwch ddofn 'run pryd. Doedd ganddyn nhw ddim cofweinydd yn y cwmni ers tro byd, ac roedd Geraint yn un gwael am ddysgu. Deuai Cemlyn i'r adwy trwy aralleirio o bryd i'w gilydd, neu geisio bwydo llinell i Geraint pan fyddai'n ei chofio. Ond doedd o ddim ar y llwyfan hefo Big End ym mhob golygfa a doedd dim posib iddo sefyll yn yr esgyll yn neidio i'r adwy ar bob camgymeriad gan fod ganddo gymaint o waith newid gwisgoedd trwy gydol y sioe.

Roedd 'na dawelwch annifyr yn hongian dros yr ystafell ymarfer wrth i Susan Puw ddweud ei 'nos dawch' yn bwdlyd ac agor drws y neuadd cyn diflannu i'r nos. Gadawodd chwa o awyr rewllyd i mewn i ychwanegu at y 'rhyfel oer' a fodolai rhwng y cydwybodol a'r anghyfrifol yn y cwmni ers tro byd. Safodd Cemlyn yn hurt ar y llwyfan yn aros am ymateb Glenys Ty'n Pant i'w ffrog.

'Pob lwc ichi fory, Susan!' gwaeddodd Glenys, cyn i arwres ei phanto wneud ei hymadawiad olaf am y noson. Clep go hegar ar ddrws y neuadd oedd yr unig ymateb a gafodd gan ei seren.

'Duw, duw, fydda i'n ei wbod o'n iawn erbyn nos Iau, siŵr ddyn, be sy haru'r gloman?' ebychodd Big End.

'Nid dyna'r pwynt, Geraint. *Panto is all about timing* a dach chi'n lluchio pawb 'ddar eu hechal; yn enwedig Susan druan, a hitha hefo'r *audition* 'ma'n dŵad i fyny dros y *weekend* a phob dim.'

Ceisiodd Cemlyn gael sylw ei gyfarwyddwraig pan ddeuai'r mymryn lleiaf o fwlch i'r drafodaeth, ond i ddim diben.

'Sgiwsiwch fi, Glenys ond...'

'Chysgith hi'm winc rŵan, gewch chi weld,' torrodd Glenys ar ei draws.

'Arglwydd mawr! Mond ryw bwt o banto ydi o, Glenys!' protestiodd Geraint.

'Ond ma pobol yn disgwl y gora gynnon ni, Geraint! Dach chi'n gwbod hynny gystal â neb, gobeithio. Dach chi'n hen law arni bellach. Mi fydd y neuadd 'ma'n orlawn ac mae 'na edrach ymlaen na fuo'r rytsiwn beth.'

'*Audition* be 'di o, beth bynnag?' gofynnodd Geraint, wrth dynnu pen ôl y fuwch oddi amdano a'i hongian ar wal y castell simsan.

'Ddudodd hi ddim wrthach chi?' holodd Glenys.

'Lwcus i ga'l "hyw-di-dŵ" gin y Susan 'na dyddia yma, Glenys bach.'

Estynnodd y gyfarwyddwraig ffotocopi o'r llythyr roedd hi wedi ei dderbyn gan Gwmni Teledu Aran. Roedd Cemlyn druan yn groen gŵydd drosto wedi i'r oerfel gael gafael ar y sidan smal coch. Byddai Glenys yn diffodd y gwres yn syth wedi'r ymarfer i arbed costau ac roedd tymheredd y neuadd wedi plymio'n gyflym ers ymadawiad 'y Susan'.

Penderfynodd Cemlyn fynd i newid. Fe ddangosai ei ffrog i'w gyfarwyddwraig yn yr ymarfer nesaf.

'Wyddat ti rwbath am yr *auditions* 'ma ym Miwmares, Cem?' gofynnodd Geraint, ar ôl i Glenys hithau ddiflannu i'r nos.

'Na wyddwn i,' atebodd Cemlyn gan hongian ei ffrog yn ofalus a thynnu ei golur.

'Soniodd y sguthan 'run gair wrtha inna chwaith.'

'Be 'dyn nhw?'

'Chwilio am ecstras i fod mewn ffilm ma nhw'n neud yn y cyffinia 'ma.'

'Ti am fynd?'

'Rhy hwyr rŵan, dydi? Fedrwn i byth ddysgu dim byd ar rybudd mor fyr. Meddwl amdana chdi o'n i p'run bynnag.'

'Fi?'

'Wbath iti neud, bysa? Chei di'r un ddima goch y delyn am gicio dy sodla hyd lle 'ma; wa'th ti gicio dy sodla a cha'l dy dalu amdano fo ddim.'

'Ma'r fan 'di nogio, os cofi di.'

'Awn i â chdi yno siŵr iawn! Be amdani?'

'Dwn i'm.'

'Ty'd! Gawn ni olwg ar y llythyr 'ma dros beint.'

Erbyn i Big End lyncu ei drydydd gwydriad, roedd yn daer y dylai Cemlyn fynd am y clyweliad. 'Open Audition' oedd o'n ei ddweud mewn Saesneg glân gloyw. Roedd y fersiwn Cymraeg o'r llythyr dipyn anoddach i'w ddeall, ond roedd o'n ddigon plaen yn yr iaith fain fod croeso i unrhyw un ddod draw ar y dydd Sul 'am sgwrs'. Roedd Glenys Ty'n Pant wedi codi mymryn ar wrychyn Geraint trwy beidio sôn wrthyn nhw tan y funud olaf. Tasa fo heb fod yno pan oedd Susan Puw yn troi am adra falla na fydda fo wedi cael clywed am y peth o gwbl. Erbyn iddo ddarllen y manylion yn iawn doedd dim rhaid paratoi araith hyd yn oed, ac roedd o'i hun yn cael rhyw ail wynt erbyn hynny.

'Be 'di *open audition* felly, d'wad?' holodd Cemlyn, gan daro'i gôt amdano.

'Gorad i bawb 'de, Cem – bonedd neu wreng.'

'Pwy?'

'Ma croeso i rywun fynd. Susan Puw *a* Geraint Big End – pawb! Hyd yn oed Cemlyn Tyddyn Pwyth os 'di o ffansi... Peint?'

'Na, well mi throi hi, diolch ti, Ger.'

'Biga i di fyny am ddeg, yli. Fyddwn ni yno mewn da bryd wedyn.'

'Feddylia i am y peth.'

Wrth iddo wynebu'r ddwy filltir aeafol am adre, gwasgodd Cemlyn ei gôt fawr yn dynnach amdano; roedd ias eira ynddi a'r gwynt o'r gogledd yn fain. Os nad oedd angen paratoi dim byd ar gyfer y clyweliadau yma, yna efallai y mentrai, i goblyn. Fe allai gael cinio dydd Sul hwyr hefo'i fam am unwaith, siawns. Hynny oedd yn chwarae ar ei feddwl wrth iddo blygu ei ben yn erbyn y gwynt a'i mentro hi i ganol y ddrycin.

Roedd yr eira'n drwch dros Llam y Weddw pan ddringodd y gamfa olaf ar ei lwybr am adre. Edrychai'r bwthyn bach fel addurn Nadolig ar gefnlen y frwydr rhwng y lluwch a'r gwynt o'r môr. Rhuai'r naill a chwipiai'r llall yn erbyn muriau'r hen fwthyn. Roedd Catrin Owen wedi gadael y golau talcen ymlaen i oleuo'r ffordd i'w mab. Llosgai gewin o olau drwy'r hollt yn llenni ei hystafell wely. Prin iawn oedd yr adegau hynny pan fyddai wedi diffodd a chysgu cyn i Cemlyn groesi'r rhiniog. Galw 'nos da' ar ei mab a diffodd fyddai'r ddefod yn amlach na pheidio. Ond ambell waith fe alwai ei enw â'i goslef ar i fyny.

'Cemlyn?'

Prin y clywodd lais ei fam yn erbyn cnewian y gwynt a

hyrddiai y tu allan. Rhedodd i fyny'r grisiau a tharo'i ben rownd y drws.

'Dach chi'n iawn?'

'Fasat ti'm yn rhoi mymryn mwy o ddŵr poeth yn y botal 'ma imi, 'ngwas i? Ma 'nhraed i fel dwy garrag fedd.'

'Dwi'm yn synnu.'

'Eira 'di hwnna'n dy wallt di?'

'Ia, mae'n chwipio'n o hegar. Dwi'm yn cofio tywydd fel hyn ers sbelan.'

Cymerodd y botel lugoer gan ei fam, ac wedi ei hail-lenwi tywalltodd weddill y dŵr berw i'r tebot gan adael i'r te fwydo tra byddai'n dweud hanes yr ymarfer wrth ei fam.

'Be oedd gin Glenys Ty'n Pant i ddeud am y ffrog 'ta?' holodd ymhen sbel. Pasiodd rhyw eiliad fechan cyn iddo fentro'i hateb.

'Deud ei bod hi'n ddigon o ryfeddod, Mam.'

Gwenodd wrthi ei hun o wybod bod Glenys wedi ei phlesio eleni eto. Tynnodd y cwrlid dros ei phen a llithro'n esmwyth i gilfan cwsg.

Ond roedd meddwl Cemlyn yn dal ar ras wyllt yn dychmygu'r penwythnos oedd o'i flaen. Roedd o wedi darllen am y ffilm yn un o'r papurau lleol, ond soniodd o 'run gair wrth Geraint am hynny, gan nad oedd am ymddangos yn orawyddus i'w ffrind. Roedd wedi bod yn pendroni sut yn y byd y gallai fynd i Fiwmares ac yn ôl heb adael ei fam ar ei phen ei hun am allan o hydion. Roedd y Suliau wedi dod yn bwysig iawn i'r ddau ohonyn nhw'n ddiweddar. Catrin Owen fyddai'n rhoi'r cig yn y popty ben bore a'i rostio'n ara deg tra byddai'r ddau yn yr oedfa. Cemlyn fyddai'n paratoi'r llysiau a gosod y bwrdd cyn iddyn nhw'i chychwyn hi am gapel Hermon. Ers i'r fan fynd i'w haped roedd Mr Ifans Hen Dŷ wedi galw amdanyn nhw'n ddeddfol bob bore Sul, glaw neu hindda, chwarae teg iddo. Yna, cymerai'r ddau eu hamser dros ginio, ac os byddai'r tywydd yn deg, fe aent am dro yn y pnawniau, a threuliai Cemlyn y min nos yn dysgu ei linellau neu'n trwsio rhyw fanion hyd y tyddyn. Gwnâi hithau bwcs o smwddio os byddai Cemlyn allan, neu dorri asgwrn cefn ambell ddilledyn a roed iddi i'w haltro. Ond paned o flaen y tân oedd y ddefod i gloi'r Sul bob amser, a brechdanau cig oer os byddai peth dros ben.

Er mor ailadroddus oedd y rhigol yma i'w Suliau, roedd Cemlyn yn gwybod bod y patrwm cyson ar ddiwedd bob wythnos yn bwysig i Catrin Owen. Roedd wedi trafod hynny hefo'r meddyg teulu dros yr haf. Os gallai Cemlyn greu amserlen iddo'i hun lle byddai trefn eitha pendant i ambell ddiwrnod o'u hwythnos, byddai hynny'n rhoi hyder i'r hen wreigan, a chyfle i'w hail a'i thrydydd atgoffa o ambell i beth. Roedd ei fam wedi deall y gêm i'r dim; bron cystal, os nad gwell na Cemlyn. Ond gwyddai hefyd y deuai diwrnod pryd y byddai'n gollwng yr awenau'n llwyr i ddwylo'i mab.

Roedd aberthu ei Sul yn galifantio i ryw glyweliad ym Miwmares wedi chwarae ar gydwybod Cemlyn byth ers iddo ddarllen amdano yn y papur. Ac yntau'n ddi-gar byddai ar drugaredd bysys bach Llanfarian, a doedd ganddo fawr o ffydd yn y rheiny, yn enwedig ar y Sul. Ond rŵan fod Geraint wedi cynnig lifft iddo, roedd ei feddwl yn gwibio i bobman. Os mai'r cyfan fyddai gofyn iddo ei wneud oedd cael 'sgwrs anffurfiol' hefo'r cyfarwyddwr, pharai hynny ddim mwy na rhyw hanner awr, doedd bosib. Byddai'n ei ôl yn Nhyddyn Pwyth erbyn diwedd y pnawn, fan hwyraf.

Dechreuodd loffa drwy'r bwndeli papur newydd am ragor o wybodaeth. Efallai y byddai mwy o fanylion yno am y clyweliadau. Os oedd o am fentro draw hefo Big End ddydd Sul, doedd o ddim am gyrraedd yno heb wybod pob manylyn posib am y cyfarfod. Ond roedd Catrin Owen yn un arw am gronni pob math o anialwch nes y byddai'r droriau a'r cypyrddau'n gorlifo. Wyddai Cemlyn ddim lle i ddechrau chwilio am yr hen bapurau.

Chwalodd ton o dristwch drosto wrth iddo ymbalfalu drwy'r droriau. Hen luniau o'r teulu yn gymysg â llythyrau, hen gardiau pen-blwydd a chardiau Nadolig. Llanast diwerth i lygaid ambell un, mae'n siŵr, ond i Catrin Owen, roedd yn llanast pwysig ac yn allwedd i ddeffro ei doe a'i hechdoe. Y rhain oedd canllaw ei chof erbyn hyn.

Crychodd ei dalcen pan sylwodd Cemlyn ar ambell i fil heb ei dalu ymhlith y cawdel a'i hwynebai. Byddai'n rhaid iddo helpu ei fam i ddidoli'r droriau yma'n fuan. Roedd ganddo gyfle bellach i roi'r tŷ mewn trefn, ac fe wyddai rŵan lle'n union i ddechrau. Pan oedd yn gweithio yn y lladd-dy doedd ganddo mo'r cyfle i gadw llygad ar y post, ond doedd hynny ddim yn esgus iddo bellach. Roedd llythyr cwmni Saturn yno'n syllu arno hefyd, wedi ei roi yng nghanol Aberangof y llanast.

Syllodd ar yr enw ar y llythyr am sbel – Saturn. Tybed beth wnaeth iddyn nhw ddewis yr enw yna? meddyliodd. Yn sicr, roedd hi'n blaned hardd ryfeddol; un o'r planedau harddaf o fewn ein galaeth, medd rhai, ac edrychai'n ddelwedd drawiadol iawn ar y pamffled lliwgar o'i flaen. Ond ers pan oedd yn blentyn, roedd y blaned Sadwrn wedi codi rhyw fraw anesboniadwy ar Cemlyn. Cofiai ddarllen ei bod yn blaned oer iawn; planed y nwyon a'r gwyntoedd geirwon, â'i symbol astrolegol oedd y cryman, erfyn yr hen fedelwr ei hun. Syllodd arni eto heno, yn ddyn yn ei oed a'i amser, a chael yr un ofn anesboniadwy yn ei ymasgaroedd.

Rhoddodd y llythyr a'r pamffled yn ôl yn y drôr. Gwyddai fod mynydd o waith didoli o'i flaen. Fedrai o gyfiawnhau mynd i Fiwmares ddydd Sul a'r holl bethau yma angen ei sylw? Pigodd ei gydwybod am yr eildro.

9

HENDRE EBOLION, 12 MEDI, 2112

*M*AE BRENGAIN YN *glanhau'r archoll ar grimog y milwr ac mae yntau'n brathu ei wefus i geisio diodde'r boen yn dawel. Mae'r ddau'n dal llygad ei gilydd ac mae'r milwr yn llwyddo i wenu drwy'r boen. Gwena Brengain hithau yn ôl drwy ei swildod, cyn plygu eto i wlychu'r cadach a chuddio'i gwrid. Mae'r milwr yn cyffwrdd â'i llaw fel y mae hi'n gwasgu'r dŵr o'r cadach. Edrycha hithau i fyw ei lygaid unwaith eto ac mae'r milwr yn ymdrechu i eistedd i fyny. Mae wynebau'r ddau yn agos iawn ac mae'r siot yn dynn.*

Yng nghefndir y llun mae drws y beudy ar agor led y pen ac mae'r ddau'n gwahanu'n gyflym. Mae Titus yn sefyll yn y drws ac mae ganddo bowlennaid o gawl yn ei law.

TITUS: Fytodd o'm cnegwath.

BRENGAIN: Ty'd ag o i Luca 'ta. Eith o'm yn wastraff wedyn.

Daw Titus â'r bowlen yn nes, ond mae'n amlwg yn dal yn ddrwgdybus o'r milwr (gallai yntau fod wedi gwneud â thamaid yn rhagor o gawl hefyd); ond cipia Brengain y bowlen oddi arno a'i chynnig i Luca. Mae yntau'n ei chymryd yn ddiolchgar ac yn blasu'r llwyaid gyntaf gan gnoi yn araf. Yna mae'r bwyta'n cyflymu ac edrycha Titus a Brengain ar y milwr fel petai'n anifail mewn cawell – y naill yn ofnus a'r llall yn llawn edmygedd.

TITUS: Ti'm am ddeud wrth 'Nhad?

BRENGAIN: Ddim eto... Paid ditha ag yngan gair, ti'n dallt?

Mae Titus yn nodio'n ansicr ond yn dal i edrych yn fud ar y milwr ac yn rhyfeddu at ei awch.

BRENGAIN: Neith o ddim niwad iti, Titus, mond inni ddal i'w fwydo a'i ymgeleddu.

Mae Titus yn nodio eto ond yn methu tynnu ei lygaid oddi ar y milwr.

BRENGAIN: Fedrwn neud hefo pâr o dd'ylo cryfion hyd lle 'ma.

Mae Titus yn nodio drachefn.

BRENGAIN: Fedra i'm tyllu'r bedd fy hun bach – fwy na fedri ditha.

Cerdda Titus allan o'r siot, yn amlwg wedi ei frifo gan frawddeg olaf ei chwaer. Mae Brengain yn edrych arno'n betrus ac yn hanner edifar ei chymal olaf. Yna mae'n troi'n ôl at y milwr ac yn gwenu.

10

Mae hin ddrycinog heno...

SIOMEDIG OEDD Y clyweliadau drwy'r dydd Sadwrn. Un ar ôl y llall fe wrandawodd Annest ar stribed o areithiau'n cael eu hadrodd fel rhaff drwy dwll. Am unwaith roedd Angharad a hithau'n gwbl gytûn ynglŷn â'r safon. Os oedd yna rywfaint o addewid yn ambell un yna diben cael Annest yno oedd i gyd-ddarllen peth o'r sgript hefo'r rhai cryfaf. Dim ond rhyw deirgwaith y gofynnwyd iddi wneud hynny, ac roedd darllen ar yr olwg gyntaf wedi llorio hyd yn oed y rhai mwyaf addawol.

Digon di-ddweud oedd y criw dros eu pryd yn y bistro, a Sion yn meddwl efallai y byddai'n werth dod yn ôl ymhen rhyw bythefnos ac ailhysbysebu. Roedd ambell un wedi methu cyrraedd oherwydd yr eira, ac yntau'n ofni efallai mai'r goreuon oedd wedi llithro drwy'r rhwyd, a chan fod arolygon y tywydd yn darogan rhagor o dywydd mawr, doedd pethau ddim i weld yn mynd o'u plaid. Suddodd calon Annest o feddwl am orfod ailadrodd yr holl artaith.

'Dwi'm yn meddwl 'mod i'n rhydd,' cythrodd rhyw lun o esgus.

'Weithiwn ni o gwmpas dy ddyddiada di 'ta. Neith Caron nodyn o d'argaeledd di a drefnwn ni rwbath.'

Doedd gan Annest ddim ymateb digon cyflym i gynnig Angharad ac fe fodlonodd ar ryw 'iawn' bach swta.

Yr un oedd y stori yn sesiwn y pnawn; gwaeth, os oedd y ffasiwn beth yn bosibl. Roedd yr eira wedi ffyrnigo a dyrnaid arall wedi ffonio i ddweud nad oedd modd iddyn nhw gyrraedd. Er mai Annest ac Iwan Prys oedd i chwarae dau o'r prif rannau, roedd yna un prif gymeriad arall oedd heb ei gastio, a doedd hi ddim yn edrych yn addawol pan ddaeth gofalwr y ganolfan i mewn i gloi ar eu holau ar ddiwedd y dydd.

Ceisiodd Angharad godi mymryn ar eu hysbryd wrth ddychwelyd am y gwesty. Gallai synhwyro fod Sion yn dechrau digalonni, a'i gwaith hi fel cynhyrchydd oedd cadw'r optimistiaeth ar i fyny. Roedd Teledu Aran wedi llwyddo i fachu dau 'enw' i'r cynhyrchiad ac roedd yn bwysig cadw ymchwydd y don o deimlad da hyd ddiwedd y cyfnod ffilmio. Roedd hi wedi mynd yn anodd denu actorion oedd wedi cael llwyddiant dros y ffin i wneud unrhyw waith yn y Gymraeg. Roedd y ffaith iddyn nhw lwyddo i gael dau 'enw' yn achos i lawenhau, does bosib? Ond roedd Sion yn dal yn grediniol fod angen Titus cryf arnyn nhw i'r ffilm lwyddo. Roedd yn gymeriad allweddol ac fe allai camgastio luchio cydbwysedd y stori oddi ar ei hechel.

'Falla cawn ni fwy o hwyl arni fory, os ddôn nhw, neu yng Nghaerdydd,' mentrodd Angharad awgrymu.

'Hefo acenion gogleddol?' holodd Sion.

'Mwy o Gogs fan'ny nag yn unman arall, weden i!' cynigiodd Caron.

'Gogs plastig falla,' ychwanegodd y cyfarwyddwr.

'Sgiws mi?'

'Eithriad w't ti, Annest. Ti'm 'di bod yno'n ddigon hir eto i bigo'r diwn i fyny.'

'Tiwn?' holodd Angharad.

Ond gadawodd Sion i'w chwestiwn hofran ar awel Traeth Lafan heb ei ateb. Gwyddai fod y tri arall yn gwybod yn union beth oedd ganddo dan sylw. Mewn tawelwch chwithig felly y cerddon nhw weddill eu llwybr tua'r gwesty. Roedd mwy o eira ar y ffordd a melltithiodd Annest bob plufyn a ddisgynnai ar y palmant heb wahoddiad. Os mai mwy o hyn roedden nhw'n ei addo am dridiau eto, efallai mai yma y byddai hi tan y Dolig. Duw a'i gwaredo!

* * *

Gorweddodd Annest yn ei bath poeth, pefriog yn sipian gwydraid o ddŵr llonydd, oer. Chwyddai'r swigod wrth i'r dŵr fyrlymu i'r baddon claerwyn a daeth cnoc ysgafn ar ddrws ei hystafell molchi.

'Ty'd i mewn, Caron.'

Daeth ei ffrind i mewn yn cario dau wydraid mawr o jin a thonig a chnau wedi eu halltu ac olewydd mewn dwy bowlen wydr fechan. Dipyn mwy chwaethus na'r gwasanaeth yn y Thistle, meddyliodd Annest. Rhoddodd Caron yr hambwrdd i lawr ar silff fechan wrth ymyl y baddon ac estyn ei gwydr i Annest.

'*My god*, o'n i angan hwn,' meddai, gan ddrachtio llwnc go helaeth o'r jin.

'Jyst gadel iti wbod bod y ddou arall yn cael drinc yn y bar, reit, bach?'

Roedd Angharad wedi gofyn am fwrdd i bedwar am hanner awr wedi saith, a doedd gan Annest ddim math o fwriad bod yn fuan.

'Geith y sguthan aros. Mi archebodd y bwr' heb ofyn oedd o'n iawn gin bawb arall.'

'Mond trial bod yn garedig o'dd hi.'

'Pam ti'n achub ei cham hi bob gafal 'di mynd?'

'Odw i?'

'Wyt!' Roedd Annest wedi aros yn hir i gael y mymryn cnec yma o'i system. 'Ti 'di crafu'i thin hi ers inni adal Caerdydd.'

'Odi dy ddyddiadur 'da ti?'

'Nac'di sori, dwi 'di adal o adra.'

'Reit... wela i di nes mlân 'te.' Gafaelodd Caron yn ei ddiod a throi i adael.

'Pam ti'n osgoi 'nghwestiwn i, Caron?'

'Annest... '

'A pham ddoist ti â diod i fyny i chdi dy hun a wedyn troi ar dy swdwl a mynd?'

'Pa gwestiwn ti moyn i fi ateb gynta?'

'Take your pick.'

Suddodd Annest i mewn i'r swigod gan fynd â'i jin hefo hi i'r ewyn; ond roedd ei dau lygad treiddgar yn dal i edrych i fyw llygaid ei ffrind. Llwyddodd i ddiffodd llif y dŵr poeth yn fedrus â bawd ei throed a gadawodd i'r tawelwch siarad am sbel.

'O'n i'n meddwl bo' ni'n ffrindia?'

'Ni yn!' protestiodd Caron.

'Ti 'di bod fatha gwas bach iddi ers pan ddois i i mewn i'r blydi car 'na bora ddoe, a ti'n gwbod hynny.'

'Do.'

'A gin ti'r wynab i gyfadda hynny?'

'O's. A ti moyn gwbod pam?'

Gadawodd Annest saib bwriadol gan ddal ei llygaid ar Caron a'i gloi yn ei threm. Yna mentrodd ei ateb ei hun.

'Ti angan y gwaith, ti'n gorfod cadw yr ochor iawn iddi am dy fod di'n gwbod mai Angharad Prysor ydi dy ddyfodol di. Mi fasat yn ei ffwcio hi o bob ongl posib tasat ti'n medru ond gan nad ydi dynas blaen efo llygad croes ddim at dy ddant di, ti'n trio bob tric arall ti'n wbod amdano fo i'w chadw hi'n *sweet*.'

Roedd llygaid y ddau yn dal wedi eu cloi, fel tasan nhw'n chwarae gêm syllu. Cododd aeliau Caron y mymryn lleiaf i awgrymu efallai bod ei ffrind yn llygad ei lle. Cymerodd Annest swig bychan heb symud gewyn a heb ildio ei threm.

'Pasia olif imi, 'nei di, a thywal sych o waelod y gwely?'

Ufuddhaodd yntau i'w dymuniad. Edrychodd Annest arno'n mynd yn ei jîns bach tyn a'i dop *designer* cwta, bob amser fel pin mewn papur ac yn ogleuo'n ddrud. Sychodd y swigod oddi ar ei chorff siapus a gwyddai fod Caron yn edmygu'r hyn a welai pan ddychwelodd hefo'r tywel moethus.

'Biti na fasat ti'n ddyn go iawn 'de, Caron. Meddylia'r hwyl 'san ni'n ga'l.'

Trawodd fymryn o ewyn ar ei drwyn yn chwareus cyn lapio'i hun yn y lliain cynnes. Cododd Caron ei wydr a chynnig llwncdestun.

'I ni!' meddai, dan wenu.

'I ni'n dau,' meddai hithau, ond roedd hi eisoes wedi gorffen ei diod.

11

Os torrith Cob Malltraeth fe foddith fy mam...

ROEDD CATRIN OWEN wedi mynnu y byddai hi'n iawn ar ei phen ei hun, a siarsiodd ei mab i beidio poeni dim amdani am weddill y dydd. Roedd wedi gwneud digon o frechdanau i borthi'r pum mil ac wedi gwahodd Geraint i swper wedi iddyn nhw ddychwelyd, i ddweud yr hanes. Mynnodd hefyd fod ei mab yn gwisgo'i siwt. Er y gwyddai Cemlyn y byddai'n edrych fel sgodyn allan o ddŵr pan gyrhaeddai ben ei siwrnai, roedd wedi ufuddhau i'w fam. Stwffiodd gardigan lwyd i'w fag cyn rhoi'r brechdanau a'r creision a'r fflasg ar ei ben i'w chuddio. Gallai newid yn y car ar ei ffordd.

Safodd ei fam yn codi llaw ar y ddau nes iddyn nhw fynd o'r golwg dros y grib. Yna, aeth i daro'r cig yn y popty cyn mynd allan i fwydo'r ieir. Edrychodd i fyny ar y cymylau duon yn dychwelyd o gyfeiriad y môr. Roedd y pen yma i'r ynys wedi cael llonydd gweddol gan yr eira ddoe a Geraint wedi dweud wrthi nad oeddan nhw'n darogan rhyw lawer mwy. Ond roedd yr hen geiliog eisoes yn mochel yn ei gwt, a'r ieir yn hel eu traed am loches.

Roedd Geraint yn yrrwr cyflym. Byddai plant Llanfarian bob amser yn dynwared Big End ar iard yr ysgol os byth y bydden nhw'n 'chwara ceir'. Sgrialu ar ongl rownd corneli yn stumio newid gêr a dynwared sŵn yr injan a'r cyntaf i gyrraedd y giât fawr fyddai'n ennill. Ond wnaeth gyrru felly ddim lles i Geraint ar fore'r clyweliad. Mentrodd i mewn i gornel yn rhy gyflym ac i mewn i sglefr go filain wrth iddo gyffwrdd y brêc. Fel gyrrwr profiadol, fe wyddai nad oedd diben iddo drio llywio'r olwynion allan o'r llithriad a hwyliodd y car, fel petai ganddo'i feddwl ei hun, i ben arall y lôn. Trawodd yr olwyn flaen yn erbyn gwar y palmant a rhoddodd y car herc ar y llain tir gyferbyn.

'Damia!' bytheiriodd Big End, a dyrnodd y llyw, fel petai'r car druan wedi mynd yno o'i ewyllys ei hun. 'Blydi eira!'

Roedd yn beio'r tywydd, y llyw a'r olwynion. Mi fasa wedi beio Duw tasa fo'n credu mewn peth felly. Eisteddodd Cemlyn yno'n dawel gan feddwl beth oedd orau i'w wneud. Roedd yr eira'n ddi-ildio erbyn hynny.

'Lwc ar y diawl nad oedd 'na'm byd yn dŵad i'n cwr' ni, Ger,' meddai, gan roi ei sgarff yn ôl am ei wddw a chwilio am ei fenyg ym mhoced ei gôt.

Hanner awr yn ddiweddarach roedd Geraint wedi aredig digon o'r tir i blannu rhes gyfan o datws ynddo, ac roedd mwy o fwd dros siwt Cemlyn na tasa fo wedi bod yn bwydo hwch fagu. Roedd yna ddau gar ac un bws wedi eu pasio, ond doedd yr un ohonyn nhw wedi aros i gynnig help llaw.

'Bastads!' bloeddiodd Geraint, wrth i'r olaf ohonynt yrru'n ofalus heibio. 'Dim ffycin Samariaid yn byw pen yma i'r ynys, yli, Cem!'

'Dal i fynd 'swn inna hefyd, beryg, yn y tywydd yma,' mentrodd Cemlyn, a'r gwlybaniaeth erbyn hyn wedi mwydo drwy'r brethyn hyd at ei groen.

Doedd gan yr un o'r ddau signal ffôn i ddanfon neges o fath yn y byd at neb. Gollyngodd Geraint y brêc llaw a cheisiodd y ddau wthio'r car heb gymorth yr injan. Roedd ganddynt ddigon o fôn braich rhyngddynt i symud y cerbyd ryw droedfedd neu ddwy, ond gan fod eu hymdrech flaenorol wedi aredig gymaint ar y tir fe lithrai'r car yn ei ôl i'r un rhych bob gafael.

'Bastad mul, uffar!' melltithiodd Geraint y car unwaith yn rhagor. Diolchodd Cemlyn nad oedd ei fam o fewn clyw i'r fath araith a hithau'n ddydd Sul. Ac roedd gwaeth i ddilyn. 'Ffycin ddynas tywydd 'na 'di bai. Nath hi'm gaddo llychyn inni heddiw.'

'Ddudist o'r blaen na toedd 'na'm tryst arni.'

'Wrandawa i'm gair gin y gloman glai byth eto. Ca'l ei thalu am ddeud clwydda noeth ar goedd fel'na. Dagwn i'r ast hefo lîd ei meicroffon hi taswn i'n ei gweld hi.'

Rhyw awr a hanner ar ôl yr holl ymdrechu ac roedd y brechdanau a'r creision wedi diflannu, a golchwyd y cyfan i lawr hefo dwy baned go gry' o de. Dwy ffag a phedwar Fishermans Friend yn ddiweddarach ac roedd Geraint yn dal i felltithio.

'Bastad teiars 'na oedd drwg 'sti, Cem. Ddudish i wrth Tony am eu newid nhw imi ddoe ddwytha. Cont bach!'

'Ia, biti 'de,' meddai Cemlyn, gan agor mymryn mwy ar ei ffenest i adael i'r mwg fynd allan yn gynt.

* * *

"Fyth, angohofia i fyth y bore gwyn y gwelais i Flodeuwedd gynta rioed," rhygnodd yr actor ifanc drwy ei araith mor ddideimlad â choes y bwrdd yr eisteddai Angharad, Caron a Sion wrtho.

Ochneidiodd Angharad yn dawel, a chysurodd ei hun mai hwn fyddai'r tro olaf iddi orfod gwrando ar Saunders yn cael ei fwrdro yn Sir Fôn – am heddiw o leia. Dychmygodd y siwrnai hir a blinedig yn ôl i Gaerdydd. Byddai Annest Gwilym yn fwy pigog wrth ddychwelyd a hwythau'n hwyr ac yn waglaw, meddyliodd Caron. Dau neu dri ecstra ac un ailalwad digon amheus oedd y cyfan a gafwyd allan o benwythnos hir a diflas.

'Be oeddach chi'n ei feddwl o hwnna 'ta?' holodd Sion yn llugoer, wedi i'r llafnyn chwyslyd gau'r drws ar ei ôl.

'Pam uffar ma nhw'n dewis araith glasurol a nhwtha'n gwbod yn iawn be 'dan ni'n neud?' holodd Angharad.

'Honna oedd yr unig araith oedd gynno fo ar ei go', beryg,' cynigiodd Sion.

'Bach yn ddidoreth, on'd o'dd e?' ychwanegodd Caron.

'Be?' gofynnodd Sion.

'Crap,' cyfieithodd Angharad.

Daeth y clyweliadau i ben gydag un ebwch ddofn arall gan y cyfarwyddwr. Rhoddodd ei ben ar y bwrdd o'i flaen a suddodd ei galon fel carreg drwy luwch o eira.

Roedd ambell actor wedi llwyddo i ddod drwy'r lluwchfeydd ar y dydd Sul ac wedi erfyn am gael gwrandawiad. Fel arfer byddai Angharad wedi gwrthod ildio i'w swnian, ond doedd ganddi ddim dewis a hwythau'n dal heb gastio'r un o'r rhannau llai, heb sôn am ran Titus. Caeodd ei llyfr nodiadau oedd yn frith o eiriau cableddus am berfformiadau gwael. Rhwygodd ei nodiadau yn ddarnau mân rhag i unrhyw un arall eu darllen.

'Panad?' cynigiodd i'r ddau.

'Ie!' cytunodd Caron, gan ddanfon tecst at Annest 'run pryd i ddweud eu bod ar eu ffordd yn ôl.

Roedd Sion wrthi'n cadw'i nodiadau yn ei fag pan gerddodd Cemlyn i mewn a gofyn, 'Ydan ni'n rhy hwyr?'

Edrychodd Angharad yn syn ar y creadur mwdlyd a safai o'i blaen, â'i lygaid yn llydan a'i wynt yn ei ddwrn yn edrych yn ymbilgar arni.

'Pardwn?' gofynnodd y cynhyrchydd.

'Fa'ma ma'r *auditions* i'r ffilm, ia?'

'Ia, ond...'

'Gafon ni ryw chydig o hic-yp ar y ffor yma a glanio'n din clawdd.'

Roedd Geraint wedi mynd i barcio'r car, a Cemlyn wedi rhedeg i mewn i'r neuadd yn syth, rhag ofn y byddai'r criw ar fin gadael. Glaniodd Geraint yn dynn wrth ei sodlau a dechrau ailadrodd y stori.

'Sori bo' ni'n hwyr. Ddoth 'na gar yn syth amdana i'n Llanachmêdd a fuo raid mi swyrfio i osgoi'r uffar; lwc ar diawl 'mod i 'di bod ddigon o gwmpas 'y mhetha i fanŵfro heibio fo. 'De, Cem?'

'Ia,' ategodd Cemlyn yn ddryslyd.

'Ar fin gadal oeddan ni, fel dach chi'n gweld,' meddai Angharad.

'Sgynnoch chi'm ryw bum munud i sbario? Mond i ddeud ryw hyw-di-dŵ sydyn 'lly?' ymbiliodd Big End.

Ond cyn i Angharad ymddiheuro a gadael, fe ddaliodd Sion ei llygad a rhoi un edrychiad arni a oedd yn ddigon iddi newid ei meddwl. Gwyddai hithau'n iawn pa mor llwm oedd pethau wedi bod hyd yma, ac roedd Sion yn amlwg wedi gweld rhyw lygedyn o oleuni ar ddiwedd y dydd.

'Dwi'n siŵr medrwn ni drefnu rwbath hefo'r gofalwr, yn medrwn, Caron?' ychwanegodd Sion, a'i gwestiwn yn fwy o orchymyn na dim byd arall.

Llyncodd Caron yr awgrym a mynd i drefnu hanner awr ychwanegol iddyn nhw yn y neuadd. Cildwrn i'r gofalwr a galwad i'r gwesty i ohirio'r coffi ac roedd Geraint yn eistedd o flaen y cynhyrchydd a'r cyfarwyddwr yn dweud y byddai'n fodlon rhoi 'shilff ei din' i gael bod mewn ffilm. Roedd yn perthyn o bell i Hugh Griffith (medda fo), ac er na wyddai Geraint yn iawn sut yn union yr oedd yn perthyn i actor enwoca'r ynys, roedd ei fam wedi dweud wrtho sawl tro ei fod yn 'ewyrth o fath' iddo, a'i bod 'wedi cael gweld ei Oscar unwaith.'

'A dduda i rwbath arall wrthach chi hefyd, ma'r Cemlyn bach 'ma sy hefo mi yn chwip o actor bach da, tasa gynnoch chi bart go lew yn mynd.'

'Felly?' ymatebodd Angharad Prysor yn nawddoglyd.

'Ydi, chi. Fo 'di'r actor gora sgynnon ni'n Theatr Fach 'cw. 'Sa werth chi weld o'n mynd trw'i betha pan mae o'n ei hwylia.'

Awgrymodd Sion fod Geraint yn dŵad i gael sgwrs hefo nhw'n gynta, tra oedd ei ffrind yn trio cael mymryn o drefn arno'i hun yn y toiled. Ceisiodd Cemlyn olchi'r baw gwaethaf oddi ar waelodion ei drowsus, a chan fod y gwresogydd yn chwilboeth, roedd wedi rhoi'r llodrau arno i sychu am sbel. Tynnodd ei siaced ac estyn ei gardigan lwyd a'i rhoi i hongian ar fachyn y tŷ bach yn y gobaith y byddai'n dadgrychu tipyn cyn iddo gael yr alwad i fynd i mewn. Ac felly y cafodd Caron o'n sefyll, yn ei drôns a'i grysbas, pan aeth i ofyn iddo os oedd o'n barod.

'Pidwch becso,' gwenodd Caron arno, 'byddan nhw moyn rhyw bum munud bach arall i drafod Geraint, siŵr o fod.'

Sylwodd Caron nad oedd y llipryn a laniodd yn y neuadd ryw bum munud yn gynt mor eiddil ag y tybiai. Os nad oedd halio miloedd o anifeiliaid trymion oedd yn ymladd am eu hanadl olaf wedi bod yn dda i'w enaid, roedd wedi gadael ôl digon lluniaidd ar gyhyrau'r tyddynnwr tlawd.

'Chi moyn bach o help?' cynigiodd Caron, wrth weld Cemlyn yn rhoi'r goes anghywir yn ei drowsus tamp a phoeth.

'Fedra i ymdopi'n hun, diolch ichi.'

''Na fe 'te. Cymerwch eich amser a weda i'ch bod chi ar eich ffordd.'

Glaniodd Big End wrth i Caron droi'n ei ôl am y neuadd. Roedd perlau bach o chwys ar dalcen y mecanic.

'Wel?' holodd Cemlyn, gan roi'r droed iawn yn y goes iawn

a theimlo'r trowsus yn llaith a chynnes yn erbyn ei goes grynedig.

'Mae yn y bag i chdi ddudwn i 'de, Cem. A dwi 'di deud wrthyn nhw y bydda'n werth iddyn nhw wrando arnat ti'n mynd drw dy betha.'

Roedd Cemlyn yn ddigon nerfus fel ag yr oedd hi, heb i Geraint agor ei geg.

'I be oeddat ti'n deud hynny wrthyn nhw?'

'Duwcs, gin ti ddigon o ryw hen betha fedri di neud, toes?'

'Fel be?' gofynnodd Cemlyn, a'i lais yn mynd i fyny gyweirnod hefo pob cwestiwn.

'Deud y *speech* 'na sgin ti ar ôl i Jac fynd i'r castall ar ddiwadd Act Dau?'

'Fedra i'm gneud araith allan o blincin panto, siŵr iawn!'

'Duw, mi feddyli di am rwbath, gei di weld.'

Daeth Caron yn ei ôl ymhen pum munud union a dweud bod Angharad a Sion yn barod amdano. Yn crynu yn ei esgidiau mwdlyd, fe ddilynodd Cemlyn ei hebryngwr tuag at y neuadd. Roedd yn ymwybodol o bob cam wleb a gymerai ar hyd y llawr tuag at y ddau a eisteddai y tu ôl i fwrdd ym mhen pella'r stafell. Atseiniai sŵn ei gamau yn eco'r ganolfan. Roedd ei sanau'n sglewtsian yn gynnes yn ei esgidiau, a rhwng y mwd, y chwys a'r gwres roedd yn grediniol fod ei draed yn drewi hefyd. Roedd yn difaru ei enaid ei fod wedi rhoi ei hun yn y fath sefyllfa. Ychydig iawn a wyddai ar y pryd mai'r olwg fach ryfedd yma oedd yr union edrychiad roedd Sion Trystan wedi bod yn chwilio amdano trwy'r penwythnos dilewyrch.

12

Ac os weithiau byddi'n llwydd...

'BE TI'N FEDDWL "dŵad draw i'r ganolfan", Caron?'
holodd Annest ryw hanner awr yn ddiweddarach, pan
gafodd alwad arall gan ei ffrind.

'Ma Sion moyn ti ddod draw i ddarllen.'

'Ond ddudist ti'ch bod chi ar 'ych ffor 'nôl!'

'Ma fe wedi newid ei feddwl.'

'O, geith o'i newid o eto felly'n ceith.'

Eglurodd Caron wrth yr actores styfnig beth yn union oedd
wedi digwydd, a bod Cemlyn wedi gwneud tipyn o argraff ar
y cyfarwyddwr. Roedd o felly wedi rhoi copi o'r sgript iddo
gael cyfle i edrych dros yr olygfa ac am i Annest fynd draw
mor fuan ag y medrai i gyd-ddarllen hefo'i 'ddarganfyddiad'
newydd.

'So, ti moyn i fi weud wrtho fe bod ti'n ffili dod, wyt ti?'

Gadawodd Annest saib eithaf hir cyn ateb.

'O, *God*! Ma hyn mor *annoying*, Caron!'

'Na ti 'te, bach, dere di draw pan ti'n gyller. Weda i wrth
Angharad bod ti ar dy ffordd.'

Dyma ni eto, meddyliodd Annest, rhedeg a rhisio i'r ffycars
a ddim mymryn uwch fy mharch.

* * *

'Fasan ni'n licio ichi ddarllan ryw fymryn o'r sgript inni,' oedd yr unig gyfarwyddyd gafodd Cemlyn ganddyn nhw wrth adael y stafell.

Roedd wedi cael dwy dudalen o ddeialog i gael cip arnynt tra oedd rhyw actores ar ei ffordd draw o'r gwesty.

'Ffwcin 'el, Cem, ma raid bo chdi 'di gneud chwip o argraff arnyn nhw 'ta.'

'Ti'n meddwl?' gofynnodd Cemlyn, a'i galon yn curo'n ei wddw ac yn trio gwneud rhyw fath o synnwyr o'r ddeialog o'i flaen.

'Syrt iti. Ofynnon nhw ddim i *mi* ddarllan, yn naddo? A ges *i* hwyl go lew arni; er ma fi sy'n deud.'

Roedd Cemlyn yn un o'r goreuon am ddarllen ar yr olwg gyntaf fel arfer ond doedd yr un gynneddf ddim fel petai hi'n dŵad i'r adwy iddo heddiw. Nofiai'r llinellau o flaen ei lygaid ac roedd holl egni ei nerfau wedi troi'n gryndod yn ei goesau.

'Pam ti'n ysgwyd dy benaglinia i fyny ac i lawr, Cem? Ti fatha blydi pi-pi-down, 'chan.'

'Nerfa, 'de.'

'O rho gora iddi, wir ddyn!'

'Be ma "cnegwath" yn ei feddwl, Big End?'

'Be?'

'Rhyw lein yn y sgript; "Fytodd o'm cnegwath".'

'Chlywish i rioed neb yn ei ddeud o.'

'Na finna chwaith.'

'Fasa'm gwell ti ffonio adra, Cem? I ddeud wrth dy fam bo' chdi 'di'i glanio hi?'

Roedd Cemlyn wedi poeni am ei fam sawl gwaith wrth aros i gael eu hachub o'r eira; ond byth ers i ryw lafnau oedd wedi dŵad allan i chwarae yn y lluwch roi bôn braich ychwanegol iddyn nhw roi hergwd i'r cerbyd allan o'i rych roedd pethau wedi carlamu yn eu blaenau fel mai prin y cafodd o eiliad i feddwl amdani. Penderfynodd mai gwell fyddai gadael i bethau fod nes y byddai wedi gwneud y darlleniad. Fyddai ei fam ddim yn deall ei gynnwrf, a gallai ddweud yr hanes wrthi wedi iddo gyrraedd adre.

'Falla bydd hi'n gwbod be 'di o, sti,' cynigiodd Geraint.

'Na fydd, siŵr, ne fyswn i 'di chlywad hi'n ei ddeud o'n byswn?'

'Esu! Fydd hi'n prowd ohonach chdi.'

'Tydw i'm 'di ca'l cynnig dim byd eto!'

'Gwranda di be dwi'n deud wrthat ti. Fyddi di *yn* y blincin ffilm 'ma cyn wiriad â bod gin i din mawr a phidlan fwy!'

Gwenodd Cemlyn a chymryd un olwg arall ar y sgript cyn cael ei alw'n ôl i mewn i'r neuadd. Teimlodd ei drowsus a oedd yn dal i grasu ar y twymwr.

Roedd wedi rhoi ei sanau i sychu arno hefyd, ac roedd aroglau digon anghynnes yn llenwi'r toiled erbyn hyn. Crychodd Caron ei drwyn pan ddaeth i mewn i alw Cemlyn am yr eildro.

'Pob lwc ti, Cem,' meddai Big End gan estyn am ei becyn ffags.

'Bydd rhaid i chi fynd mas os chi moyn mwgyn,' meddai Caron, bron â thorri ei fol am gael un ei hun.

'Pardwn?' holodd Geraint.

'Allwch chi ddim smoco miwn fan hyn, sori.'

'Siŵr iawn,' atebodd Geraint, heb fwriad yn y byd o fynd allan i'r oerfel.

Unwaith y byddai wedi cael cefn y ddau fe agorai'r ffenest a mwynhau ei ffag mewn llonyddwch. Yng nghanol stafell a oedd yn drybola o arogleuon yn barod, pwy allai synhwyro rhyw fymryn o fwg baco?

Roedd trowsus Cemlyn yn gynnes braf pan wisgodd nhw am yr eildro. Roedd ei sanau wedi caledu gan y chwys a'r mwd sych, ond roedd yn teimlo dipyn mwy cyffyrddus y tro yma.

'Reit, af i miwn i weud wrth Annest Gwilym eich bod chi ar eich ffordd 'te, Cemlyn... a phob lwc!'

Rhoddodd Caron rhyw droell bach chwim ar flaen ei droed a'i deintio hi'n ôl am y neuadd. Edrychodd Cemlyn yn hurt ar Geraint. Oedd o wedi clywed yn iawn? Ai Annest Gwilym, un o'i hoff actoresau, lefarodd y dyn? Yn y stafell drws nesa!

'Ti'n iawn, Cem?'

'Dduw o'r Sowth!'

'Naci!' medda Big End, 'Un o Ros-y-bol ydi o.'

Wyddai Cemlyn ddim lle i droi. Dan amgylchiadau cyffredin fe fyddai wedi ei heglu hi'n syth am y neuadd i weld yr actores enwog. Ond, â phwt o sgript dieithr yn ei law, teimlai'n fwy fel dianc i dwll go ddyfn.

'Yli, fyddi di'n iawn, sti. Ti 'di hen arfar.'

'Annest Gwilym ddudodd o jyst rŵan?'

'Pwy?'

'Annest Gwilym! *Dolby City* a *Crimes of Passion*?'

'Chlywish i rioed amdani.'

'Uffar o bishyn.'

'Arglwydd mawr! Cemlyn Owen ddudodd beth felly jyst rŵan? Does ryfadd ei bod hi'n lluwchio.'

'Annest Gwilym... ym Miwmares o bob man!'

'Ydi'r gardigan 'na fymryn rhy fach i chdi, Cem?'

'Ydi hi?'

'Tynna dipyn ar ei llawas hi a phob lwc ti, boi.'

Rhoddodd Geraint swadan go hegar ar ysgwydd ei ffrind cyn cymryd dracht ddofn arall o'i sigarét. Eisteddodd ar sedd y toiled i fwynhau gweddill ei fygyn a sylwodd bod yr eira wedi codi bron at hanner ffenest y tŷ bach.

* * *

Pan gerddodd Cemlyn i mewn i'r neuadd roedd Annest Gwilym yn eistedd yn y gornel yn edrych dros ei sgript. Roedd golwg bell arni. Mae'n siŵr mai canolbwyntio mae hi, meddyliodd Cemlyn. Eisteddai'r tri arall y tu ôl i'r un bwrdd yn yr un drefn ag yr oeddan nhw pan redodd i mewn gynnau â'i wynt yn ei ddwrn; ond roedd golwg mymryn mwy ffurfiol arnyn nhw y tro yma.

Cymerodd Annest gip sydyn trwy gornel ei llygaid ar y creadur bach rhyfedd oedd newydd gerdded i mewn i'r neuadd. Roedd ei gardigan fechan wedi crychu ac yn friwsion caws a nionyn hyd-ddi a'i wallt fel petai wedi ei dynnu trwy ddrain. Llusgai carrai un o'i esgidiau hyd y llawr glân, fel hogyn ysgol oedd ar fin cael cerydd gan brifathro. Plymiodd ei chalon wrth feddwl am orfod cyd-ddarllen hefo'r ffasiwn lwdwn. Ychydig iawn a wyddai mai'r ffigwr pathetig o'i blaen oedd yr union greadur yr oedd Sion Trystan wedi bod yn chwilio amdano drwy'r penwythnos.

Angharad gyflwynodd y ddau actor i'w gilydd, ac er gwaethaf ysgydwad llaw lipa Annest, roedd Cemlyn wedi ei gyfareddu gan dynerwch ei chroen. Sylwodd ar ei hewinedd perffaith ac roedd meddalwch ei llais wedi ei lorio'n llwyr. Roedd hyd yn oed y rhychau bychain dan ei llygaid, na sylwodd arnyn nhw erioed o'r blaen, yn ychwanegu at y rhin a berthynai iddi. Gofynnodd Sion i'r ddau sefyll ryw bum llath o flaen y bwrdd gan ddarllen yn eitha naturiol yn eu hamser eu hunain. Roedd y ddau yr un taldra, eu crwyn yn welw a'u llygaid yn leision. Gwenodd y cyfarwyddwr wrtho'i hun.

'Ti'm am ddeud wrth 'Nhad?' oedd llinell gyntaf Cemlyn, ac fe'i gofynnodd yn syml a naturiol. Edrychodd Annest arno am eiliad. Er mor syml oedd y llinell, roedd Cemlyn wedi llwyddo i'w gofyn fel petai'r un actor arall wedi gofyn hynny iddi erioed o'r blaen. Syllodd i'w lygaid am eiliad cyn dweud ei llinell hithau yr un mor naturiol:

'Ddim eto… Paid ditha ag yngan gair, ti'n dallt?'

'Ga i ddechra eto?' gofynnodd Cemlyn ac edrychodd Annest yn hurt arno. Doedd y llinell yna ddim yn y sgript. Be goblyn oedd yn bod arno?

'Cewch, tad,' meddai Sion, 'ond roedd hwnna'n swnio'n iawn i mi.'

'Ia wel, dduda i wrthach chi be sy, fydda i byth yn licio darllan rwbath os na dwi'n ei ddallt o'n iawn, ac o'n i 'di meddwl gofyn cyn cychwyn be ma "cnegwath" yn ei feddwl, ond gan 'mod i mor nyrfys mi anghofish i ofyn.' Llithrodd yr eglurhad fel lli'r afon o'i wefusau. Gwenodd Sion, Angharad a Caron at onestrwydd yr hogyn. 'Gobeithio bo' chi'm yn meindio i mi ofyn a sori am stopio.'

Trawodd Annest ei sgript yn erbyn ei chlun yn ddiamynedd ac edrych ar y nenfwd.

'Na, dim o gwbwl Cemlyn. Cwestiwn da,' meddai Sion, 'a wyddoch chi be?'

'Na wn i,' atebodd Cemlyn.

'Does gen i ddim syniad be 'di o fy hun!' ac edrychodd ar ei gynhyrchydd am gymorth ond roedd Angharad hithau'n y niwl yn llwyr.

'Gwerth ceiniog,' meddai Annest, heb godi ei llygaid o'i sgript. 'Ceiniogwerth 'di troi'n cnegwath.'

'Duwcs! Tydi rywun yn dysgu rwbath newydd bob dydd, dudwch? Diolch yn dalpia. Dwi'n dallt yr olygfa'n well rŵan 'lwch.'

Chwarddodd Sion yn uchel a gofyn iddyn nhw gychwyn unwaith eto a chymryd eu hamser. Yn gymysgfa o nerfusrwydd ac eilunaddoliad roedd anadlu Cemlyn yn denau ac yn herciog. Bwydodd Annest ei llinellau hithau'n fwriadol anghyson iddo, gan drio'i luchio oddi ar ei echel.

Yn wahanol i'r tri arall yn y stafell, doedd hi ddim wedi cynhesu at y llipryn lleol o gwbwl. Roedd golwg od arno, roedd yn drewi, ond yn waeth o'r hanner, y llwdwn yma oedd yn gyfrifol am ei chadw yma yn erbyn ei hewyllys. Gallai fod yn tynnu am Ddolgellau erbyn hyn petai'r lembo yma ddim wedi glanio. Daliai ambell linell yn ei hôl yn y gobaith y byddai yntau'n bwydo'r nesaf yn rhy gyflym, ac os gwnâi, torrai ar ei draws yn fwriadol gyda'i llinell hithau; gwyddai Annest Gwilym y triciau i gyd. Ond roedd cynneddf naturiol yn narlleniad hogyn Tyddyn Pwyth, ac os deuai ambell gam gwag i'r dehongli o bryd i'w gilydd, doedd hynny'n gwneud dim ond ychwanegu at ddifyrrwch y gwrando i'r tri arall. Llwyddai i lenwi'r seibiau â rhyw ystum neu ebwch. Roedd hyd yn oed ansicrwydd y bachgen yn edrych yn ddifyr ac yn ymatebion y byddai Sion yn gallu gwneud defnydd da ohonynt yn y golygu.

'Diolch, Cemlyn,' meddai Angharad ar ddiwedd y darlleniad.

'Oedd o'n iawn?'

'Oedd, diolch iti am hynna.'

Roedd gan Sion Trystan ddau reswm dros y wên lydan ar ei wyneb. Roedd y gwahaniaeth natur rhwng y ddau actor a safai o'i flaen yn drawiadol, ond yn bwysicach na hynny fe wyddai ei fod wedi castio rhan y brawd yn ei ffilm.

'Dach chi 'di gorffan hefo fi rŵan?' gofynnodd Annest gan hel ei phethau.

'Ydan, diolch iti, Annest,' meddai Angharad â'i phen yn ei nodiadau.

Cerddodd Annest allan o'r neuadd heb ddweud sill arall wrth Cemlyn, ond gwyddai'n iawn y byddai'n ei gyfarfod eto cyn bo hir. Roedd pethau'n ddigon drwg fel roedd hi, heb i amatur arall wthio'i big i mewn i bethau.

13

Mae hi'n oer, mi ddaw yn eira...

ROEDD GERAINT AR dân i wybod holl fanylion y clyweliad, ond roedd Cemlyn bellach yn poeni am ei fam. Doedd hi ddim yn ateb y ffôn, ac roedd hynny'n pwyso ar ei feddwl.

'O, mi ddudon rwbath wrthat ti, siawns, a nhwtha wedi d'alw di'n ôl i mewn?'

'Deud bysan nhw'n cysylltu eto, dyna i gyd.'

'Arglwydd, am betha sâl!'

'Gynnyn nhw glyweliada yng Nghaerdydd wsos nesa, felly fyddan nhw ddim yn gwbod yn iawn tan hynny. Sbia lle ti'n mynd, Ger!' bloeddiodd Cemlyn, pan sylweddolodd fod Geraint yn canolbwyntio mwy arno fo nag ar y lôn.

Er fod lorïau'r Cyngor wedi bod allan yn graeanu roedd yr eira'n dal i ddisgyn yn drwch a'r tymheredd yn gostwng yn gyflym. Y peth diwetha oedd ar Cemlyn ei angen rŵan oedd damwain arall. Roedd Geraint yn gyrru fymryn yn arafach ar y ffordd yn ôl, ond doedd ei lygaid ddim ar y ffordd mor gyson ag yr hoffai Cemlyn iddyn nhw fod.

Ceisiodd ffonio'i fam am y trydydd tro, ac yna collodd y signal unwaith eto. Gwibiai ei feddwl i bobman. Un munud roedd yn dal llygad Annest Gwilym unwaith eto, a'r funud nesaf yn poeni bod ei fam wedi gwaelu, neu'n waeth fyth, wedi cael damwain ac yntau ddim yno i'w helpu.

Doedd dim modd i Geraint yrru'r car i fyny at y tyddyn, felly diolchodd Cemlyn i'w ffrind am y lifft a cherddodd yr hanner canllath o'r lôn at y tŷ. Brasgamodd drwy'r eira trwchus ac, yn ei frys, sylwodd o ddim ar yr ôl traed yn yr eira yn mynd am gyfeiriad y lôn bost. Ond fe sylwodd yn syth nad oedd yna olau yn y tyddyn. Neidiodd ei galon i'w wddw ac ymbalfalodd am ei oriad. Roedd y golau talcen ynghyn, ond edrychai'r tŷ mor oer a digroeso â phlaned Sadwrn ei hun.

'Mam!' galwodd yn uchel gan ceisio cael yr allwedd i mewn i'r twll clo. Rhwng bod ei fysedd yn fferru a'r panig yn pwmpio trwy ei wythiennau câi hi'n anodd cael yr allwedd i mewn. 'Mam?' galwodd wedyn, pan lwyddodd i agor y drws. Syrthiodd ei lais fel carreg i drobwll a dim ond y gwynt a'i hatebodd. Tawelwch llethol, cyn i hyrddiad arall aflonyddu'r parwydydd.

Yn yr eiliadau gweigion hynny fe rasiodd pob math o bosibiliadau trwy feddwl Cemlyn. Rhedodd i bob ystafell gan gynnau golau pob un. Pa ddiben oedd agor drws y cwpwrdd eirio? Ond fe wnaeth yr un fath yn union. Galwodd arni o'r drws cefn, edrychodd yn y cwt ieir a'r sied, edrychodd yn y pantri; roedd eu cinio dydd Sul heb ei gyffwrdd. Rhedodd yn ôl i fyny'r grisiau ac edrych am yr eildro yn y stafelloedd gwely. Chwiliodd am nodyn ym mhobman ond doedd yna ddim arwydd bod Catrin Owen wedi gadael unrhyw neges iddo.

Ystyriodd ffonio'r heddlu ac roedd ar fin gwneud hynny pan sylwodd nad oedd ei chôt fawr yn hongian ar ei bachyn. Oedd hynny'n arwydd da neu ddrwg? Agorodd ddrws y ffrynt unwaith eto, a dyna pryd y sylwodd ar olion traed ei fam yn y gwynder. Roedd trwch newydd o eira wedi syrthio ar yr olion, felly dyfalodd ei bod wedi gadael y tŷ ers rhyw hanner awr go dda. Trawodd ei gôt fawr amdano'n sydyn a charlamu tua'r gamfa. Roedd ar fin llamu drosti pan glywodd y ffôn yn canu yn y tŷ. Rhedodd yn ei ôl ar unwaith.

'Mam? Chi sy 'na?'

'Ia, Cemlyn, wedi ca'l menthyg ffôn lôn Mr Ifas Hen Dŷ ydw i.'

'Dach chi'n iawn?' yn gymysg o gerydd a rhyddhad.

'Wrth gwrs 'mod i'n iawn. Wedi anghofio'r rhif pin ydw i.'

'Rhif pin?'

'Ia, ddoth Mr Ifas i fy nôl i o ben lôn i siopa, yldi. Poeni bod 'na fwy o eira ar y ffor a nghwpwr i'n wag, chwara teg iddo fo, felly mi gynigiodd ddŵad â mi i Spar ar ôl rysgol Sul.'

'O, wela i.' Gollyngodd ochenaid sydyn o gael y darlun yn gyflawn.

'A mi anghofish rif 'y mhin! Diolch i'r tad dy fod di adra, Cemlyn. Be 'di o, d'wad?'

'Tri, pump, tri, pump, Mam.'

'Tri, pump, tri be?'

'Mam! Peidiwch â'i weiddi o, er mwyn tad, ne mi fydd y byd a'i frawd yn ei wbod o!'

'Chlywodd neb, Cemlyn bach. A ph'run bynnag, mond ni a Marian Spar sy yma. Rŵan, deud o eto'n ara deg i Mr Ifas ga'l ei sgwennu fo i lawr.'

Ailadroddodd Cemlyn y rhif yn araf â gwên ar ei wyneb. Be oedd ots fod y byd a'r betws yn gwybod y rhif? Roedd ei fam yn saff, ac roedd hynny'n llawer pwysicach iddo erbyn hynny.

'W't tisio rwbath at bora?'

'Be?'

'I dy focs bwyd. W't ti'n brin o rwbath?'

'Dwi mond isio chi adra'n saff. Fydda i ben lôn yn 'ych aros chi.'

Rhoddodd Cemlyn y derbynnydd yn ôl yn ei grud hefo rhyw gymysgedd o ryddhad ac euogrwydd. Roedd dwylo saff yn gofalu am ei fam wedi'r cwbl. Chaech chi neb ffeindiach na Mr Ifans Hen Dŷ, ac roedd Marian Spar wedi bod yn angyles hefo'i fam hefyd. Lawer gwaith, roedd hi wedi ffonio i ddweud bod pwrs ei fam yn saff yn y siop neu fod ei fam wedi anghofio mynd â'i cherdyn o'r peiriant ac wedi trefnu bod rhywun yn ei danfon yn ôl adre weithiau pan oedd wedi colli'r bws.

Bu bron i Cemlyn ofyn i Marian fynd hefo fo i'r pictiwrs yn y dre unwaith, i weld *Breathless*, hefo Richard Gere a Valérie Kaprisky, ond methodd fagu digon o blwc. Roedd wedi darllen yn rhywle bod y ffilm yn ymylu ar fod yn bornograffig, ac ofnai y byddai Marian yn meddwl llai ohono am ei llusgo i weld y ffasiwn beth. Aeth i weld y ffilm ar ei ben ei hun yn y diwedd a'i chael yn dipyn gwell peth na'r adolygiadau a dderbyniodd. Erbyn hyn, meddyliodd Cemlyn, mae'r ffilm yn ffilm gwlt a Marian Spar druan yn magu dau o blant ar gyflog un.

Daeth yn ôl i'w bresennol a'i benbleth yn dal i'w gnoi. Aeth i daro dŵr berw dros y llysiau ac aildwymo'r cig yn y popty. Hwyliodd y bwrdd a phenderfynodd na fedrai dderbyn y rhan yn y ffilm dros ei grogi. Hyd yn oed pe cawsai ei chynnig fory nesa roedd ei fam fwy o'i angen nag unrhyw ffilm o fath yn y byd. Cerddodd tua cheg y lôn i'w hebrwng yn ôl drwy'r tywydd mawr; ei gydwybod yn ysgafnu a'i galon yn drom.

14

Pwy ddaru dy guro di...?

'OCH A GWAE a dwbwl gwae! Be dwi'n mynd i neud?' bloeddiodd Cemlyn, gan sychu ei ddagrau a gwasgu'r dŵr o'r hances i mewn i fwced felen â smotiau coch oedd ar flaen y llwyfan. 'Mae Jac wedi gwerthu'r fuwch am ddyrnaid o ffaaaaaaaaaaa!'

Gafaelodd mewn sosban fawr goch a tharo Big End ar ei ben ryw deirgwaith hefo hi, a neidiodd hwnnw dros y llwyfan yn ffugio ei fod mewn poen ofnadwy.

'Mam! Mam! Be dach chi'n neud? Peidiwch, er mwyn dyn! Yn jêl fyddwch chi os na watsiwch chi!'

'Am be, d'wad? Am guro fy mab am daro bargan mor wirion?'

'Naci! Am siarad fel dynas a gwisgo ffrog mor wirion!'

Pwysodd Cemlyn y botwm a dechreuodd ei fronnau fflachio mewn golau oren a glas i gyfeiliant seiren fyddarol. Bloeddiodd y dorf eu chwerthiniad a chymeradwyo'n frwd. Sychodd Catrin Owen y dagrau oddi ar ei gruddiau a theimlodd wefr fechan yn ei chynhesu o'r tu mewn. Roedd ei chyfraniad hithau yn rhan o'r gymeradwyaeth a'r chwerthin a'i hamgylchynai yn y neuadd fach, glòs.

'Paid di â meiddio deud dim am fy ffrog newydd i'r cena drwg i ti!' crochlefodd mam Jac, gan roi swadan arall i Big End hefo'r sosban.

Tynnodd damaid o gortyn yn ei lawes a chododd ei ffrog i fyny i ddangos nicyrs les piws a phâr o deits *fishnet*. Gwnaeth ryw ddawns can-can ryfedd nes bod y dyrfa yn eu dyblau. Er bod osgo Cemlyn yn ddigon heglog pan gerddai hyd y buarth, gallai neidio a gaflio fel ebol blwydd ar lwyfan pan oedd galw am hynny. Yr adrenalin yn sbardun i'r giamocs rhyfedda. Roedd ei 'ddawns ddigri' flynyddol yn un o uchafbwyntiau'r cynhyrchiad, a byddai hen edrych ymlaen a thrafod beth fyddai 'dawns Cemlyn eleni'. Rhyw gan-can gorffwyll oedd yr arlwy y tro hwn a Big End, fel ei mab dwl, yn edrych yn wirion ar ei 'fam' yn gorffen gam-ar-led i gymeradwyaeth fyddarol y dorf. Wedi i'r cymeradwyo bylu roedd Jac yn edrych yn gegrwth ar goesau hirion ei fam yn y teits can-can.

'Nefi, Mam, o'n i'n gwbod 'yn bod ni'n dlawd, ond siawns na sgynnoch chi bâr o deits hefo llai o dylla na hynna!'

'Wel NAG OES, y llipryn dwl! Ti 'di gwerthu'r unig fuwch oedd gynnon ni! Be 'nawn ni rŵan?'

'Duw, gin ti ddigon o ieir, toes, Cem?'

Edrychodd Cemlyn yn hurt ar ei gyd-actor am eiliad cyn iddo sylweddoli bod Geraint wedi anghofio llinell nesa'r sgript. Ar adegau felly fe ddywedai'r peth cyntaf a ddeuai i'w feddwl. Byddai'r gynulleidfa wrth eu boddau yn clywed Big End yn paldaruo'n fyrfyfyr fel hyn bob blwyddyn, ond roedd Glenys yn mynd yn benwan hefo'i ychwanegiadau dwl.

'Dwi wedi deud a deud wrthach chi, Geraint, dach chi'n lluchio gweddill y cast 'ddar eu hechal. Doedd gan Susan druan ddim syniad lle i ddŵad i mewn. Chi a'ch bali ieir!'

Roedd y cast yn cael rhyw bum munud o egwyl yn yr ystafell werdd ac roedd Glenys yn bytheirio am gadw pethau i fynd a llai o dindroi a byrfyfyrio.

'Sori, Susan, fedrwn i'm yn fy myw â chofio be oedd dy giw di,' ymddiheurodd Geraint.

'Chesh i rioed mo'no fo gin ti!'

76

'Gei di o gin i nos fory, dwi'n gaddo.'

'O, diolch am ddim byd, Geraint,' meddai Susan Puw yn surbwch gan roi tro ar ei sawdl a mynd i'w hystafell wisgo i dwtio'i gwallt a chymoni dipyn ar ei cholur.

'Oedd angan bod mor biwis â hynna, dudwch?' gofynnodd Geraint.

'Susan druan. Oedd hi 'di meddwl yn siŵr y bydda hi wedi ca'l cynnig rwbath ar y ffilm 'na a hitha 'di gneud *audition* mor dda.'

'Ddaru hi?'

'Mi a'th yn ddi-fai medda hi.'

'Chesh inna'm cynnig diawl o ddim gynnyn nhw chwaith, tasa hi'n dŵad i hynny.'

Roedd Geraint yn fwriadol yn cadw'r wybodaeth bwysicaf yn ôl hyd nes y dychwelai Susan Puw a gweddill y cast. Aeth dros ei linellau hefo Cemlyn, ac oedodd Glenys yn fwriadol yno hefyd, i wneud yn siŵr y byddai golygfa godro'r fuwch yn para tri munud yn hytrach na'r deg a barodd hi'r noson cynt. Yn raddol daeth gweddill y cast yn eu hôl i'r ystafell werdd i gael nodiadau funud olaf yr ail ran gan Glenys.

'Rŵan 'ta, mi glywsoch yr ymatab – maen nhw'n amlwg yn mwynhau. Ma'ch mam yn rowlio chwerthin wrth f'ochor i, Cemlyn, ond liciwn i tasan ni'n medru gorffan am ddeg ar y dot heno, ac nid am chwartar i un ar ddeg fel yr a'th hi neithiwr. Felly, llai o'r crwydro gwirion 'ma oddi ar y sgript, iawn, Geraint? Dwi'n gwbod ei fod o'n ddigri, ond ma pobol isio mynd i'w gwlâu fel pawb arall! A ma 'na ben draw i bob dim. Rŵan 'ta, ewch amdani, bawb, a welwn ni chi am saith nos fory.'

Roedd y cast i gyd yn y stafell werdd erbyn hyn, a phob un yn barod i fynd ymlaen i olygfa agoriadol yr ail act. Ond neidiodd Geraint ar ben cadair wrth ymyl y drws cyn i neb gael cyfle i adael, cliriodd ei wddf a dechrau ar ei araith.

'Cyn ichi fynd, gyfeillion, liciwn i ddiolch i Glenys yn gynta, am yr holl waith ma hi wedi'i neud hefo ni.'

'O nefi wen!' protestiodd Glenys, gan droi'n ddynes swil ar amrantiad. Er ei bod yn rhoi ei phrotest flynyddol i Geraint i beidio gwneud rhyw 'ddiolchiadau gwirion fel hyn', roedd yn mwynhau bob munud o'r brolio mewn gwirionedd.

'Rhaid imi gyfadda bod isio mynadd Job hefo rei ohona chi weithia, toes, Glenys? 'Nenwedig rheiny ohonach chi sy'n wael am ddysgu'ch leins!' ychwanegodd Big End. 'Ond ma Glenys, chwara teg iddi, yn chwaer i'r hen Job yn ôl be dwi 'di ddallt. Yr unig gŵyn sgin i, Glenys, ydi hyn…'

'O, ia?' holodd y gyfarwyddwraig.

'Mi wn i'n iawn na tydach chi ddim yn fy ngalw i'n Big End am 'mod i'n dda am ffeindio partia ceir, ond tydi hynny ddim yn esgus i'm rhoi i'n ben ôl y bali fuwch bob tro ddaw hi 'nhro i i'w chwara hi, yn nac'di?' Chwarddodd y criw, a Glenys yn gwrido a thwt-twtian. Aeth Geraint yn ei flaen: 'Ac os mai yn y pen ôl fydda i eto flwyddyn nesa, dwi isio rywun sy'n rhechan llai nag Alun Pant yr Hwch yn y pen blaen!'

Chwerthiniad arall, cyn i Geraint estyn dwy botelaid o siampên, a chyflwynodd un ohonynt i Glenys am ei gwaith diflino dros yr holl flynyddoedd hefo'r cwmni.

'I mi ma'r ail botal 'ta, Ger?' holodd Alun.

'Callia 'nei di, Pant yr Hwch,' meddai Geraint. 'Ond lasat ga'l gwydriad i ddathlu.'

'Diolch yn dalpia!'

'*On second thoughts*, ydi beryg i'r swigod godi *mwy* o wynt arnach chdi, d'wad?'

'Dathlu be felly, Geraint?' gofynnodd Glenys, yn llawn cywreinrwydd.

'Dathlu bod Cemlyn Owen wedi ca'l *recall* i'r ffilm 'ma maen nhw'n ei neud.'

Ymateb digon cymysglyd oedd yn y stafell werdd. Ambell

un yn y niwl yn llwyr, a dyrnaid arall yn cymeradwyo'n reit frwd. Pylodd y wên ar wyneb Susan Puw wedi'r holl rialtwch.

'O, nefi wen! Pam na fasach chi wedi deud wrthan ni'r hen beth gwael?'

'Mond *recall* gesh i gynnig, Glenys.'

'A dw't ti'm yn ca'l cynnig un o rheiny ar chwara bach, yn nag w't?' dadleuodd Big End.

'Pryd dach chi'n mynd 'ta, Cemlyn?' holodd Glenys yn daer.

'Tydw i ddim.'

Syrthiodd rhyw ddistawrwydd sydyn dros y stafell werdd. Yna un llais gwichlyd yn torri ar y tawelwch.

'Be?' Roedd llais Geraint wedi neidio gyweirnod neu ddau a'i lygaid yn soseri.

'Dwi'm yn mynd, medda fi. Dwi 'di newid fy meddwl. Rŵan dowch, ne fydd y cawr 'na 'di troi'n sowldiwr!'

Cododd ei ffrog goch a melyn rhag ofn iddo faglu ar un o'i *exits* mwyaf dramatig ers iddo ymuno â'r Theatr Fach. Roedd y dorf yn fud, ac roedd Geraint Big End yn ynfyd.

15

HENDRE EBOLION, 15 MEDI, 2112

*M*AE BRENGAIN A *Titus yn gwylio'u tad yn anadlu'n anghyson. Mae'n ymladd am ei einioes ac yn gorfod brwydro'n galed am bob anadliad. Clywn soddgrwth yn chwarae, a'i nodau'n isel a chwynfannus. Does dim arlliw o alaw ar gyfyl y nodau dolefus. Mae'r nodau'n peidio'n ddirybudd. Distawrwydd.*

TITUS: 'Di o 'di marw?

Saib.
Mae'r tad yn cael nerth i gymryd llond sgyfaint arall o rywle.

BRENGAIN: Ddim eto, Titus...

Mae Brengain yn gwlychu gwefusau ei thad a sychu'r chwys oddi ar ei dalcen. Saib. Mae'r ddau yn edrych ar eu tad ac yna ar ei gilydd.

TITUS: Ti 'di deud wrth y sowldiwr?

BRENGAIN: Rhaid i rywun dyllu'r bedd, yn toes? Pwy arall neith?

Mae Brengain yn casglu ychydig o lestri ar hambwrdd a chychwyn allan o'r stafell. Mae'n edrych drwy'r ffenest ar ei ffordd allan a gweld y milwr yn dechrau tyllu ar lain o dir gyferbyn. Mae'n dal ei lygaid a gwenu.

BRENGAIN: Aros hefo fo am sbel. Rho floedd os bydd rhyw newid.

Mae Brengain yn agor y drws a'i gau. Mae Titus yn edrych i gyfeiriad y drws, yna ar ei dad. Mae'r tad yn agor ychydig ar ei lygaid ac yn edrych i fyw llygaid ei fab.

TAD: Sowldiwr?

16

... 'rôl gwario 'mhres bob dime.

B U'N RHAID I Annest edrych yn syth yn ei blaen wrth basio ffenestri'r siopau ar ôl bod yn gweld ei chyfrifydd ar Heol y Santes Fair. Pefriai Arcêd Morgan o addurniadau a danteithion Nadolig ac roedd y demtasiwn i edrych bron yn annioddefol. Roedd wedi trefnu i weld Caron am baned yn Yr Aes rhag ofn y byddai angen rhywun arni i godi ei chalon. Cafodd fod ffigurau'r cyfrifydd yn waeth nag yr oedd wedi ei ofni, ac roedd wedi danfon neges i'w ffrind yn ei rybuddio ei bod angen 'lot fawr' o sylw a chydymdeimlad.

Wedi canslo dolig OK? Am 10 mlynadd o leia!!!!! Woe is meeeeee! Xxxxx

Roedd yr arcêd yn orlawn o siopwyr â llond eu hafflau o anrhegion a danteithion. Ysai Annest hithau am gael bod yn drwmlwythog o fagiau a bocseidiau dan bob cesail nes byddai ei breichiau yn gwegian a'i thraed yn bynafyd. Doedd yna ddim poen tebyg i boen siopa. Roedd coffi'n felysach a thacsis yn fwy cysurus pan oedd y pwrs yn wag a'r breichiau'n llawn.

'Caron, dwi mor *depressed!*' cwynodd Annest, â'i phen yn ei dwylo a'i chalon yn ei sodlau.

Rhoddodd Caron ei choffi *latte* o'i blaen a dwy *chocolate chip cookie* i drio codi fymryn ar ei hysbryd.

'Dere, bach! Dou ben yn well nag un, medden nhw.'

'Dwi mewn gymaint o gaca, Caron, fasa dau gant o benna'

ddim yn fy ngha'l i allan ohono fo. Dwi'm jyst at fy ngheseilia mewn *shit*, sti; dwi 'di mynd reit odano fo!'

'*Go on* 'te, arllwys y ffa pob i Yncl Caron.'

Tywalltodd Annest holl gynnwys ei sgwrs hefo'i chyfrifydd wrth Caron heb betruso i ddal 'run manylyn yn ei ôl. Cyfaddefodd nad oedd wedi cynilo'r un ddimai ar gyfer ei bil treth ac roedd hi eisoes wedi gorwario'n ddifrifol ar ei chardiau credyd. Roedd ei ffrind yn y ffasiwn gyflwr fel na thrafferthodd Caron ddweud wrthi mai fo oedd piau'r ail *chocolate chip cookie* roedd hi wrthi'n ei sglaffio.

"Nei di'm deud wrth neb, yn na 'nei, Caron?'

Rhwng yr igian crio a llond ei cheg o'r *chocolate chip*, ddeallodd Caron 'run gair o'i hymbil taer.

'Llynca beth sydd 'da ti'n gynta a gofyn e 'to, cariads.'

Cymerodd Annest swig o'i choffi a llyncodd ei chwci cyn gofyn eto.

"Nei di'm deud wrth neb, medda fi.'

'*Mother's death*, bach!'

'Ydi dy fam yn dal yn fyw?'

'*Hanging on in there*, odi.'

Daeth rhyw saib yn y sgwrs gan nad oedd gan Caron air o gysur i'w gynnig i'w ffrind. Synhwyrodd Annest hynny a dolefodd unwaith yn rhagor.

'O, mae hyn mor *embarrassing*!'

'Nyge ti yw'r cynta o bell ffordd. Wi'n nabod dwsine sydd yn yr un cwch.'

'Tydi hynny ddim cysur imi ar hyn o bryd, ond dwi'n dallt pam ti'n ei ddeud o, diolch.' Un brathiad arall o'i chwci a rhoddodd ei phen yn ei phlu unwaith eto.

Roedd y farchnad Nadolig yn yr Aes dan ei sang a'r cacoffoni o gerddoriaeth siwgwraidd y clychau a sŵn cyfarch a bargeinio yn ychwanegu at frath yr oerfel. Teimlodd Annest y coffi'n colli ei wres fesul cegaid a thrawodd ei mỳg yn glewt ar y bwrdd plastig o'i blaen. Torrodd Caron ar y mudandod.

'Ma un tymed bach o *goss* 'da fi i ti, os ti moyn e.'

'O?' Cododd Annest ei phen yn syth i gael y newydd.

'Y bachan bach od 'na ddath i'r clyweliade yn y gogs.'

'Oeddan nhw i gyd yn od, Caron.'

'Yr un 'na o'dd Sion wedi lico.'

'Be amdano fo?'

'Ma fe wedi gwrthod y rhan.'

'Twat!'

Teimlodd Annest ryw siom anesboniadwy rhywle yn ei hymasgaroedd. Pam yn y byd mawr y byddai'n teimlo rhywbeth felly a hithau wedi casáu pob eiliad yn ei gwmni?

'Pam, felly?' holodd yn syth.

'Sai'n siŵr. Sion yn *devastated*.'

'Ogla cachu gwarthaig yn ei droi o mlaen dyddia yma, ma raid, tydi?'

'Do'dd dim profiad 'da fe, ta p'un 'ny.'

'Na chardyn Equity. Ddim bod rheiny'n da i *sod all* dyddia yma.'

'Eniwei, dyw e ddim yn neud e nawr.'

'Bechod.' Edrychodd Caron ar Annest gan geisio dyfalu pa mor ddidwyll oedd ei hymateb deusill.

'"Bechod"?' holodd Caron.

'Rhaid ti gyfadda bod gynno fo rwbath, doedd?'

'O'dd e'n itha da, yn do'dd e?'

'Jyst ddim dy deip di, ia, Caron?'

'Weden i ddim 'na!'

'A, wel! Fydd rhaid i Iwan Prys neud y tro iti rŵan 'ta, bydd?'

'Ha! Ac mae Daniel Craig moyn cwrdd â fi yn Juice nes mlân 'fyd. On'd yw bywyd yn llawn opsiyne?'

O leia roedd y siarad gwag wedi symud meddwl Annest ar

drywydd llai poenus am sbel. Ond dechreuodd rhyw awgrym o fand pres ymgynnull y tu allan i siop Howells a gwyddai y byddai yno dipyn o sŵn ymhen rhyw chwarter awr. Roedd yn trio magu digon o blwc i ofyn ffafr i Caron a gwyddai na allai wneud hynny i gyfeiliant seindorf aflafar yn chwythu carolau. I goroni'r cyfan, roedd 'na ddyn bach o'r Iwcráin hefo'i wraig a'i fab wedi dechrau chwarae ei hyrdi-gyrdi y pen arall i'r sgwâr. Byddai'r mab ar eu gofyn cyn bo hir hefo cwpan blastig wen, wag, a doedd gan Annest mo'r wyneb i'w wrthod na'r arian i'w wastraffu.

'Ti'n meindio os awn ni i rwla tawelach, Caron? Gas gin i blydi carola, a ma'r gwynt 'ma 'di dechra troi tu min.'

'Ble ti moyn mynd?'

'Rwla efo cwrw rhad a'r un garol ar gyfyl y lle.'

'Wetherspoons?'

'Di-fai! Ty'd.'

Roedd yr hogyn bach o'r Iwcráin hefo'i gwpan blastig wen bron â chyrraedd eu bwrdd pan afaelodd Annest yn ei sgarff a rhoi ei chap gwlân am ei phen. Dechreuodd tad y bachgen bach chwarae ei hyrdi-gyrdi, a'i wraig yn waldio tamborîn ar ei chlun yn orfrwdfrydig. Penderfynodd y band pres y byddai'n well iddyn nhw ddewis cornel llai cystadleuol gan ymadael i gyfeiliant y Kalinka.

Gafaelodd Annest ym mraich Caron rhag iddi lithro ar y palmant rhewllyd.

'*God*, dwi'n difaru f'enaid byta'r cwcis 'na rŵan. A doeddan nhw'm yn rhei neis iawn chwaith!' meddai, gan adael y cerddorion i ymladd am eu cornel a'u ceiniogau.

* * *

Roedd y dafarn yn weddol gysurus a chynnes wedi oerfel y stryd. Dewisodd Annest gornel fach dawel ym mhen pella'r stafell, ac aeth Caron i'r bar a phrynu potel o'r gwin coch rhataf. Rhoddai hynny ryw hanner awr o lonydd i'r ddau i sgwrsio heb yr ymyrraeth o orfod codi i'r bar byth a hefyd.

'Bryna i'r nesa, ocê? Dwi'n meddwl medra i grafu potal o win.'

'Mae'n iawn, cariads, wi'n itha *flush* heddi, ta p'un 'ny. *Christmas bonus*.'

'Ti'n angal.'

Trawodd y ddau eu gwydrau dros y bwrdd coffi ac eisteddodd Annest yn ôl yn y soffa ledr-smalio frown. Roedd cymaint mwy o gysur mewn swig o win na llymaid o goffi pan oedd ysbryd rhywun yn isel, ac er ei bod yn gwybod yn iawn y byddai'n rhaid pigo'r darnau i gyd i fyny fore trannoeth, roedd yr oriau o ddianc dros dro yn werth pob dimai.

'O'n i angan hwnna,' meddai Annest, ar ôl yr ail lwnc.

'Dolig llawen, bach.'

'O, na fydd, Caron, fydd o blydi wel ddim! Dwi rŵan yn wynebu'r Dolig mwya crap dwi rioed 'di ga'l.'

'Alli di wostod ddod draw ato i, os ti moyn.'

'Ti'm yn mynd adra?'

'I beth? 'So Dad wedi siarad llawer â fi ers i fi ddod mas.' Estynnodd Annest am y botel ac ail-lenwi gwydrau'r ddau. 'Wi jyst yn mynd i ga'l cwpwl bach o ffrindie draw a joio.'

'Reit... Wel, feddylia i am y peth 'ta. Diolch.'

Edrychodd Caron ar ei ffrind yn anwesu ei hail wydraid cyn drachtio'n helaeth ohono. Roedd mor dawedog, ond efallai y byddai'r ail wydraid yn llacio mymryn ar ei thafod.

Roedd ei chyfrifydd wedi gofyn i Annest a fyddai modd iddi gael rhywfaint o'i ffi ymlaen llaw gan Gwmni Aran. Byddai unrhyw arwydd ei bod yn dechrau rhoi arian yn y banc yn gymorth iddo ddadlau ei hachos hefo swyddogion Cyllid y Wlad. Awgrymodd hefyd y gallai ofyn am ei chostau ymlaen llaw i'r cwmni. Fe allai hi, o leiaf, dalu cyfran fechan o'i bil wedyn. Ystyriodd ofyn i Graham wneud yr ymholiad ar ei rhan, ond ofnai y gadawai ormod o'r gath allan o'r cwd ynglŷn â'i phicil ariannol. Sais rhonc oedd y dyn, nad oedd yn deall fod cyfrinachau a chelu yn rhan annatod o fyw yn y Gymru fach, gyfryngol. Byddai'n rhaid iddi ddelio â'r sefyllfa yma o'i phen a'i phastwn ei hun. Cychwynnodd trwy gyfaddef i Caron nad oedd am i Angharad Prysor wybod am ei sefyllfa fregus.

'Unwaith bydd yr ast yna'n dŵad i wbod pa mor fain ydi hi arna i, fydd 'na'm taw arni wedyn.'

'Beth ti moyn i fi neud 'te?'

'Ti'n nabod rhywun yn yr adran gytundeba?'

'Odw… Beth ti moyn i fi ofyn?'

'Arian mlaen llaw. Deud 'mod i angan car newydd i fynd i fyny a lawr o'r gogledd ne rwbath. Ti'n meindio?'

'Nagw i, bach. Ofynna i i Adrian bore fory os ti moyn.'

'Ti'n sant, Caron.'

'Angel, sant… Pryd ti'n dyrchafu fi'n dduw 'te, calons?'

'Unwaith bydd 'na jec yn y post, gei fod y tri yn un!'

Rhoddodd gusan fflamgoch ar foch ei ffrind ac aeth i'r bar i archebu'r botel nesaf. Sychodd Caron y minlliw a thynnodd ei ffôn symudol o'i boced tin. Anfonodd decst bach tawel arall i Angharad.

Moyn gair nes mlan. Ble byddi di???

Hedfanodd y testun i lawr i'r Bae mor dawel â siffrwd adenydd angel.

Mae ofn ar fy nghalon mai fi gaiff y cam...

D OEDD CEMLYN DDIM wedi gorfod mynd i lawer o fanylion am y clyweliad hefo'i fam wedi'r cwbwl. Rhwng yr eira a llwyddiant ysgubol y panto, roedd y cyfan wedi mynd yn angof iddi. Roedd Geraint wedi ffonio'r tŷ rhyw unwaith neu ddwy i drio perswadio Cemlyn i fynd am yr ail alwad, ond doedd dim yn tycio. Roedd o hyd yn oed wedi galw draw i Dyddyn Pwyth ar y pnawn Sul ar ôl i'r panto orffen, ond dal ei dir wnaeth Cemlyn a dweud ei fod wedi cael traed oer.

'Difaru 'nei di, gwranda di 'ngeiria i,' mynnodd Geraint.

'Falla dy fod di'n iawn, Ger, ond fedrwn i ddim gadal Mam. Be tasa 'na rwbath yn digwydd iddi a finna ddim yma?'

'Duw, duw, mi edrychwn i ar ôl dy fam, siŵr iawn.'

'Dew! Fasat ti?' gofynnodd Cemlyn, fel bwled i ben bustach mewn lladd-dy. 'Fasat ti'n medru mynd â hi i'r clinig cof imi, Ger? Fasat ti'n medru ymdopi hefo'i thabledi hi? Atab llythyra? Fedri di chwara Canasta? Fedri di ga'l eda drw nodwydd os byth y bydda angan? W't ti'n gwbod sut i godi pwyth 'nôl ar y gweill os bydd hi wedi colli un? Heb sôn am godi pwytha'i chof.'

'Arglwydd mawr, mond am ddwrnod bydda gofyn iti fynd!'

'Dim os cawn i'r rhan, yn naci? Mi wyddost sut ma'r

petha ffilmio 'ma. Wrthi tan berfeddion weithia, tydyn? Bob sut.'

'Fedar dy chwaer ddim helpu weithia 'ta?'

'Tydi Megan ddim 'di twllu'r lle 'ma ers dechra'r flwyddyn, heb sôn am gynnig helpu.'

'Arglwydd mawr!'

'Ca'l strach hefo'r fenga, medda hi.'

'Ia, iawn. Ond, asu bach! Dwi'n dy weld di'n colli cyfla 'de, Cem.'

'Mam sy'n dŵad gynta, Ger.'

* * *

Safai Catrin Owen yn y stafell molchi'n trio cael ei hun yn barod i fynd i'r clinig cof. Roedd wedi cael tasg gan y nyrs y tro diwetha y bu hi yno i drio cofio rhywbeth, a fedrai hi'n ei byw â'i ddwyn yn ôl i'r cof y bore hwnnw. Byddai Cemlyn yn siŵr o gofio, ac felly rhoddodd floedd arno tra oedd yn dal yn ei meddwl hithau.

Roedd Cemlyn yn bwydo'r ieir pan glywodd ei fam yn galw arno, eisoes wedi molchi a newid yn barod i fynd â hi i'r dre. Byddai gofyn iddyn nhw adael ymhen deng munud os oeddan nhw am ddal y bws o ben y lôn a bod yn ôl erbyn y glaniai'r dyn o gwmni Saturn. Cawsai Cemlyn ei bump ar y llythyr yn ddigon buan y tro yma; llythyr swyddogol yr olwg yn dweud y byddai Mr Rheon Orwig yn dod i'w gweld am ddau i drafod mwy ar y mater. Rhedodd i'r tŷ a daeth ei fam i lawr y grisiau yn araf. Sylwodd Cemlyn ei bod wedi mynd yn fwy musgrell dros yr wythnosau diwetha. Tybed oedd yr hen dywydd oer yma'n cael gafael yn ei hesgyrn?

'Be gublyn oedd y dasg 'na gesh i yn y clinig tro dwytha buon ni, d'wad?'

'Dach chi'm yn cofio, Mam?'

'Nac'dw i. Be oedd o, hefyd?'

'Trïwch chi gofio rŵan.'

Gwnaeth Catrin Owen ryw fymryn o ymdrech eto i ddeffro'r hen gorneli tywyll yna oedd yn gwrthod goleuo iddi. Ond pella'n y byd y ceisiai weld i mewn i'r corneli mwya'n y byd y collai afael ar pam yr aeth hi yno yn y lle cynta. Roedd y dryswch yn amlwg ar ei hwyneb ar adegau felly, a byddai Cemlyn yn hanner difaru chwarae'r gêm. Gwelodd ei llygaid yn chwilio'n ofer am bin mewn siop siafins.

'Na, does 'na ddim byd yn tycio. Be aflwydd oedd o?'

'Isio i chi drio cofio rwbath oedd hi'n te?'

'Ia, dwi fel 'swn i wedi ca'l gafal ar hynny. Ond fedra i'm yn 'y myw â dal ei chynffon hi am ryw reswm. Rho lygedyn imi, Cem?'

'Ydi 'Davies' yn golygu rwbath i chi?'

Yn syth wedi i Cemlyn ddweud yr enw, daeth y cyfan yn ôl iddi fel lli'r afon. Roedd pob golau yn y cof wedi ei gynnau unwaith eto ac fe adroddodd y cwbwl fel plentyn bach yn dweud ei adnod: 'Clarence Davies, Seven Mountain View, Ashcroft-on-Tyne, Devon, WD12 1JX.'

'Dyna chi, ylwch! Dach chi'n ei gofio fo i gyd yn diwadd.'

Roedd y nyrs wedi rhoi cyfeiriad dychmygol i Catrin Owen drio'i gofio rhwng y naill sesiwn a'r llall, a thrwy ryw ryfedd wyrth, roedd yr ymarfer bach hwnnw wedi glynu'n solat yn y cilfachau. Gwenodd yr hen wraig wên fuddugoliaethus; roedd wedi trechu'r hen gena y tro yma. Ond wyddai hi ddim pa mor aml yr oedd ei mab wedi chwarae'r 'gêm' hefo hi ers ei hymweliad diwethaf â'r clinig.

* * *

Prin yr oeddan nhw wedi rhoi dau gam i gyfeiriad y lôn bost nag y daeth car mawr arian i fyny i'w cwfwr. Be goblyn ma hwn yn ei neud yma mor fuan? gofynnodd Cemlyn wrtho'i hun. Roedd yn bendant mai dau o'r gloch oedd wedi ei nodi yn y llythyr a dderbyniodd gan Mr Rheon Orwig, ac roedd hwnnw'n swat yn ei boced. Cymerodd gip sydyn arno i wneud yn hollol siŵr nad oedd o wedi camgymryd.

'Nefi wen!' meddai Catrin Owen pan welodd y car crand yn glanio fel llong hwylio o flaen y tyddyn, yn union fel tasai'r *Royal Charter* wedi glanio'n harbwr Moel y Don. Cododd Cemlyn ei ben o'r llythyr ac fe adnabu'r wyneb yn syth. 'Oeddat ti'n disgwl pobol ddiarth, Cem?' gofynnodd Catrin Owen i'w mab.

'Nag oeddwn,' meddai Cemlyn, a'i galon yn curo fel dryw. Be yn enw'r greadigaeth oedd Sion Trystan yn ei wneud yn Nhyddyn Pwyth?

Ysgydwodd law hefo Cemlyn ac ymddiheurodd am lanio'n ddirybudd.

'Lwc ichi'n dal ni,' ymatebodd y mab. 'Ar ein ffordd i'r clinig oeddan ni.'

Eglurodd Sion na fyddai'n eu cadw'n hwy na rhyw ddeng munud. Eglurodd ei fod wedi dŵad i fyny i chwilio am leoliadau i'r ffilm a'i fod yn awyddus i gael un gair bach arall hefo Cemlyn. Eglurodd Cemlyn yntau i'w fam pwy yn union oedd Sion, a gwahoddodd hithau'r dieithryn i mewn am baned yn syth bin. Ceisiodd Cemlyn egluro unwaith eto eu bod ar eu ffordd i'r clinig, ac y byddai'n rhaid iddyn nhw ddal y bws nesa neu mi fydda'n beryg iddyn nhw fethu'r apwyntiad. Ond doedd dim byw na marw na châi Sion wahoddiad i'r tŷ gan Catrin Owen.

'Wel, eith o ddim o 'ma heb banad, siŵr! A fynta 'di dŵad yr holl ffor o Gaerdydd i dy weld di.'

Holodd Sion pryd yn union oedd yr apwyntiad. Gan

nad oedd angen iddyn nhw fod yn y clinig tan un ar ddeg, cynigiodd y byddai o'n mynd â nhw yno ei hun yn ei gar, ac fe arbedai hynny amser a thocyn bws i'r ddau. Prin yr oedd y geiriau wedi eu hyngan nad oedd Catrin Owen wedi taro'r tegell ar y tân a thynnu'r bara brith o'r tun cacennau.

Aeth Cemlyn a Sion i'r parlwr tra oedd ei fam yn hwylio'r hambwrdd a thynnu'r llestri gorau allan. Er y dryswch, fe allai Catrin Owen synhwyro rhyw ddirgelwch go ddifyr yn y gwynt. Aeth â'r llestri drwodd wrth aros i'r tegell ferwi a daliodd gynffon rhyw sgwrs am 'ffilm' a 'chytundeb'. Roedd Cemlyn yn gyndyn o drafod dim byd yng ngŵydd ei fam i arbed mwy o benbleth iddi, a hithau angen mynd i'r clinig. Synhwyrodd hithau hynny ac aeth yn ei hôl i'r gegin i roi llonydd iddyn nhw.

Eglurodd Sion nad yma i chwilio am leoliadau yr oedd o, ond wedi dŵad yma'n unswydd i gynnig y rhan yn ffurfiol i Cemlyn. Roedd yr arian a gynigiai yn hael iawn hefyd, yn swm na allai Cemlyn ond breuddwydio amdano pan oedd yn cael ei gyflogi yn y lladd-dy.

'Nid mynd i Gaerdydd am yr ail glyweliad oedd fy mhoen fwya i, Mr Trystan.'

Cemlyn oedd yr unig greadur oedd wedi galw Sion yn Mr Trystan erioed yn ei fywyd. Gwenodd Sion o'i gofio yn gwneud yr un peth ym Miwmares yn chwys ac yn fwd trosto.

'Plis, galwa fi'n Sion, 'nei di, Cemlyn? Ma Mr Trystan yn taro'n chwithig uffernol.'

'Ia, iawn. Ond wyddoch chi sut ma'r hen betha ffilmio 'ma... Wel, gwyddoch, siŵr iawn 'ych bod chi'n gwbod.'

'Gwn.'

'Anwadal 'di petha 'te. Rhaid i Mam ga'l cysondeb dach chi'n gweld, Mr, ym, Sion. Rhywun hefo hi rownd y bedlan.'

Cymerodd Sion eiliad cyn ymateb.

'Yli, Cemlyn, dwi ddim am drio troi dy fraich di ddim

pellach na be dwi wedi'i neud yn barod, ond mi adawa i betha fel hyn; be taswn i'n anfon amserlen i chdi? Gei ditha gyfla i edrach yn fanwl arni, a gweld os oes modd iti weithio petha o'i chwmpas hi. Fedra i'm bod dim tecach na hynny.'

Cododd Cemlyn ei sgwyddau a rhoi gwên ddiolchgar iddo, heb ddweud dim rhagor. Galwodd ar ei fam a chawsant eu hebrwng fel brenin a brenhines i ddrws y clinig hefo digon o amser i gael paned a bisgeden Bourbon yn y cantîn cyn yr apwyntiad.

'Hogyn bach clên, toedd, Cem?'

'Oedd, toedd Mam.'

'Ogla da arno fo.'

'Oedd, dudwch?'

'Ogla sebon; dim hen ogla potal. Ogla sebon bob amsar yn well ar hogyn, fydda i'n meddwl. Ogla glân. Ogla gonast. Nid cuddio ma sebon, ond molchi. Oedd yr hogyn bach yna wedi molchi.'

Rhyw ffordd fach ddigri felly fyddai gan Catrin Owen o gychwyn sgwrs pan fyddai hi'n snwyrian am rhywbeth. Roedd hi'n amlwg am gael manylion ymweliad y dyn diarth; ond doedd Cemlyn ddim yn barod i drafod y sefyllfa hefo'i fam dros baned yn y clinig. Doedd o ddim yr amser na'r lle i'w rhoi ar ben y groesffordd ddryslyd yr oedd o ei hun yn sefyll arni yr eiliad honno.

* * *

Roedd Catrin Owen wedi ymlâdd ar ôl cyrraedd yn ôl o'r clinig. Fe aeth yn syth i'w gwely i orffwys a chafodd Cemlyn hanner awr go dda i gnoi cil dros bethau cyn y byddai Mr Rheon Urwig yn glanio. Roedd Sion Trystan yn hogyn digon dymunol, ac roedd wedi rhoi'r argraff i Cemlyn y gallai ymddiried ynddo fel cyfarwyddwr. Rhoddodd argraff yr un mor ffafriol i'w fam. Er rhyfedded ei damcaniaeth am yr arogl sebon, gwyddai fod clorian ei fam yn go agos i'w lle pan roddai hyd a lled rhywun yn y fantol. Rhyw hel meddyliau felly yr oedd o pan glywodd sŵn car arall yn nesu am y tyddyn. Dau ymwelydd mewn un bore. Oedd yna newid yn y gwynt, tybed?

Fe wyddai Cemlyn fod cwmni Saturn wedi rhoi Compulsory Land Order ar sawl eiddo ym mhlwyf Bodeurwyn erbyn hyn, ac roedd eu presenoldeb yn lledaenu fel pla. Roedd sawl cymydog wedi diflannu o'r pentref dros nos heb drafferthu i ffarwelio â neb, a stryd gyfan o dai a nadreddai at Graig y Morlo a dwy fferm fechan eisoes yn nwylo Saturn. Er nad oedd gan Cemlyn farn bendant am y datblygiad, roedd wedi bod yn dyst i sawl dadl boeth yn y Ship yn ddiweddar. Tynnai Geraint ambell un i'w ben yn lleisio'i gefnogaeth i'r cwmni gan ddefnyddio Cemlyn fel esiampl berffaith o'r rhai fyddai'n elwa petai yna orsaf niwclear newydd yn dŵad i'r ardal.

'Chi a'ch cadwraeth gachu! Pwy sy'n mynd i gadw pobol fel Cemlyn 'ma mewn gwaith 'ta? Hannar hogia ifanc y pentra 'ma ar y clwt a dim achlust am swydd yn nunlla iddyn nhw.'

'Digon hawdd i chdi ddeud peth fel'na tydi, Big End,' ffrwydrodd Merfyn Cae Glas. 'Pobol fel chdi fydd yn elwa o'r lle. Maen nhw'n bygwth rhwygo'r ffarm 'cw'n ddwy i neud lôn i'r bali peth; a faint o ddewis fydd gin i yn y matar, deud ti? Dim hynna bach, yli.' Â chlic ar ei fys a fflam yn ei lygaid, trawodd Merfyn weddillion ei beint ar ei dalcen, sodro'i wydr ar y bar a'i heglu hi am adra.

Gwyddai Cemlyn yn union beth fyddai byrdwn Mr Rheon Orwig pan gyrhaeddai. Roedd 'na ddigon o fân siarad hyd y lle am yr hyn fyddai'r drefn erbyn hyn, a doedd patrwm y ddau ymweliad â Thyddyn Pwyth ddim mymryn gwahanol i stori gweddill y trigolion. O fewn cwta ddeufis roedd bywydau sawl un wedi newid yn llwyr. Ambell un wedi gadael yn dawel, eraill dan ganu, a'r gweddill wedi symud yn anfoddog i'r stad newydd o dai unffurf roedd cwmni Saturn wedi dechrau eu dodwy ar gyrion Llanfarian.

Roedd rhyw rin angladdol o gwmpas Mr Rheon Orwig. Byrlymai'r Gymraeg oddi ar ei dafod fel llyfr, ac eto, doedd yna ddim pridd ar ei chyfyl. 'Cymraeg Traws Cambria,' fel y byddai Big End yn ei ddweud. Ond er cystal ei Gymraeg, doedd ganddo ddim byd i'w adrodd nad oedd pawb yn ei wybod yn barod. Roedd y cyfan yn atgoffa Cemlyn o'r diwrnod y daeth y gweinidog draw i gydymdeimlo â'r teulu pan fu farw'i dad. Roedd ei fam yn ei gwely y diwrnod hwnnw hefyd. Dim ond dau beth oedd yn wahanol, meddyliodd Cemlyn; doedd Megan ddim yno'n igian crio yn y siambar i ddechrau cychwyn, ac yn ail, doedd dim gymaint o dwyll yn llais y gweinidog. Er y wedd angladdol a'r synau cydymdeimladol, lleidr oedd yno y tro hwn; llwynog yn aros i rywun anghofio cau drws y cwt ieir.

Cyn gadael, gadawodd Rheon Orwig bamffledyn lliwgar, sgleiniog, yn llaw Cemlyn, hefo llun cyfarwydd y blaned Sadwrn ar ei glawr yn serennu ohono. Gwyddai Cemlyn yn union o ble y winciai pob seren arno ar noson glir pan fyddai'n sefyll ar ymyl eithaf Llam y Weddw; pob clwstwr, yn eu pryd, yn taflu rhyw oleuni gwahanol ar y byd a'i bethau. A rŵan, dyma'r seren na chynhesodd ati erioed yn syllu arno o'r pamffled o'i flaen, a'i thywyswr mor oer â'r blaned ei hun.

'Ma'r Compulsory Land Order 'ma'n swnio'n beth creulon iawn ar yr olwg gynta, Cemlyn, ond pan ystyriwch chi fod y trwyn bach yma o dir yn un o'r safleoedd mae cwmni Saturn yn ei ffafrio fwyaf, fe allech chi fod yn sôn am swm go sylweddol o arian, wyddoch chi.'

'Tydi arian ddim yn bopeth, ydi o, Mr Orwig?'

Synnwyd Cemlyn gan ei ateb ei hun ac fe luchiodd Rheon Orwig oddi ar ei echel am hanner eiliad hefyd. Ond roedd yr hanner eiliad hwnnw'n ddigon i'r dieithryn alw ar stôr o atebion i'r tyddynnwr wrth ei ymyl. Beth bynnag ddywedai'r creadur bach yma wrtho, fe wyddai mai ganddo fo fyddai'r gair olaf, doed a ddêl.

'Nac ydi, siŵr, cytuno'n llwyr â chi. Tydi arian ddim yn bopeth. Mae gwreiddiau, cymuned a phobl yn llawer pwysicach yn un peth. Ac mae gwreiddiau, cymuned a phobl wrth wraidd pob cam rydan ni'n eu cymryd yn Saturn. Mi welwch fod ganddon ni gynlluniau manwl sydd yn ystyried y ffactorau yma i gyd.'

Byrlymai'r geiriau o enau Rheon Orwig fel llif afon Alaw; stribed o adnodau wedi eu dysgu ar y cof yn gymorth mor rhwydd i'w gael mewn cyfyngder.

'Wela i,' atebodd Cemlyn yn swta.

'Darllenwch chi'r pamffledyn yna'n drylwyr wedi imi fynd. Swyddi, cyfleon, cyrsiau, iaith, cymuned; mi welwch ei fod o i gyd yna. Dyma fy ngherdyn i. Peidiwch â phetruso cyn codi'r ffôn os bydd yna unrhyw gwestiwn yn croesi'ch meddwl.'

'Mi wna i.'

'Da bo chi rŵan 'ta.'

Ac fel seren wib, fe ddiflannodd Mr Rheon Orwig mor gyflym ag y cyrhaeddodd. Gwynt teg ar ei ôl o, meddyliodd Cemlyn wrtho'i hun, a rhoddodd y pamffled yn un o ddroriau trwmlwythog y ddresel.

* * *

Soniodd Cemlyn yr un gair wrth ei fam am y sgwrs. Ond, ar ôl ei chyntun, roedd yr hen wraig yn llawn cywreinrwydd am Sion Trystan. Roedd o'n amlwg wedi creu argraff arni, ac yn yr ysbeidiau hynny lle roedd llif gweddol i'r cof, roedd hi'n mynd trwy ei phethau fel petai hi'n llances ddeunaw oed unwaith eto.

'Wedi gofyn imi ystyried derbyn rhan mewn ffilm mae o, Mam.'

'O, ddalltish i gymaint â hynny, siŵr iawn. Lle, pwy a phryd sy arna i isio'i wbod, dim y rhagymadrodd.'

Ceisiodd Cemlyn egluro'r cynnig a wnaed iddo mor syml ag y gallai, ac y byddai Sion Trystan yn danfon sgript gyflawn ac amserlen iddo.

'A pryd ma honno i fod i gyrradd?'

'Mi ddanfonith hi ar e-bost imi, medda fo.'

'Ond does gin ti'r un!'

'Fedra i'u hagor nhw gin Ger.'

'Wela i,' atebodd Catrin, er nad oedd yn llawn ddeall sut oedd modd danfon sgript ffilm trwy gyfrwng botymau chwaith. Yn y lladd-dy y byddai Cemlyn yn agor ei e-byst fel arfer, ond wedi iddo adael y gwaith, roedd yn cael eu hagor yn y garej neu'r llyfrgell.

Edrychodd Catrin Owen yn hir ar ei mab. Doedd ganddi ddim y syniad lleiaf beth oedd e-bost na DVD nac iPlayer na dim o'r petheuach yma y byddai Cemlyn yn sôn amdanyn nhw'n achlysurol. Ond roedd hi'n nabod ei mab yn ddigon da i wybod fod rhywbeth yn pwyso ar ei feddwl heb gymorth technoleg o unrhyw fath.

'Be sy'n dy boeni di fwya am y cynnig 'ma felly, Cem?'

'Be?'

'Ma rwbath yn mynd drw dy feddwl di'n does?'

'Dwi'm yn siŵr iawn os dwi ddigon da i ddechra cychwyn.'

'Ac w't ti'n meddwl 'mod i'n mynd i ista'n fan hyn yn dawal bach os w't ti'n mynd i'w gwrthod hi?'

'Ond Mam...'

'Ti'n meddwl 'mod i wedi bustachu i dy ddanfon di i wersi adrodd, a dy yrru di i bob cylchwyl a steddfod ers pan oeddat ti'n ddim o beth i dy weld di'n deud 'na' wrth y Sion Trefor bach 'na?'

'Trystan, Mam.'

'Nesh i'm prynu'r holl lyfra 'na a dy lusgo di i'r Theatr Fach am flynyddoedd i ddim byd, wyddost ti.'

'Mi wn i hynny.'

'Be sy'n dy rwystro di rhag codi'r ffôn a deud "diolch yn fawr" wrth y Trystan 'na rŵan hyn?'

'Chi, Mam...'

Nid felly roedd Cemlyn wedi bwriadu cyfaddef yr hyn oedd ar ei feddwl wrthi. Nid fel hyn roedd pethau i fod i ddigwydd. Ond sut mae rhywun yn dweud wrth riant mai nhw yw'r maen melin sy'n hongian am ei wddf? Yr union berson a fu unwaith yn deisyfu ichi ehangu'ch gorwelion a herio'r byd, dros nos, yn eich ffrwyno a'ch caethiwo?

'Fi?' gofynnodd Catrin, a doethineb Solomon yn dynn wrth ei chyneddfau.

'Ia,' heriodd ei mab, 'chi, Mam. Dwi'n poeni amdanach chi. Poeni pwy fydda'n gofalu amdanach chi taswn i ddim yma.'

Tyrchodd Catrin Owen yn ddyfn i chwilio am ei hateb. Gwyddai'n union beth oedd picil ei mab, ond ym mêr ei hesgyrn fe wyddai y byddai'n gwneud cam â'r ddau ohonyn nhw pe dewisai'r llwybr rhwydd. Y llwybr dyrys, anoddaf, yw'r gorau i'w ddewis o ddigon bob amser mewn sefyllfa fel hyn. Chwiliodd ei chalon i'r eithaf i roi'r ateb iawn iddo. Doedd o'n haeddu dim llai.

'Gwrthoda di'r cyfla 'ma, Cemlyn, ac mi dorra i 'nghalon.'

'Ond, Mam...'

'Mi wn i'n iawn pam ti'n poeni. Ond dwi am dy weld di'n symud yn dy flaen, cofia. Ti 'di bod yn driw iawn dros y blynyddoedd; rhy driw o beth mwdril fydda sawl un yn ei ddeud.'

'Ga i weld yr amserlen gynta. Iawn, Mam?'

'Amserlen o ddiawl. Mi ymdopwn ni rwsud.'

Wyddai Cemlyn ddim beth i'w ddweud. Doedd o rioed wedi clywed ei fam yn rhegi o'r blaen, ond roedd hi'n cynnig allwedd iddo hefyd. Allwedd a allai newid ei fyd am byth. Cododd Catrin Owen a chychwyn am y gegin.

'Lle dach chi'n mynd rŵan, Mam?'

'Gin i botelad o win sgawan yn y cefna 'ma'n rwla. Dwi'm yn ama'i bod hi'n bryd imi hagor hi. Be ti'n feddwl, Cem?'

HENDRE EBOLION, 20 MEDI, 2112

*M*AE BRENGAIN YN *gosod bwced dan dethi'r afr a dechrau godro'n araf. Mae blinder yn ei llygaid gleision a rhua awyren unig yn y cefndir. Pwysa ei phen lluddedig yn erbyn yr afr a mwynhau gwres ei chorff ar ei grudd. Mae'r dagrau wedi hen gilio.*

Torrwn i fuarth Hendre Ebolion lle gwelwn Titus yn syllu ar fedd agored nid nepell oddi wrth fedd plentyn ei chwaer. Mae'n codi ei olygon tua'r awyr i edrych ar yr awyren yn pasio uwchben.

Torri'n ôl i'r beudy a gwelwn Brengain yn tylino'r deth a'r llefrith yn diferu i'r bwced. Siot dynn o law Brengain yn godro. Mae llaw arall yn ymuno â hi yn y tylino. Gwelwn lygaid blinedig y ferch yn troi'n gynnwrf ar amrantiad pan deimla'r llaw laethog arall yn cadw'r un mydr â'i llaw hithau.

Torri unwaith eto i'r tu allan. Rydym yn weddol agos ar wyneb Titus y tro yma. Gwelwn ei lygaid yn troi tua'r beudy pan glyw sŵn griddfan pleserus y milwr o'r tu mewn i'r muriau llwyd. Wrth i'r siot ledu, gwelwn wyneb y tad yn ymddangos yn y ffenestr yn edrych i lawr ar y mab. Mae'n dal i ymladd am ei anadl, ond mae rhyw benderfyniad yn ei drem hefyd. Try Titus a gweld ei dad yn syllu arno. Mae'r tad yn amneidio gydag un symudiad o'i ben ar i'w fab ddod i'r tŷ. Mae Titus yn ufuddhau.

Torri unwaith eto i'r beudy. Mae Brengain a'r sowldiwr yn cusanu'n wyllt a'u dwylo laethog yn mwytho'r naill a'r llall yn nwydwyllt. *Yn ei gynnwrf mae'r milwr yn cicio'r bwced laeth ac mae'r llefrith melynwyn yn tasgu dros y carthion. Maent yn caru'n orffwyll wrth ymyl yr afr sydd wedi hanner ei godro, heb sylwi ar y gwastraff gwyn yn goferu i mewn i'r gwter drwy'r baw.*

Yn ôl yn ei ystafell, mae'r tad yn aros i Titus gyrraedd. Mae'n dal i edrych allan i gyfeiriad y beudy. Daw Titus i mewn.

TAD: Mae o'n dal yma?

Mae Titus yn nodio.

TAD: A Brengain?

TITUS: Godro.

TAD: Ia, mwn...

TITUS: Ma'r bedd yn barod.

TAD: A dw inna'n barod. Ti 'neall i?

Dyw Titus ddim yn ymateb am ysbaid. Torri i siot dynn ohono a gwelwn yr awgrym lleiaf ei fod yn nodio'i ben yn betrusgar – y mymryn lleiaf un.

TAD: Ac mae'r milwr i fynd.

Saib. Nid yw Titus yn ymateb.

TAD: Waeth gin i sut y gwnei di o, Titus. Mi fydd yn rhaid iddo fynta fynd hefyd...

19

Mae Nain mewn bwthyn bach...

E R BOD EI hystafell yn y Ship yn ddigon dymunol, roedd yr arogleuon cymysg yn atgoffa Annest o rywle arall. Gwyddai fod y lleithder glân yma'n gyfarwydd iddi a cheisiai gofio ymhle. Yn sydyn fe gofiodd am gyfuniad arall o gŵyr cannwyll a dodrefn pin ail law ac aroglau lobsgóws yn treiddio drwy'r cyfan. Mewn amrantiad roedd Annest yn blentyn deng mlwydd oed yn nhŷ ei nain ym Methesda.

Treuliodd gyfnodau meithion gyda'i nain pan oedd hi'n blentyn; wedi ei hanfon i aros ati i roi cyfle arall i'w rhieni geisio rhoi'r darnau yn ôl at ei gilydd yn eu priodas simsan. Gwelodd Annest bob un tolc a chrac yn ymddangos ym mherthynas ei rhieni dros y blynyddoedd a'r cyfan yn malu'n chwilfriw un bore dydd Sul pan glywodd sŵn llestri'n torri yn y gegin. Gwyddai nad damwain oedd un sŵn plât ar ôl y llall yn chwalu'n deilchion ar y llawr. Er na welodd ei mam yn malu'r llestri, roedd ganddi ddarlun clir ohoni yn ei phen byth ers hynny. Roedd y rhegfeydd yn gymysg â'r gwylltineb, a'r casineb wedi cerfio delwedd mor glir fel nad oedd angen bod yn llygad dyst i'r ffrae. Mae synau weithiau yn creithio argraffiadau dyfnach ar y cof; darluniau nad oes modd eu dileu. Darlun o ddynes wyneb-galed yn malu pob llestr yn y tŷ fesul un, i danlinellu'r ffaith nad oedd unrhyw ddyfodol i'r teulu a gysgai dan ei gronglwyd.

Symudodd i fyw i dŷ ei nain yn barhaol wedi'r storm honno. Ymunodd ei mam hefo nhw ar ôl sbel ac aros hyd nes i'w nain farw. Gwerthwyd y cyfan wedyn, a symudodd y fam i fyw at ryw gyn-gariad yn Frodsham. 'Haws cynnau tân ar hen aelwyd,' meddai, gan godi ei phac a gadael ar yr un anadl. Roedd Annest wedi cychwyn ar ei chwrs yn y coleg erbyn hynny a chodwyd pob arlliw o wreiddiau a fu ganddi erioed dros nos. Torrwyd ei chysylltiad yn llwyr â'r unig le y bu hi'n wirioneddol hapus ynddo drwy gydol ei phlentyndod.

Chlywodd hi'r un gair gan ei thad ar ôl i'w rhieni ysgaru a dim mwy na chyfarchiad achlysurol gan ei mam. Ambell gerdyn Dolig a phen-blwydd, dyna'r cwbl a ddeuai o un pen blwyddyn i'r llall. Cardiau bach tila hefo llun o'i 'brawd bach newydd' yn altro o flwyddyn i flwyddyn – cerrig milltir y pellhau. *'From Mam and family'*. Chafodd hi'r un llychyn o'r tŷ i gofio am ei nain, a phan oedd ei gyrfa yn cyrraedd ei binacl doedd hi'n hidio'r un ffeuen am hynny. Ond heno, yng nghanol yr aroglau a'r dodrefn rhad, ysai am gael rhannu powlennaid o lobsgóws Nain Pesda unwaith eto.

Canodd ei ffôn symudol i'w hysgwyd o'i hiraeth.

Wi yn y bar, be ti moyn?

Bodiodd Annest neges yn ôl yn gofyn am jin a thonig a gorweddodd ar y gorchudd *candlewick* pinc a melyn, p̀yg, oedd wedi hen weld ei ddyddiau gwell. Doedd fiw iddi gwyno am ei hystafell gan fod Cwmni Aran wedi ei sicrhau ei bod wedi cael y *suite* fwyaf yn y gwesty. Roedd ei chyfrifydd wedi ei rhybuddio nad oedd ganddi ddewis ond aros hefo'r criw yn y Ship, a gwnaeth Caron yr holl drefniadau ar ei rhan. Roedd y blaendal a gafodd gan y cwmni wedi ei lyncu gan ei dyledion a rhoddwyd hi ar ddeiet gwario llym iawn hefyd. Byddai hynny wedi bod yn gosb lem iddi i lawr yn y Bae ond, mewn lle mor ddiawledig o anial, doedd dim cysur o fath yn y byd i leddfu ei phenyd. Yr unig rinwedd i'r twll lle yma, ym mherfeddion yr ynys, oedd nad oedd yno affliw o ddim i'w themtio i wario'r un ddimai. Roedd y fwydlen yn gyfyng a'r cwrw'n llugoer. A dim ond un siop, a werthai'r nesaf peth i ddim oedd at ei dant.

Derbyniodd wahoddiad Caron i dreulio'i Nadolig yn ei fflat. Arhosodd yno am ddeuddydd digon hwyliog. Ond cyrhaeddodd mwy a mwy o ffrindiau Caron o Juice, ac erbyn Gŵyl San Steffan fe ddiflasodd Annest ar yr holl firi dwl. Gormod o bwdin dagith gi, meddyliodd, a dychwelodd i'w fflat ei hun yn y Bae i edrych dros ei sgript a dechrau meddwl o ddifrif am ei chymeriad yn y ffilm.

Cyrhaeddodd ei cherdyn tila, blynyddol, gan ei mam, a llun o'i brawd bach yn yr amlen ryw dridiau cyn y Nadolig. Doedd Adrian ddim cweit mor fach erbyn hyn. Roedd wedi ymuno â'r fyddin, ac er gwaetha'i groen arddegol, roedd yn edrych yn hogyn digon dymunol; cannwyll llygad ei fam bellach, mae'n siŵr. Roedd yna nodyn bychan ar waelod y cyfarchiad yn dweud ei bod yn amau fod ei thad yn y carchar am dwyll go ddifrifol. Yn ei breuddwydion gwylltaf roedd Annest wedi dychmygu ei thad yn ailgysylltu â hi rhyw ddiwrnod, yn llawn edifeirwch a chariad. Gwylio gormod o raglenni teledu dagreuol lle roedd plant yn ailddarganfod eu teuluoedd coll efallai. Ond doedd yr un tad edifeiriol a chefnog yn mynd i lanio ar ei stepen drws hi yn ddirybudd, roedd hynny'n amlwg. Dihangodd yn ôl i fyd ffantasi ei sgript. O leia roedd ganddi'r cysur o deimlo fod y stori'n cydio yn ei dychymyg fwyfwy ar bob darlleniad.

Edrychodd eto ar lun ei brawd bach ymysg ei chardiau prin a chael yr un benbleth yn ei lygaid yntau.

* * *

I lawr yn y lolfa roedd Caron ac Angharad ar eu hail wydraid o win gwyn y tŷ. Gwyddai'r cynhyrchydd y cyfan am y trefniadau ariannol rhwng Annest a'r adran gyllid, ond roedd hi a Caron wedi cytuno i gadw'r wybodaeth fach honno iddyn nhw eu hunain o'r tu allan i'r swyddfa. Doedd wybod beth wnâi'r criw technegol o'r stori pe gwyddent am sefyllfa ariannol Annest Gwilym. Edrychodd Caron ar y neges ar ei sgrin fach:

Jin a tonic efo lot o rew a dash o fynadd! Ax

'Ydi hi'n cwyno am ei stafall?' gofynnodd Angharad i'w chynorthwyydd.

'Dim 'to,' atebodd Caron, gan ychwanegu talp o rew o'r bwced oeri ar ben ei win gwyn claear.

Gwnaeth Angharad yr un peth ac eisteddodd yn ei hôl i geisio ymlacio ychydig. Gwyddai fod ganddi ambell newydd arall oedd yn mynd i godi gwrychyn ei hactores styfnig a cheisiodd berswadio'i hun mai hi oedd â'r llaw uchaf ac nad oedd neb yn mynd i gael troi'r drol ar y cynhyrchiad yma.

'Dwi'm yn mynd i'w dandwn hi ar hyn, sti, Caron; waeth gin i be ddudith hi.'

'Sdim rhaid iti, o's e? Ma hi wedi ca'l ei choste. Lan iddi hi beth ma hi'n neud ag e.'

'Fydd hi bownd o gwyno am rwbath ne'i gilydd, gei di weld.' Cymerodd Angharad lymaid o'r gwin siomedig gan geisio codi pob carreg bosib. Fe wyddai nad oedd heno'n mynd i fod yn noson hawdd. Gwyddai hefyd nad oedd y newydd oedd ganddi am Iwan Prys yn mynd i wella'r sefyllfa. 'Angan ei thrin hi hefo cyllall a fforc weithia, wir ddyn,' ychwanegodd, gan droelli'r rhew yn ei gwydryn.

'Wedes i wrthi mai fan hyn o'dd y lle rhata alle hi ga'l, a gytunodd hi'n streit i fi fwco fe iddi. O'dd dim dewish arall 'da 'ddi. Wi'n gweud 'thot ti Angharad, ma 'ddi'n sgint.'

O gil ei lygad, gwelodd Caron fod Annest yn chwilio amdano yn y bar. Gwyddai nad oedd yn hapus yn cael ei gadael ar drugaredd y werin mewn lle mor gyhoeddus, a galwodd arni o'r lolfa. Sylwodd ar y mymryn panig yn diflannu o'i llygaid pan glywodd ei lais, a rhoddodd Annest dro ar ei sawdl yn syth a'i hanelu hi am y lolfa. Chyfarchodd hi'r un o'r criw technegol wrth wthio'i ffordd drwy'r bar. Pam ddylai hi? Doedd hi ddim wedi cael ei chyflwyno iddyn nhw eto p'run bynnag.

''Nes i ddim tywallt y tonic iti,' meddai Caron, pan laniodd Annest a golwg fymryn ar goll arni.

'Diolch, Caron. Iechyd da.'

'Gartrefol yma, tydi?' Dewisodd Angharad ei geiriau'n ofalus wrth ei holi. Doedd hi ddim am roi cyfle iddi gwyno. Roedd gan Annest storfa ddiwaelod o atebion crafog petai hi wedi gofyn iddi os oedd hi'n hapus hefo'i hystafell. Ond doedd gan yr actores flinedig fawr o amynedd i dyrchu am unrhyw ymateb clyfar heno, a bodlonodd ar ryw 'ydi' bach swta yn ei le. Tywalltodd hanner y botel donig ar ei jin ac eisteddodd yn sypyn ar y gadair agosaf.

'Pryd ma 'mrawd bach i'n cyrradd 'ta?' holodd, ar ôl llwnc go helaeth.

'Ddudish i'n bod ni'n archebu'r bwyd am wyth,' atebodd Annest, gan geisio dyfalu pryd fyddai'r amser gorau i ddweud y newydd am Iwan Prys wrthi.

'Gobeithio bydd o 'di molchi tro 'ma, dyna'r oll dduda i.'

Anwybyddodd y ddau arall ei sylw a dywedodd Caron ei fod eisoes wedi danfon tacsi i'w nôl.

'Ddyle fe fod 'ma unrhyw funed nawr.'

'W! Tacsi, ia? Oes 'na beth felly i ga'l yn nhwll din nunlla felly, oes 'na?'

Rhoddodd Caron ei galwad colur i Annest, a drafft arall o'r ddwy olygfa fyddai'n cael eu saethu drannoeth.

'Gobeithio nad ydyn nhw'm wedi newid llawar, dwi'n eitha licio'r ddwy olygfa yma,' meddai Annest, gan ychwanegu'r mymryn lleia o donig at ei jin.

'Na, sdim llawer o newid. Sion wedi torri ambell air yma ac acw, 'na i gyd.'

'*Edits* felly 'di'r rei mwya rhwystredig yn amal. Un gair bach yn lluchio rywun 'ddar ei echal yn waeth na thorri brawddeg gyfa.'

'Ma Sion yn reit sensitif, chwara teg.'

'Ydi o, Angharad?' gofynnodd Annest, ac ymyl ei gwefus yn bygwth gwên.

Gwyddai'n iawn fod Sion ac Angharad yn rhannu mwy nag oriau gwaith yng nghwmni ei gilydd ar leoliadau anghysbell fel hyn. Doedd dim disgwyl i gynhyrchydd fod allan o'r swyddfa am wythnosau bwy'i gilydd fel y gwnâi Angharad Prysor bob tro y byddai Sion yn cyfarwyddo iddyn nhw. Beth allai cynhyrchydd ei wneud ar set na allai hi ei wneud o ddiddosrwydd ei swyddfa? A beth arall fyddai'n ei hudo i le mor ddigysur â hyn, heblaw am yr hyn yr oedd Sion Trystan yn ei gynnig iddi y tu allan i oriau saethu?

20

Mi dderbyniais bwt o lythyr...

E DRYCHODD CEMLYN AR ei adlewyrchiad yn y drych yn stafell Megan ryw bum munud cyn i'r tacsi gyrraedd. Gwisgai grys claerwyn a jîns oedd wedi gweld mymryn yn ormod ar hetar smwddio llawdrwm ei fam, a dechreuodd amau ei hun. Roedd Catrin Owen wedi mynnu ei fod yn tynnu ei drowsus iddi gael rhoi gwell rhych i'r ddwy goes cyn iddo fentro dros y rhiniog. Sefyll yno'n aros iddi daro'r haearn ar ei grys yr oedd o pan sylwodd ei fam ar gyflwr ei lodrau.

'D'ei di'm allan yn rheina, siŵr iawn! Tynna nhw'r munud 'ma!'

'Be sy'n matar arnyn nhw?' gofynnodd Cemlyn yn daer.

'Wedi bod yn yr hen gwpwr crasu 'na'n rhy hir o beth mwdril,' meddai, gan ddal ei llaw allan a ffeirio'r crys am y jîns.

Roedd hi eisoes wedi rhoi sglein go lew ar ei sgidiau ac wedi mynnu nad oedd yn gwisgo'r 'hen dreinyrs felltith 'na' chwaith. Llithrodd bapur ugain punt i'w boced yn slei wedi gorffen taro'r haearn, ond roedd Cemlyn wedi sylwi ar y weithred.

'Mam, dwi'm angan hwnna, siŵr iawn!'

'Cadwa fo'n dy bocad ôl 'ta, cofn ti ga'l dy ddal yn siort. Ma'r petha ffilms 'ma'n gwario fel tasa 'na'm fory, meddan nhw i mi.'

'Ydyn nhw?' holodd Cemlyn â gwên.

'Dyna glywish i.'

'Nid fi sy'n talu heno beth bynnag.'

'Fydd raid ti brynu diod rywbryd yn bydd, Cemlyn bach?'

Gwenodd ei mab a pheidiodd â dadlau dim rhagor. Roedd ei fam yn amlwg yn mwynhau'r achlysur bron cymaint ag yntau, ac roedd y ddefod o roi 'pres pocad' yn amlwg yn rhan o'r cynnwrf. Dewisodd beidio dweud wrthi am y cynnig a wnaed gan Saturn am y tŷ a'r tir am sbel. Gadawodd eu llythyr mewn drôr yn ei stafell wely, ymhell o afael ei fam. Byddai ymdopi hefo'r patrwm newydd yn eu bywydau yn ddigon iddi am sbel, heb fynd i boeni am godi pac a mudo.

Glaniodd y llythyr gan Rheon Orwig ryw ddau ddiwrnod cyn i'r ffilmio gychwyn. Bu'n rhaid i Cemlyn ei ddarllen deirgwaith cyn gallu amgyffred ei gynnwys. Roedd y cynnig a wnaed iddynt am y tyddyn a'r tir yn swm o arian nad oedd wedi breuddwydio amdano yn ei fywyd. Dwy filiwn o bunna, meddyliodd. Roedd yn ffigwr amhosib i'w ddirnad i rywun oedd wedi byw o'r llaw i'r genau dros yr holl flynyddoedd. Gwibiai'r cwestiynau drwy ei feddwl yn un gybolfa ddiateb. Beth, tybed, oedd cynnig fel hyn yn mynd i'w olygu iddynt? Pa wahaniaeth fyddai dwy filiwn o bunnau yn ei wneud i'w bywydau bach syml? Oedd yn rhaid i arian newid bywyd rhywun? Ond, yn bwysicach na dim, a oedd yn rhaid iddo dderbyn yr arian? Roedd yn haws cuddio cynnig felly mewn drôr ac anghofio am yr atebion – am sbel.

Cymerodd gip arall arno fo'i hun wrth weld y tacsi'n troi o'r lôn bost am y tŷ. Rhes arall o gwestiynau diateb. Oedd o'n edrych yn ddigon twt i gyfarfod y criw ffilmio? Fyddai cwsmeriaid rheolaidd y Ship yn meddwl ei fod o'n trio dangos ei hun? Fyddai ei fam yn digio petai'n gwisgo ei dreinyrs yn lle'r esgidiau duon? Rhyw amheuon felly a redai trwy ei feddwl pan ganodd corn y tacsi. Rhedodd i lawr y grisiau a tharo cusan sydyn ar foch ei fam a daliodd ryw falchder rhyfeddol yn ei llygaid gleision.

Daeth Catrin Owen i sefyll ar y rhiniog i ffarwelio â'i mab, yn union fel y gwnaeth ar ei ddiwrnod cyntaf yn y lladd-dy. Gwyddai Cemlyn fod Tecs Tacsis yn crechwenu wrth weld ei fam yn dal i chwifio'i llaw arno wrth iddo gau'r giât lôn.

'Ti 'di ca'l part yn y ffilm 'ma, o'n i'n dallt,' meddai Tecs, pan ddaeth Cemlyn yn ei ôl i'r car, a chysgod y grechwen yn dal ar ongla'i wefus.

'Do, 'chan,' ymatebodd Cemlyn.

'Duwcs! Ffilm am be 'di hi felly, d'wad?' holodd Tecs, gan chwilio am ei becyn sigaréts ym mhoced drws ei gar.

'Am chwaer sy'n trio cynnal ei theulu ar ôl llanast niwclear,' ceisiodd Cemlyn egluro.

'Deud ti.' Roedd Tecs yn gwybod yn iawn beth oedd cefndir y ffilm, ond roedd am gael clywed fersiwn Cemlyn o'r stori.

'Ryw bwnc digon doji i ddŵad i'r pen yma o'r byd, ydi o, d'wad?' holodd y gyrrwr, gan chwilio'n ei boced ei hun am y pecyn ffags. 'Ti'n mynd i fod mewn ffrog yn hon eto?'

'Nid fi sy'n chwara'r hogan, siŵr iawn.'

'Pwy sy'n ei chwara hi 'ta?' holodd y gyrrwr, gan roi hen dro bach ar y gair 'chwara'.

'Annest Gwilym.'

'Di'n da i rwbath?'

'Ydi, mae hi.'

'Deud ti... Gobeithio bydd o'n well na'r rest o'r rybish ma nhw'n ei ddangos, dyna'r oll dduda i.'

Mi wyddai Cemlyn pa mor finiog y gallai tafodau fod am y rhai sy'n llygad y cyhoedd yn aml, ond doedd o ddim wedi disgwyl ei flasu mor fuan â hyn. Fe allai deimlo gwenwyn Tecs yn gymysg â'r mwg a chwythai o'i ffroenau yn barod. Bu'n gweithio am flynyddoedd ymysg bwtsieriaid, ond o leia roedd y rheiny'n rhoi min ar eu cyllyll yng ngŵydd eu cwsmeriaid.

'Ti'n mynd i ga'l ffwcio'r lefran bach 'na'n y ffilm 'ma 'ta, Cemlyn?' holodd Tecs, gan dynnu mwg i'w ffroenau fel petai 'na'm fory.

'Ei brawd hi dwi'n actio,' atebodd Cemlyn yn swta.

'Nath hynny'm stopio neb rioed, yn naddo?' Chwarddodd Tecs am ben ei jôc wael ei hun, gan beswch o waelodion ei fogel. 'Ti'm yn meindio i mi ga'l mygyn, nag w't, Cem?'

'Caria di mlaen.'

Gobeithiai Cemlyn y byddai smocio'n rhoi taw ar ei dafod, ond roedd y mwg yn ei sgyfaint fel petai'n bwydo'r gwenwyn oedd eisoes yno'n crynhoi.

'Ma nhw'n deud ei bod hi'n beth dinboeth.'

'Pwy?'

'Yr Annest Gwilym bach 'na. Ma hi 'di llgadu rei o'r hogia'n y Ship yn barod.'

Clywodd Cemlyn ei dawelwch ei hun yn hongian yng nghanol y mwg a chwythai Tecwyn o gornel ei geg. Daliodd ei lygaid yn y drych a gwenodd y gyrrwr yn awgrymog ar ei gwsmer.

'Wel, ydi hi?' gofynnodd.

'Mond unwaith dwi 'di'i gweld hi.' Clywodd draw ei lais yn codi nodyn neu ddau. Penderfynodd mai doeth fyddai peidio ymateb; brathu ei dafod nes cyrraedd pen ei daith. Ond roedd Tecs yn dal i'w herio.

'Faint o weithia ti angan, y llwdwn? 'Swn i 'di bod yna cyn ti ddeud Hwfa Môn, taswn i 'di ca'l hannar dy jansus di.' Sugnodd Tecs yn ddyfnach ar ei sigarét a chwythodd y mwg drwy ymyl ei geg gan ddisgwyl ymateb. Ond chafodd o'r un.

'Wst ti be, Cem bach, hen lanc fyddi di am weddill d'oes os na roi di fin ar dy bensal reit sydyn. Be sgin ti dan y balog 'na, pric lolipop?'

Roedd Cemlyn yn falch o gyrraedd y Ship a dianc oddi wrth hewian Tecwyn. Er ei fod wedi cael blas o'i dafod sawl gwaith o'r blaen, roedd y mymryn lleia o eiddigedd wedi miniogi dipyn ar ei safn.

'Tydyn nhw'm yn cynnwys tip pan ma nhw 'nhalu i; cofn ti feddwl 'mod i'n mynd i neud fy ffortiwn ar gefna'r diawlad, tydw i ddim.'

Rhoddodd Cemlyn gildwrn yn llaw Tecwyn. Caeodd ddrws y tacsi ar ei ôl ac anadlu mymryn o awyr iach i glirio'i sgyfaint a'i ben. Os oedd pobl yn mân siarad fel hyn yn ei wyneb, beth yn y byd mawr oedd yn cael ei ddweud yn ei gefn?

21

Beth wneir â merch benchwiban?

'ARGLWYDD MAWR! PA barti cerdd dant ti 'di joinio?' oedd cwestiwn cynta Big End pan laniodd Cemlyn yn ei grys gwyn, jîns glân a'i sgidiau duon, sglein.

Roedd wedi mynd yn syth i'r bar yn y Ship i gael un llymaid sydyn hefo'i ffrind cyn mentro i'r lolfa.

'Be ti'n feddwl?' holodd Cemlyn, gan ddechrau teimlo'n lletchwith yn syth.

'Ti'n edrach fatha *advert* Persil, myn uffar i!'

'Mam, elli fentro.'

'Ydi dy fam yn gwbod bod sana gwyn a sgidia duon wedi marw hefo Elvis ydi hi, Cem?'

'Un o'r petha ma hi 'di dechra'u anghofio, ma siŵr,' meddai Cemlyn yn chwerw.

Doedd o ddim wedi bwriadu rhoi ateb mor bigog i'w ffrind gorau ond roedd ei du mewn yn dal i gorddi. Roedd Tecwyn Tacsis wedi codi ei wrychyn fwy nag y tybiodd, mae'n rhaid. Cododd Geraint beint iddo heb ddweud rhagor. Gadawodd y ddau i'r tawelwch wneud y gwaith mendio.

'Barod amdani?' gofynnodd Geraint, wrth roi'r peint yn llaw Cemlyn.

'Cachu plancia.' Drachtiodd Cemlyn yn o helaeth o'r gwydryn yn y gobaith o ddarganfod hyder yn ei gwrw. 'Diolch Ger, o'n i angan hwnna.'

'Ti gystal â nhw bob tamad, Cem bach, cym di hynna gin

rywun sy'n dallt y petha 'ma. Ti 'di gwatsiad a darllan mwy am ffilms na ma rheina 'di neud i gyd hefo'i gilydd.'

'Un peth 'di gwatsiad 'de, Ger, peth arall 'di gneud.'

'Drwadd yn y lownj ma nhw'n d'aros di.'

Rhoddodd ei stumog dro arall wrth i Cemlyn ddychmygu'r darlun ohonyn nhw'n aros amdano i swpera. Cododd Geraint ei wydr a chynnig llwnc destun i'w ffrind.

'Wel, iechyd da iti, Cem!'

Trawodd y ddau eu diodydd ar eu talcen a dechreuodd Geraint holi am y ffilm. Roedd o wedi darllen yn y 'papur am ddim' fod Iwan Prys yn hedfan i Lerpwl wythnos nesa i wneud rhywfaint o ffilmio. Doedd neb yn fodlon datgelu lle roedd o'n aros, yn ôl y papur, ac roedd Geraint eisoes wedi holi ambell un o'r technegwyr yn dwll, ond heb unrhyw lwc.

'Tydyn nhw'm 'di digwydd deud wrthach chdi do, Cem?'

'Nac'dyn, siŵr iawn. I be 'swn i isio gwbod, beth bynnag?'

'Gei wbod gynnyn nhw heno, debyg?'

'Caf, ella,' atebodd yn ddi-hid, gan geisio rhoi taw ar yr holi.

Roedd Cemlyn eisoes yn gwybod bod Iwan Prys wedi cyrraedd ei westy moethus ym Mhorth Gwylan ers y noson cynt a'u bod yn mynd yno ar ôl swper i'w gyfarfod. Roeddan nhw'n mynd i saethu golygfeydd y 'seren' i gyd yn yr wythnos gyntaf a byddai'n rhoi un cyfweliad i'r wasg cyn hedfan yn ei ôl i ben draw'r byd i wneud ei filiwn nesaf. Miliwn, meddyliodd Cemlyn. Roedd gan y gair ryw ystyr newydd iddo erbyn hyn.

* * *

Os oedd Cemlyn yn teimlo fymryn yn chwithig yn cerdded i mewn i'r lolfa, doedd o ddim oherwydd adwaith yr un o'r tri arall. Roedd ysgydwad llaw Annest Gwilym yr un mor llipa â'r tro diwethaf iddo'i chyfarfod, ond roedd Caron ac Angharad Prysor yn groesawgar iawn a glaniodd gwydraid o win yn ei law cyn iddo gael cyfle i eistedd i lawr. Aeth Caron drwodd i'r bar i nôl y fwydlen tra oedd Angharad yn rhoi mymryn mwy o fanylion i'r ddau actor. Yn llawn bwrlwm am y prosiect, diolchodd iddynt am gadw cyfrinach Iwan Prys. Doedd hyd yn oed y criw technegol ddim yn gwybod y manylion yn iawn, dim ond y prif ŵr camera a'r cynorthwyydd cyntaf oedd yn gwybod y manylion i gyd.

'Pryd fyddwn ni'n mynd draw i'w gyfarfod o 'ta, Angharad?' gofynnodd Annest, gan drio celu ei brwdfrydedd drwy swnio'n ddidaro.

'Tydan ni ddim,' oedd ei hateb, yr un mor ffwr bwt. Sodrodd Annest ei gwydryn ar y bwrdd a daeth min i'w llais yn sydyn.

'Be? Ond ddudist ti...'

'Do, dwi'n gwbod.' Torrodd Angharad ar ei thraws cyn iddi fynd dim pellach. Roedd y gath allan o'r cwd ac roedd ei hymateb eisoes yn ei le. 'Ond gawson ni neges rhyw awr yn ôl yn deud nad oedd Iwan yn meddwl bod hynny'n syniad da,' meddai, cyn i Annest brotestio dim rhagor.

'Pam, er mwyn tad?' Yn sydyn roedd amddiffynfa Annest wedi ei gollwng yn llwyr.

Hwn oedd y tro cyntaf i Cemlyn weld unrhyw ymateb y tu hwnt i'r llugoer yn y ferch benddu â'r llygaid glas fel dau bwll diwaelod. Welodd o erioed o'r blaen bâr o lygaid gleision oedd yn gallu tanio mor gyflym.

'Mae o'n meddwl y bydda'r pellter rhwng y ddau ohonach chi'n well sbardun i'ch perthynas chi ar gamera.' Roedd yn ailadrodd union eiriau'r actor erbyn hyn ac yn teimlo ryw fymryn o ryddhad fod y storm wedi torri.

Ond roedd yr asgwrn yng ngheg Annest erbyn hyn, a gwrthodai ei ollwng.

'A phryd penderfynodd o hynny, os ca i fod mor hy â gofyn?'

'Neithiwr.'

'Oh, *for fuck's sake*, Angharad!' Lluchiodd Annest ei hun yn ôl ar y soffa ac edrych drwy'r ffenest ar y glaw. Gadawodd ennyd bwdlyd cyn ychwanegu, 'Ac mi fydd wedi newid ei feddwl eto erbyn bora fory, mwn.'

'Dwi'm yn meddwl rwsut, Annest. Mae o'n gwbod be mae o isio allan o'r olygfa, ac mae Sion wedi cytuno i hynny.'

'Ydi Sion yn dŵad yma 'ta?' Roedd y croesholi'n carlamu'n ei flaen erbyn hyn a Cemlyn yn ceisio dyfalu pam fod Annest yn gwneud môr a mynydd o beth mor bitw.

Ceisiodd Angharad ei hateb, 'Nac'di. Mae o hefo...' Ond cyn iddi orffen ei heglurhad roedd yr actores yn dal ei gafael yn dynn yn ei hasgwrn.

'Paid â deud wrtha i. Mae o hefo Iwan Prys y funud yma, yn trafod bob lein a phob siot i'r fodfadd, fetia i 'ngheiniog ola.'

'Fysa hynny'n beth doeth iti neud, d'wad, Annest?' Daeth ymateb Angharad fel bollt i gau ceg ei hactores bigog a glaniodd Caron hefo'r fwydlen i lenwi'r funud lletchwith. Gwyddai Angharad fod y cwmwl yn cilio ac roedd yn falch o weld Annest yn suddo'n bwdlyd i'w bwydlen heb ragor o ymateb. Ond roedd yn ddigon hirben i wybod nad dyna'r peth olaf a glywai am yr achos gan y benddu. Gwyddai hefyd fod ei hawgrym olaf wedi taro'r man gwan ac na ddylai fod wedi bod mor barod ei thafod.

Claddodd Cemlyn ei ben yntau yn y fwydlen i adael i'r storm ostegu ryw fymryn. Daliodd Angharad lygaid Caron i drosglwyddo'r hyn oedd wedi digwydd tra oedd o allan mewn un edrychiad. Synhwyrodd yn syth beth oedd achos y bwdfa a gwyddai'n union beth fyddai ei ran o hynny ymlaen.

'Reit 'te, o's rhywun moyn *starter*?'

'Dim diolch.' Daeth yr ateb fel bwled o gyfeiriad Annest.

'Cemlyn?' holodd Angharad, fel na phetai'r un arlliw o storm wedi bod ar eu cyfyl.

'Mond os oes 'na rywun arall yn ca'l,' atebodd Cemlyn, gan ddal ei drem yn y fwydlen.

Dywedodd Angharad ei bod hi'n mynd i gymryd y cregyn gleision i gychwyn a'r penfras i ddilyn.

'Dwi'm yn ama cymra inna'n union 'run peth â chi, os ydi hynny'n iawn?'

'Wrth gwrs ei fod o!' ebychodd Angharad, yn falch fod y tensiwn yn llacio.

'Gymera i'r cawl a stecen wi'n credu,' ychwanegodd Caron, cyn mentro gofyn, 'Annest, beth gymri di, bach?'

'Dwi fawr o awydd bwyd i fod yn onast hefo chdi, Caron.' Gwyddai'n union pryd a sut i luchio dŵr oer ar bethau a suddodd calon Angharad unwaith yn rhagor. Gallai deimlo'r gwynt yn troi yn ei ôl a chipio'i hanadl. Neidiodd Caron i'r adwy.

'Be sy'n bod? Ti'n dost?'

'Poeni dwi, Caron.'

'Am beth nawr?'

''Mod i 'di dysgu llinella'r ddwy olygfa o'n i dan yr argraff 'mod i'n mynd i'w ffilmio fory a rŵan dwi'n ca'l ar ddallt nad y rheiny 'dan ni'n neud yn diwadd.'

'Odyn bach.'

'Be?'

'Ni'n neud y ddwy olygfa fach 'na ar ôl cino. Ma fe ar yr amserlen. Co hi.'

Rhoddodd Caron ddiweddariad o'r amserlen i Annest ac edrychodd hithau arno mewn tawelwch llethol. Wedi iddi edrych ar y manylion eisteddodd yn ôl yn ei sedd gan edrych yn syth yn ei blaen heb yngan yr un gair.

'Hapus?'

'Be ti'n feddwl, Caron? Dwi'n ca'l un drafft ar ôl y llall, dach chi'n newid y llinella, dach chi'n newid yr amserlen: dach chi'n siŵr na dach chi'm 'di newid y blydi cast heb ddeud wrtha i?'

'Gwranda, bach...' Ceisiodd Caron atal yr ail storm, ond roedd yn rhy hwyr.

'Sori, Caron, dwi'm isio gwrando ar dy esgusodion di.' Mynnodd Annest gael y gair alaf a sodrodd y fwydlen ar y bwrdd coffi o'i blaen. 'Dwi'n mynd i'n stafall i edrach dros fy sgript. Wela i chi'n bora.'

A tharanodd allan o'r lolfa gan adael ei chôt a'i bag a'i sgript ar ei hôl. Roedd Cemlyn yn dal i astudio'r fwydlen a phatshyn o chwys yn dechrau ymddangos ar gefn ei grys claerwyn.

* * *

Ychydig oriau yn ddiweddarach roedd Cemlyn wedi bwyta llond ei fol ac yn mwynhau ei bedwerydd, os nad pumed, gwydraid o win gwyn. Prin y byddai'n cyffwrdd gwin fel arfer, ond roedd yr ail botel wedi blasu dipyn gwell na'r gyntaf ac roedd Angharad yn sgut am lenwi ei wydr bob cyfle a gâi. Roedd hi wedi archebu potel o Sancerre i fynd hefo'r pryd ac wedi gofyn oedd pawb yn hapus hefo hynny. Mi fyddai Cemlyn wedi rhoi silff ei din i gael peint o chwerw ar y pryd, ond fel roedd y noson yn mynd yn ei blaen roedd yn dechrau cynhesu at lymeitian gwin. Daliai lygaid Big End o bryd i'w gilydd yn cadw golwg arno fel tylluan drwy'r hollt o'r bar. Gwyddai Cemlyn y byddai ei bartner wedi rhoi ffortiwn am gael bod yn bry ar wal y lolfa. Roedd wedi bod yn y tŷ bach rhwng y prif gwrs a'r pwdin ac roedd Geraint wedi bod yno ar ei warthaf, yn ei holi'n dwll.

'Pam a'th hi i'w gwely mor uffernol o fuan 'ta, Cem? Oes 'na rwbath yn matar?'

'Doedd hi'm yn teimlo'n rhy dda.' Crafodd Cemlyn ryw esgus tila, ond doedd Big End ddim yn fodlon hefo'r atebion.

'Ti'n deud?' holodd ymhellach. 'A'th heibio i mi fel bolltan fel tasa hi wedi llyncu'r stabal hefo'r mul.'

'Ddaru hi?'

'Ma rwbath 'di chorddi hi'n saff ti.' Syllodd Geraint i fyw llygaid ei ffrind gan ddeisyfu rhagor o wybodaeth.

'Isio mynd dros ei leins oedd hi, medda hi.'

'Oedd rywun 'di mynd dros mwy na'i leins hi, ddudwn i,' meddai Big End yn amheus.

Ymbalfalodd Cemlyn am linell arall i ddianc a chafodd afael ar un go wael.

'Well mi fynd yn f'ôl.'

Galwodd Geraint ar ei ôl, 'Bob lwc ti fory, Cem! Gobeithio bydd gwell hwylia arnach chi i gyd!'

Aeth Cemlyn ddim ar gyfyl y tŷ bach ar ôl hynny nes i Geraint ei throi hi am adre. Roedd y gwin wedi dechrau mynd i'w ben a gwyddai na fedrai gelu rhagor petai Big End yn mynd i'w berfedd unwaith eto. Daliodd rhag mynd nes y gwelodd gar ei ffrind yn diflannu o'r maes parcio a chafodd y rhyddhad rhyfedda pan gafodd gefn Geraint.

Yn ystod y pryd bwyd roedd Caron wedi derbyn tair neges gan Annest. Daeth y cyntaf rhyw bum munud wedi iddi hi ddiflannu:

Be ffwc 'di'r gêm???

Daeth yr ail pan laniodd y cwrs cyntaf:

Ddoi di â'n sgript i i fyny imi plis?

Pan oedd Cemlyn yn y tŷ bach roedd Caron wedi dangos y ddwy neges i Angharad a chawsant bwl go ddrwg o chwerthin wrth ei dychmygu hi'n codi stêm yn ei stafell. 'Paid â'i hatab hi. Gad iddi stiwio am dipyn eto,' oedd gorchymyn Angharad. 'Nid dy le di ydi'i dandwn hi am beth mor fach, siŵr iawn.'

Pan ddychwelodd Cemlyn, gwnaeth Angharad ei gorau glas i drio'i gysuro am ymadawiad disymwth Annest. Eglurodd fod pawb yn mynegi eu tensiynau a'u nerfau mewn amryw byd o wahanol ffyrdd cyn dechrau ffilmio.

'Fydd hi ddim yr un un fory, gewch chi weld.'

'Na fydd, dwi'n siŵr.'

Ceisiodd Cemlyn gadw'i atebion yn fyr erbyn diwedd y noson gan fod ei gytseiniaid yn dechrau ei fradychu. Roedd yn ymladd rhyw bwl o'r rhigian hefyd ac aeth i'r tŷ bach i wlychu mymryn ar ei dalcen. Tra oedd Cemlyn yn ceisio sobri ei hun yn y toiledau fe laniodd trydydd neges Annest i Caron:

Helô?????

Cilwenodd Angharad pan ddarllenodd y gair.

'Well iti fynd â'i sgript iddi 'ta, ne cheith hi'm byd ond mwy o sterics.'

'Reit 'te. *Wish me luck!*' Cipiodd Caron y sgript a thynnodd anadl ddofn cyn codi o ddiddosrwydd ei sedd.

'Os dudith hi rwbath, Caron, deud wrthi mai fi fynnodd dy fod di'n diffodd dy ffôn yn ystod y pryd bwyd: rheol y cwmni, deud wrthi.'

Diflannodd Caron i fyny'r grisiau a llanwodd Angharad wydraid gwin Cemlyn i'r ymylon cyn iddo ddychwelyd. Doedd y rhigian ddim mymryn gwell, ond roedd Angharad yn rhy feddw ei hun i sylwi ar gyflwr ei hactor dibrofiad erbyn hynny.

* * *

Curodd Caron yn ysgafn ar ddrws ystafell Annest, ond cyn iddo orffen clywodd hi'n galw arno: 'Mae o ar agor, Caron, a lle ddiawl ti 'di bod?' ar yr un gwynt.

Agorodd Caron y drws yn araf a chafodd Annest yn gorwedd yn ei gwely yn gwisgo pâr o byjamas pinc go drwchus. Roedd yn anwesu ei photel dŵr poeth fel petai hi'r ffrind gorau oedd ganddi yn y byd. Ddywedodd o'r un gair wrthi, dim ond syllu. Ailadroddodd hithau ei chwestiwn: 'Lle ddiawl ti 'di bod, Caron?' Eglurodd ei fod wedi gorfod diffodd ei ffôn yn ystod y pryd bwyd ac na chafodd o'i neges hi tan rhyw funud yn ôl: 'Rheol y cwmni, bach… sori.'

'Rheol y cwmni *like fuck*, Caron Davies. Hi ddudodd wrthach chdi am ddeud hynna wrtha i jyst rŵan.'

Safodd Caron yno'n fud gan droi ei lygaid ac edrych fel hogyn ysgol newydd gael ei ddal yn dweud celwydd. Prin y defnyddiai Annest ei gyfenw i'w gyfarch, dim ond pan fyddai hi wedi colli ei limpin yn llwyr. Dechreuodd Caron gyfrif i ddeg, ond torrodd Annest ar ei draws cyn iddo gyrraedd pump.

'Dwi'n iawn, tydw?'

Gorffennodd Caron gyfrif cyn agor ei geg. Syllodd i fyw ei llygaid a'i herio. Doedd o wedi gwneud dim o'i le, ac er mai un o'i gyfrifoldebau oedd cadw Annest Gwilym yn hapus, doedd o ddim yn gweld pam dylai hi gael poeri ei holl wenwyn i'w gyfeiriad o bob gafael.

'Grynda, Annest, sai'n mynd i *bullshitto* 'da ti, reit. Nage 'mai i yw e bod yr amserlen wedi newid. Nage 'mai i yw e bod y cwmni'n gneud popeth ma Iwan Prys yn moyn; a nage 'mai i yw bod ti 'di gadel dy sgript yn y *lounge*; ac yn sicir nage'n jobyn i yw dod â'r *fuckin thing* lan yr holl ffordd i dy stafell di chwaith.'

Sodrodd Caron y sgript ar waelod gwely Annest a throi ar ei sawdl. Roedd yn amlwg wedi cael llond bol ar yr holl redeg a chowtowio iddi bob gafael. Agorodd y drws i fynd pan ofynnodd Annest, 'Oes 'na fwy o win ar ôl?' Arhosodd Caron yn ei unfan am sbel. Thrafferthodd o ddim i droi ei ben i'w hateb.

'Sai'n siŵr. Wi'n credu bod Angharad a Cemlyn newydd orffen y bedwaredd botel.'

'Do, mwn.'

Ennyd arall heb i'r un o'r ddau symud nac yngan gair o'u pen. Gwyddai Annest yn union faint o fwlch oedd ei angen cyn agor ei cheg: 'Fyswn i'n mwrdro am wydriad o win gwyn rŵan.'

Yn araf bach, fe drodd Caron i edrych arni. Dim ond ei llygaid a'i thrwyn oedd yn y golwg uwch y cwrlid, ond gwyddai ei bod yn hanner gwenu.

'Pwy fyddet ti'n fwrdro gynta – Angharad Prysor neu Iwan Prys?'

Taflodd Annest ei photel dŵr poeth binc tuag ato a'i daro yn ei lengid. Chwarddodd y ddau a chwalwyd y pellter gan un weithred.

'Cer i nôl un imi 'nei di, a rho hi i lawr ar fy stafall i.'

* * *

Roedd Cemlyn wedi syrthio i gysgu pan arhosodd y tacsi o flaen drws ffrynt Tyddyn Pwyth. Eitha peth, meddyliodd, gesh sbario gwrando ar Tecwyn yn paldaruo. Ymbalfalodd am ei oriad a cheisiodd fod mor ddistaw ag y gallai rhag deffro'i fam. Aeth i nôl gwydraid o ddŵr a gosod y larwm ar ei ffôn symudol cyn mynd i fyny'r grisiau fel llygoden. Agorodd ddrws ei stafell wely a chlywodd lais yn dweud: 'Nos dawch, Cemlyn bach.'

Gorweddodd ar y cwrlid yn dadansoddi'r noson; sgwrs Tecwyn Tacsis, diawlineb Annest Gwilym dlws, chwilfrydedd Geraint feddw, holi Caron ac Angharad yn ystod y pryd bwyd; ac yna'r niwl wedi yfed y gwin. Wedi i Caron fynd i fyny i stafell Annest roedd gan Cemlyn frith gof iddo fwrw'i galon i Angharad Prysor. Erbyn hynny roedd y gwin wedi llacio'i dafod ac wedi rhyddhau tipyn ar ei swildod.

'Dach chi'n meddwl y byd o'ch mam, tydach?'

'Ydw. Mae 'di bod yn dda iawn wrtha i.'

'Hitha'n meddwl y byd ohona chitha, dwi'n siŵr.'

'Ffrindia gora, Mam a fi.'

Erbyn hynny roedd Cemlyn yn cael trafferth i ynganu'n iawn a chadw'i lygaid ar agor a sylwodd fod Angharad yn byseddu rhif ffôn i alw am dacsi iddo. Roedd yn cofio hynny'n iawn. Roedd yn cofio hefyd fod ei sgwrs am salwch ei fam a'r ffaith ei fod yn poeni y byddai'n rhaid iddynt symud wedi ei chyffwrdd. Roedd ganddo frith gof ei fod wedi crybwyll y byddai hynny'n saff o luchio'i fam oddi ar ei hechel yn llwyr. Ond a oedd o wedi sôn wrthi am Saturn a'r cynnig a wnaed? Gallai'n hawdd fod wedi crybwyll rhywbeth; ond doedd o ddim yn cofio faint o fanylion a rannodd hefo'i gynhyrchydd ar ôl llowcio'r gwydryn olaf. Roedd y cyfan yn gymysg yn ei ben a llithrodd i drwmgwsg yn ei grys a'i jîns a'i sgidiau a'i sanau gwynion, a symudodd o'r un fodfedd nes canodd ei larwm am hanner awr wedi saith fore trannoeth.

22

Myned i odro, o syr, mynte hi...

R OEDD HI'N BEDWAR o'r gloch y bore ar Caron yn gadael stafell Annest. Dwy botelaid o win coch a llond ffroen yr un o 'galch' ac roedd y ddau mor effro â'r dydd. Gan nad oedd yna glwb nos o fath yn y byd yn agos i Lanfarian iddynt losgi'r egni newydd oedd yn eu gwythiennau, aeth y ddau am dro hyd y pentref a dilyn eu trwynau llychlyd.

'Ddudodd y Cemlyn bach 'na rwbath ar ôl imi fynd?' holodd Annest ymhen sbel.

'Dim lot. Wel, dim wrtho i, ta beth. Sai'n credu bod e'n arfer yfed gwin.'

Roedd y distawrwydd fel triog rhwng eu hysbeidiau tawedog; dim ond sŵn eu traed yn linc-di-loncian yng ngolau'r gewin lleuad a drawai ar y talpiau styfnig o eira oedd yn gwrthod dadmer ym môn y cloddiau. Torrodd Annest ar y tawelwch.

"Swn i'n licio tasa fo'n stopio syllu arna fi drw'r amsar, 'de.' Ond roedd ei llais dipyn tynerach erbyn hyn, a'r lleuad yn dal cysgod gwên yng nghil ei gwefus.

'Lico ti ma fe!'

'O, go damia, Caron! Taw, wir dduw!'

'Wi'n credu bod e'n ciwt.'

'God! Lle gest ti dy chwaeth? Argos?'

Roedd dannedd Annest yn clecian erbyn iddyn nhw gyrraedd y drofa am y lladd-dy a mynnodd eu bod yn troi yn ôl ac agor y botelaid o Sancerre oedd yn oeri mewn pwcedaid o rew yn ei hystafell. Dychwelodd ei amheuon hefyd, wrth i'w phen glirio a'r cymylau ailymddangos.

'Ti'n meddwl mai gneud ryw hen esgus oedd Iwan Prys heno?' gofynnodd, gan afael yn dynnach ym mraich Caron.

'Esgus beth?' holodd ei ffrind.

Teimlodd Annest fymryn o wres yn cynhesu ei bysedd trwy blygion ei lawes. 'Ti'n meddwl mai trio gwingo allan o'n cyfarfod ni oedd o?'

'Na.' Daeth yr ateb yn gyflym a heb arlliw o amheuaeth.

'Pam ti mor siŵr, Caron?'

'Pam dyle fe neud esgus lan? Os o'dd e jyst ddim moyn dod bydde fe wedi gweud, yn bydde fe? Sdim rhaid i rywun fel Iwan Prys neud esgusodion, o's e?'

Roedd Annest wedi poeni am yr olygfa garu o'r darlleniad cyntaf ac wedi cynnig amryw o fân newidiadau iddi drwy ei hasiant ar bob un drafft. Anwybyddai yntau ei hefru ambell waith, gan adael i'r storm basio. Roedd hi wedi arwyddo'i chytundeb a doedd dim modd iddi wingo allan ohono bellach.

'Brengain! What kind of a name is that, you tell me? It sounds like a bloody crow with a very bad disease!'

'Annest, love, they've adapted the sex scene and Iwan Prys's agent has agreed to all of that. They've paid you a good sum in advance to ease the Revenue off our backs and they've even sent me a translation of the script. I don't think I can push them any further.'

Chynigiodd Annest yr un sylw pellach. Roedd ei thawelwch ar ben arall y lein yn brawf fod yr actores yn gollwng gafael ar ei hasgwrn yn raddol; y gynnen yn llacio fesul galwad – am ryw hyd o leiaf.

'Whatever you might think of my opinion, Annest, it's a damn good script,' ychwanegodd ei hasiant.

'It's got its moments.'

Yn ei chalon, fe wyddai Annest fod Graham yn iawn, ond roedd heno'n wahanol. Roedd Angharad wedi tynnu blewyn gwahanol o'i thrwyn y tro yma.

'Dal ddim yn dallt pam gafodd o'i ffor ei hun ar honna gynno chi 'de.'

'Ma fe moyn i'r olygfa fod yn *spontaneous*, 'na i gyd.'

'*Spontaneous* o ddiawl! Dim mynadd dŵad draw oedd gynno fo, siŵr iawn. Pwy uffar mae o'n feddwl ydi o, Caron?'

'Un o actorion mwya llwyddiannus Cymru?'

Roedd Caron yn llygad ei le wrth gwrs, ond doedd o ddim yn ddigon o esgus i drin ei gyd-actorion fel baw isa'r doman chwaith, meddyliodd Annest. Roedd hi'n cael trafferth hefo corcyn y Sancerre ac roedd hynny'n ychwanegu at ei chynddaredd.

''Di o'm ots pwy ydi o, nac'di, Caron. Ti jyst ddim yn dewis peidio troi i fyny i gyfarfod y prif gast y noson cyn ffilmio.'

Oedodd Caron cyn rhoi ateb. 'Ife dy asiant di ffonodd i ofyn am newid yr olygfa 'na wthnos dwetha?'

Oedodd Annest fymryn llai na'i ffrind. 'Dwi'm yn cofio.'

'Annest, gwed y gwir?'

'Ella...'

'Wel, 'na fe 'te!'

'"Na fe" be, Caron?'

'Newydd ga'l y *rewrite* ma fe, *poor dab*. Gytunodd e i'r newid o't ti moyn, a nawr ma fe moyn ei ffilmo hi gynta.'

'Ia, ond pam? Ma honna'n un o olygfeydd pwysica'r ffilm.'

'Cer amdani 'te! Acta *rings* rownd e. Annest, byddi di'n ffab.'

'Ti'n meddwl?'

'Wi'n gwbod byddi di!'

Roedd y newid tacteg yn amlwg wedi gweithio'r tro yma.

Roedd Caron yn fwriadol yn troi'r dŵr i gyd i felin Annest Gwilym, a hithau'n sugno pob diferyn ohoni. Edrychodd Caron arni'n bustachu i geisio agor y botel olaf.

'Y *corkscrew* 'ma ta fi sy 'di mynd?'

'Ti!'

Lluchiodd Annest yr agorwr poteli i waelod y gwely a gorwedd yn ôl ar ei chlustog. Roedd hi wedi bod yn noson hir.

'Ti'n meindio os yfwn ni hon nos fory, Caron? Dwi'n gorfod godro'r blydi afr 'na ben bora, tydw.'

'Dim probs.'

'Dwi rioed 'di godro uffar o'm byd yn fy mywyd.'

'Mond bach o dy linelle withe!'

'Dos am dy wely'r cena digwilydd!'

'Wela i di'n bore 'te, bach. Lyfo ti.'

'Ia… Lyfio chdi 'fyd, Cars.'

Cusanodd y ddau a glaniodd Annest yn ôl yn swp ar ei gwely gan ddechrau adrodd:

'Rhof fy mhen i lawr i gysgu,
Rhof fy enaid i Grist Iesu.
Os bydda i farw cyn y bore,
Duw a gadwo f'enaid inne.'

Edrychodd Caron yn wirion arni. '*What?*'

'Nain Pesda ddysgodd hi imi. Dwi methu mynd i gysgu heb ei deud hi ers iddi farw.'

'O, *sweet*.'

'Oedd, mi oedd hi.'

Agorodd Caron y drws cyn dweud nos da. Roedd ar fin cau'r drws pan alwodd Annest arno, 'Caron! Ti'n meddwl medri di gyflwyno un o dy *smellies* i'r hogyn bach Cemlyn 'na?'

'Alla i drial.'

'Dwi'm ffansi ca'l llond ffroen o chwys cesal Moelfra yn fy

nhrwyn bob bora am fis. Oedd hwnna oedd gin ti bora 'ma'n un drud?'

'O'dd, ond paid becs, dyw e ddim yn brin o geinog.'

'O?' Cododd Annest ei hael. Dyma'r tro cyntaf iddi glywed am hyn. Pam na fyddai Caron wedi dweud hynny'n gynt? Welodd hi 'run arwydd yn agos i'r llipryn i awgrymu fod ganddo gelc.

'Angharad wedodd. Ma fe'n *loaded, apparently*.'

'A sut ma Lady Muck yn gwbod peth felly, meddach chdi?'

'O'dd e tymed bach yn feddw ar ôl y swper a wedodd e wrthi nad am yr arian o'dd e'n neud y ffilm hyn.'

'Pam 'ta?'

'*Search me*… Gweld ti'n bore, bach. Nos da.'

Caeodd Caron y drws am y tro olaf a chymerodd Annest gip ar yr olygfa garu unwaith eto cyn taro'i phen ar y gobennydd i freuddwydio am eifr a godro – a miliwnydd.

23

HENDRE EBOLION, 23 MEDI, 2112

*M*AE *LUCA* YN *taro croes fechan yn y pridd wrth fedd y babi. Mae'r pibgorn yn chwarae'r amrywiad ar yr alaw 'Cysga di fy mhlentyn tlws'. Rydym yn ymwybodol fod bedd gwag agored yn ymyl. Daw Brengain ato hefo tusw bychan o flodau; gold y gors, ffarwel haf a llygaid llo bach, yn un gymysgfa o liwiau diwedd yr haf. Ni ddylai'r blodau edrych yn rhai iach iawn. Blodau sydd wedi brwydro drwy'r pridd ydyn nhw. Blodau bychan, dewr.*

LUCA: Blodau?

BRENGAIN: Lawr wrth yr afon. Tro cynta imi weld rhai yno.

LUCA: Arwydd da.

BRENGAIN: *(Yn gwenu)* Ydi, mae o.

Mae'n rhoi'r tusw ar waelod y groes a phlygu ei phen.

BRENGAIN: *(Yn syml, ond fel petai'n gweddïo'n daer)* Ave... Ti sy'n rhoi y blodau... Ave... Bydd yno... *(Cusana'r tusw)*

LUCA: Tasa fo wedi bod yn holliach... yn gyflawn... fyddat ti wedi ei gadw?

BRENGAIN: Roedd o'n gyflawn i mi.

Mae'n rhoi'r tusw bychan ar y bedd.

BRENGAIN: Nid braich neu lygad sy'n dy neud di'n gyflawn, Luca.

LUCA: Na…

Mae Brengain yn codi ei golygon a gwêl Titus yn dynesu tuag ati.

TITUS: Ma 'Nhad mofyn gair.

Mae Brengain yn codi a mynd yn syth a Luca yn edrych ar Titus.

LUCA: Mae o am imi fynd, tydi.

TITUS: Ydi.

LUCA: A be amdanat ti? Wyt ti am imi fynd, Titus?

TITUS: Dyna'i 'wyllys o, Luca…

LUCA: Ma Brengain wedi erfyn arna i i aros.

TITUS: Do, wrth gwrs.

LUCA: Ma hi'n poeni amdanoch chi'ch tri. Sut newch chi ymdopi?

Mae Titus yn cael ei rwygo gan yr awgrym. Torrwn i stafell wely'r tad. Mae'n gorwedd yn ei wely yn ei ôl a daw Brengain i mewn.

TAD: Dwi wedi deud wrth Titus be i neud.

BRENGAIN: Felly r'on i'n dallt.

TAD: Mae 'na ormod o gega i'w bwydo yma.

BRENGAIN: Dach chi'n deud?

TAD: Ydw, dwi *yn* deud.

Mae Brengain yn troi i edrych yn ffyrnig ar ei thad ond mae ei drem yntau yr un mor gadarn ac nid yw ei ferch yn llwyddo i ddweud yr hyn sydd ar ei meddwl. Mae'r geiriau'n gwlwm ar ei thafod.

TAD: Fydd rhaid iti fod yn ddewr, Brengain.

BRENGAIN: Ond…

TAD: Dim dadla! Tra dwi'n dal yn berchen ar Hendre Ebolion, waeth pa mor fyr y pery hynny, mi gymri d'orchmynion gen i. Ti 'neall i?

BRENGAIN: Ydw, 'Nhad.

Daw Titus i mewn yn cario hambwrdd pren hefo gwydraid o ddŵr a photel fechan, frown yn llawn tabledi arno.

TAD: Faint bynnag o drefn sydd ar ôl yn y tipyn teyrnas 'ma, ma 'wyllys dyn yn dal i sefyll ei dir yn o lew.

Mae'r ddau, rŵan, wrth erchwyn gwely'r tad.

TAD: A f'ewyllys i, Brengain, ydi y cei di gartra yma hefo Titus… tra byddi di'n ddigymar.

Mae Titus a Brengain yn dal llygad ond heb yngan yr un gair.

TAD: A tydi'r milwr ddim i aros… dan unrhyw delera.

Mae Brengain yn cychwyn allan o'r ystafell yn araf.

TAD: Ac os wyt ti'n magu mân esgyrn, nid dan y gronglwyd yma byddi di'n eu suo i gysgu. Ti'n 'neall i?

Saib. Mae Brengain yn ystyried cyn ei ateb. Tydi hi ddim yn edrych ar ei thad y tro yma.

BRENGAIN: Dwi'n 'ych caru chi, 'Nhad. A mi 'na i forol y bydd Titus yn ca'l y gofal mae o'i angan.

Mae Brengain yn gadael y stafell. Titus sydd rŵan yn edrych ar y milwr, drwy'r ffenest.

TAD: Addo un peth imi, Titus.

TITUS: Be?

TAD: Nad ei di'n groes i'm h'wyllys i… byth.

Gan ddal i edrych drwy'r ffenest, mae Titus yn ateb.

TITUS: Gaddo.

Try i edrych ar ei dad. Mae golwg bell arno, yn ddwfn yn ei feddyliau.

TAD: Mae o wedi gneud ei waith.

Mae'n rhoi'r hambwrdd i lawr ar fwrdd simsan wrth ochr y gwely ac yn mynd i gofleidio'i dad.

TITUS: 'Nhad!

TAD: *(Yn troi ei ben i wrthod y gofleid)* Rhy hwyr i hynna rŵan.

Yn lletchwith a dryslyd mae Titus yn gadael y stafell. Mae'n oedi wrth y drws.

TAD: Dos, bendith tad.

TITUS: Dwi'n 'ych caru chi, 'Nhad.

Mae Titus yn agor y drws.

TAD: Wyt, dwi'm yn ama dy fod di.

Mae'r drws yn cau yn araf. Wedi'r glep dawel mae'r soddgrwth yn cynnig alaw newydd inni; ond nid yw'n cynnig dihangfa.

24

Mi gofleidiwn flodau'r rhos
Pe bawn i'n agos ati...

EDRYCHODD CEMLYN ARNO'I hun yn y drych a chafodd gip ar ei dad yn yr adlewyrchiad. Roedd y ferch coluro wedi torri ei wallt bron hyd at yr asgwrn ac wedi rhoi haen welw-lwyd ar ei groen gan ychwanegu ychydig o gysgod o dan ei lygaid. Cafodd orchymyn i beidio ag eillio am ddiwrnod neu ddau, a chan ei fod wedi colli mymryn o bwysau roedd Cemlyn, yn raddol, wedi troi'n Titus o flaen ei lygaid. Ymlaciodd yn llwyr wrth gael ei ddandwn yn y gadair coluro a theimlodd effaith y gwin o'r noson gynt yn ei adael yn raddol. Doedd o ddim wedi meddwi fel yna ers cynhebrwng ei dad.

Roedd Big End wedi mynd ag o i'r Ship noson yr angladd ac wedi ei feddwi'n rhacs.

'Peth dwytha tisio ydi bod adra'n gwrando ar dy chwaer yn nadu drw nos.'

'Ia, beryg.'

'Wa'th ti neud yn fawr o'r cyfla bod gan dy fam druan gwmni unnos o leia, Cem. Weli di mo'r sguthan chwaer 'na eto am sbel go hir, gei di weld.'

Roedd ei fam, hithau, wedi ei annog i fynd allan am y noson hefyd. Gwyddai gystal â'i ffrind y byddai Megan yn dân ar groen ei brawd ac yn mynd trwy bethau ei thad hefo crib mân yn chwilio am unrhyw waddol nad oedd wedi ei enwi yn yr ewyllys. Byddai hynny'n tynnu'n groes i'r graen i'w brawd bach a mynnodd ei fam ei fod yn derbyn gwahoddiad Big End.

Er mai Catrin Owen oedd i gael y tyddyn a'i gynnwys, fe adawodd Richard Owen gildwrn go lew i'w ferch. Y cysur o gael byw adre o dan gronglwyd Tyddyn Pwyth oedd yr unig beth a gafodd Cemlyn; hynny, a'r elw a ddeuai allan o'r ychydig aceri o'i gwmpas.

Yna, prin wedi i'r inc sychu ar dudalen ola'i ewyllys, roedd Richard Owen wedi ei hanelu hi am Graig y Morlo a thaflu ei hun ar drugaredd y môr. Daethpwyd o hyd i'w gorff ymhen deuddydd wedi ei sgubo gan y llanw ar draeth Llanddwyn a dyrnaid o wylanod yn pigo'r fan lle bu ei gydwybod unwaith.

'Fydd gofyn ichi ga'l hangofyr fel'na bob dydd rŵan, Cemlyn,' meddai Karen, y ferch colur, oedd newydd greu ei weddnewidiad rhyfeddol, a deffro Cemlyn o'i atgofion tywyllaf.

'Argo', bydd?'

'Ne fydd *continuity* ar f'ôl i'n cwyno na tydach chi ddim 'run person.'

'Mond ichi dalu am y gwin ac mi 'na i fel dach chi'n deud.'

Chwarddodd Karen chwerthiniad merch nad oedd yn cario'r un pryder ar ei hysgwyddau nobl. Merch glws ryfeddol oedd yn llusgo gwerth pymtheg stôn o floneg a gwerth ffortiwn o golur hefo hi i bob lleoliad a'i hiwmor ffraeth yn werth pob owns ohono. Cadwai pawb mewn tymer dda drwy gydol pob saethiad.

'Sgiwshiwch fi'n gofyn 'te, Karen,' mentrodd Cemlyn, 'ond pryd yn union bydd Annest Gwilym yn debygol o gyrradd?'

'Mond pan licith hi, ma siŵr gin i. Ma hi chwartar awr ar ei hôl hi'n barod.'

Roedd Cemlyn eisoes wedi cael ei gyflwyno i Iwan Prys yn ei garafán anferth ar gyrion y set. Doedd o ddim yn rhannu'r un ystafell wisgo â gweddill y cast, ac roedd ganddo lolfa foethus yn rhan o'r uned i ymlacio ynddi, a danteithion rif y gwlith i'w gadw'n ddiddig yn yr oriau rhwng y naill olygfa a'r llall.

Roedd Cemlyn wedi clywed am yr 'aros' bondigrybwyll yma wrth ffilmio, ac mai'r her fwyaf i actor oedd ceisio cadw rhin y cymeriad rhwng y golygfeydd wrth ddisgwyl i'r technegwyr drafod a goleuo'r olygfa nesaf. Gan y bydden nhw'n saethu golygfeydd Iwan Prys i gyd mewn un wythnos fe fyddai'r aros gryn dipyn yn hirach i bawb arall yn yr wythnos gyntaf, ond roedd Cemlyn yn barod am yr her honno. Roedd yr aros dipyn yn haws na'r hyn y byddai'n rhaid i'r defaid druain ei oddef yn y lladd-dy, meddyliodd.

Er ei enwogrwydd, cawsai Cemlyn yr actor profiadol yn foi digon dymunol ar eu cyfarfyddiad cyntaf. Roedd wedi dweud wrtho y byddai croeso iddo alw i mewn i'r garafán os oedd o angen mynd dros ei linellau neu drafod unrhyw olygfa hefo fo. Roedd o hyd yn oed wedi cynnig paned iddo ben bore, ond mynnodd Karen ei fod yn mynd i dorri ei wallt yn gyntaf ac i roi digon o amser iddi hi greu y 'brawd bach rhyfedd'.

'Dere draw wedyn 'te, imi gael gweld shwt fachan yw'r Titus 'ma!'

'Ia, iawn,' oedd ymateb Cemlyn, yn methu credu ei fod wedi cael gwahoddiad am baned gan un o sêr ffilm disgleiriaf ei wlad.

Edrychodd unwaith eto yn y drych. Felly hwn 'di Titus, meddyliodd, ac aeth allan i geisio cynefino â bod yn 'greadur unfraich, ansicr ei drem, gydag ychydig o herc yn ei gerddediad'. Felly roedd awdur y ffilm yn ei ddisgrifio ar ddechrau'r sgript, a theimlai bod yr esgidiau trymion a'r llodrau tewion yn gymorth iddo gyfleu yr osgo a ddisgrifid gan yr awdur. Roedd Cemlyn yn ddehonglwr corfforol wrth reddf, ac roedd wedi ymarfer sawl cerddediad hyd y caeau yn Nhyddyn Pwyth byth ers iddo ddarllen y sgript. A chanddo holl breifatrwydd aceri'r tyddyn i arbrofi, roedd wedi mireinio pob ystum, gan ymarfer ei linellau yr un pryd. Edrychai'r ieir yn hurt arno wrth iddo hercio allan drwy'r drws cefn ambell fore.

* * *

Wfftiodd Annest Gwilym at y cyfleusterau pan laniodd yno hanner awr yn hwyr i'w galwad, a chyn iddi gael cyfle i dynnu anadl, holodd pam nad oedd y prif gymeriadau i gyd yn cael yr un moethusrwydd. Eglurodd Caron fod prinder lle ar y set ac nad oedd mwy o ofod i'w gael yn unman. Pan ddechreuodd edliw y garafán anferth oedd wedi glanio 'fel o nunlla' roedd Caron yn barod amdani, gan iddo amau mai hon fyddai ei chŵyn gyntaf ar y set.

'Ma fe yn ei gytundeb e, Annest. 'Na beth ma fe'n arfer 'i ga'l.'

'Mae'n ffycin drewi 'ma, Caron.'

'Ti 'nghanol buarth fferm. Beth ti'n dishgwl – Coco Chanel? A ti hanner awr yn hwyr gyda llaw, ma Karen tymed bach yn grac.'

'Twll ei thin hi! A chdi oedd bai beth bynnag, yn paldaruo am allan o hydion neithiwr.'

'Cheeks!'

Sylwodd Annest ar hogyn ifanc yn eistedd ar ben wal y buarth yn myfyrio. Er fod golwg digon esgyrnog arno, roedd 'na wytnwch dengar am y bachgen.

'Pwy 'di hwnna?' holodd, gan geisio swnio'n ddi-hid.

'Titus,' atebodd Caron.

'Pwy?'

'Dy 'filiwnydd' bach di yw e, Annest.'

'Wir?'

Dynwaredodd Caron acen ogleddol, yddfol: 'Cemlyn Owen, Tyddyn Pwyth, Llaneurwyn, Ynys Môn. Chest fourty two, coller fifteen and a half, inside leg, thirty one. Single and a bloody damn good actor.'

'Dal i ddrewi, ma siŵr.'

'Roies i anrheg iddo fe bore 'ma. Issey Miyake Intense – *Pour l'homme*!'

'Diolch, Caron! Rŵan, cer i ddeud wrth Angharad 'mod i'm yn hapus i newid efo'r plebs, 'nei di?'

'Dwyt ti ddim, bach.'

'Be ti'n feddwl?'

'Ma 'da ti a Cemlyn stafell newid 'ych hunen lan yn y tŷ. 'So ni mor wael â 'ny, cofia.'

'Caron, ti'n angal!'

'Just call me Gabriel, dear!'

A throdd Annest ar ei sawdl fymryn yn fwy sgafndroed am y stafell golur heb ymddiheuriad o fath yn y byd i Karen druan. Ond cyn agor y drws fe gymerodd un cip arall ar y bachgen esgyrnog a eisteddai ar ben y wal yn siarad hefo fo'i hun.

2 5

Oes gafr eto?

D OEDD ANNEST DDIM yn hapus hefo'i gwisg na'i wig.
Galwyd ar Sion i roi sêl ei fendith ar yr edrychiad cyn
iddi fynd trwy'r un gwyngan unwaith eto fod y sgert yn rhy
fawr a'r wig yn gwneud iddi edrych yn llawer hŷn na'i hoed.
Roedd Karen wedi coluro yn ôl y nodiadau manwl a roddwyd
iddi, ond roedd hi'n gallu cydymdeimlo rhywfaint ag Annest
hefyd. Meddyliodd am gyfaddawd. Ond roedd Sion yn hapus
â'r 'Brengain' a safai o'i flaen.

'Annest, mi est yr holl ffordd i Fryste i gael *fitting* i'r wig.
Pam na fasat ti wedi deud rwbath yr adag hynny?'

'Doeddwn i ddim yn fy ngwisg amsar hynny, nag oeddwn?
Rŵan 'mod i'n ei weld o i gyd hefo'i gilydd dwi'n teimlo mor
drab, Sion. Sori...'

'Ond *drab* dwi isio, Annest! Maen nhw'n deulu tlawd, does
ganddyn nhw ddim dima rhyngthyn i gynnal eu huna'n! Be
fwy fedra i ddeud?'

'Betia i di fod y 'milwr' yn edrach fel tasa fo newydd ddŵad
'ddar wely haul.'

'Mae o mor welw â wal y beudy 'ma, Annest.'

'Thorrodd o mo'i wallt ichi, beryg?'

'Chawn ni ddim. Mae o'n gweithio ar ffilm arall a mae
o...'

'... yn ei gytundeb o, ia iawn. Ocê, fedra i fyw hefo'r wig
os ca i fymryn mwy o liw ar fy ngwefus a llymad o rwbath
ar fy aelia.'

Daeth rhyw eiliad o ddistawrwydd lletchwith i'r stafell golur. Ond doedd hi ddim yn un nad oedd Sion yn ei ddisgwyl.

'Gin i fasgara eitha naturiol os ti isio i mi drio peth, Sion? A fedra i fynd dipyn bach twllach hefo'r gwefusa,' cynigiodd Karen.

Rhoddodd Annest un edrychiad ymbilgar ar y cyfarwyddwr.

Ystyriodd Sion am eiliad cyn rhoi un amnaid i Karen.

'Mond y mymryn lleia 'ta,' meddai, cyn cerdded allan i'r buarth.

* * *

Roedd Caron yn y beudy yn trafod oriau gwaith hefo perchennog yr afr pan ddaeth Angharad Prysor i fyny ato yn flin fel tincer. Eglurodd ceidwad yr afr y byddai'r anifail angen mymryn o seibiant ar ôl awr a hanner o ffilmio ac o leia hanner awr o ysbaid os oedd y ffilmio'n mynd yn hwy na hynny. Pwysleisiodd na fyddai modd ei godro fwy nag unwaith mewn un diwrnod. Cytunodd Caron i'r telerau gan ddweud ei fod yn gobeithio y bydden nhw wedi gorffen hefo'r afr ymhell cyn cinio. Aeth gofalwr yr afr yn ei ôl i gribo'i anifail ac aeth Caron yn syth at Angharad i'w holi beth oedd yn bod.

'Ma'r ast wirion yn dal i stwna hefo'i bali wig, Caron.'

'Wi'n gwbod. Wi 'di bod lawr 'na ddwyweth yn trial gweud wrthi ei bod yn edrych yn lyfli.'

'Be ddiawl sy'n bod arni?'

'Wel, os o's carafán 'dag un seren mae Miss Gwilym yn bownd o drial dangos pwy yw'r seren arall, on'd yw hi?'

'Ti rioed o ddifri?'

'A *God help us* wthnos nesa pan fydd e wedi hedfan 'nôl i

ble bynnag ma fe'n mynd. Bydd hi'n symud ei phethe miwn i'r garafán 'na fel siot, gei di weld.'

'Fydd y garafán 'na ddim ar gyfyl y lle wsos nesa, Caron bach. Mae 'di gneud digon o dolc yn y gyllideb fel ma hi.'

Tra oedd storm y wig yn ei hanterth roedd Iwan Prys yn siarad yn gwrtais â pherchennog yr afr; yn ei holi am natur a llinach yr anifail. Mwythodd hi'n dyner a thrafod techneg y bwydo a'r godro yn fanwl. Rhoddodd gynnig arni, gan sicrhau fod ei dechneg yn briodol ac nad oedd yn rhoi unrhyw niwed i'r anifail. Yna cododd yn dawel pan welodd Annest yn cerdded ar y set a mynd i sefyll i ben pella'r beudy. Roedd hithau'n gwybod, erbyn hynny, nad oedd Iwan Prys yn bwriadu siarad gair â hi nes y byddai'r olygfa gyntaf wedi ei saethu. Gan mai'r dwylo oedd yn siarad drwy gydol yr olygfa garu doedd Iwan ddim am i unrhyw eiriau gael eu hyngan rhyngddynt. Iaith gorfforol oedd yn creu cynnwrf yr olygfa ac roedd yn dymuno iddi fod felly o'r anadliad cyntaf un. Roedd Sion wedi egluro mai ymateb agos ar wyneb Brengain fyddai saethiad cynta'r dydd, yna'n symud yn araf at y dwylo'n tylino, ac os oedd modd cynnal holl gyffro'r olygfa'n esmwyth mewn un saethiad yna byddai'r camera'n panio'n raddol tuag at y milwr i gynnwys ei ymateb yntau. Gwyddai pawb oedd ar y set holl ofynion y siot i'r fodfedd cyn cychwyn saethu.

Cerddodd Annest i mewn i'r beudy gan lygadu'r set a'r criw a'i chyd-actor. Gwyddai y byddai'n gorfod rowlio caru hefo'r person gyferbyn â hi cyn diwedd y bore, yn y baw a'r llaca. Gallai'n hawdd fod wedi meddwl am ryw gŵyn i dynnu'r sylw ati hi ei hun, ond roedd Iwan Prys eisoes wedi llenwi'r set â'i bresenoldeb ac roedd yna gynnwrf wedi ei sefydlu na feiddiai Annest ei chwalu. Sylwodd fod yr un awyddfryd ym mhob aelod o'r criw, a chafodd ei sugno i mewn gan yr egni a oedd yn amlwg wedi ei danio ar y set.

Fesul un, goleuwyd y lampau, a gofynnodd Sion i geidwad yr afr roi Annest ar ben ffordd. Wedi meistroli tipyn ar y dechneg daeth Sion â'i ddyn camera i mewn am y siot gyntaf. Pwysodd Annest ei phen yn erbyn yr afr ac atgoffodd Sion ei actores o'r blinder a'r pwysau oedd yn llethu Brengain. Rhoddodd yr arwydd iddi ddechrau godro. Gan nad oedd angen sain ar y siot arbennig yma siaradodd Sion yn dawel â hi drwy'r olygfa. Rhoddodd Annest, hithau, amrywiaeth difyr o flinder ac o ofid yn ei mynegiant ac yna, heb rybudd o gwbl, gafaelodd Iwan Prys yn ei llaw yn dyner a chyd-dylino teth yr afr hefo'i gyd-actores. Nid Annest Gwilym yn unig a deimlodd drydan yr eiliad honno yn tanio'r set. Aeth pob man yn dawel, a bron na allech chi glywed calon Brengain yn pwmpio'n afreolus wrth iddi deimlo'r llaeth cynnes yn diferu dros ei dwylo i'r bwced wag. Tarodd Sion y dyn camera yn ysgafn ar ei ysgwydd a symudodd yntau y llun yn araf i ben arall yr afr, lle roedd Iwan Prys yntau'n mwynhau gwefr y tylino. Llwybreiddiodd y dyn camera ei siot o wyneb yr actor i lawr i'w ysgwydd ac yna i lawr ei fraich hyd at ei law, oedd yn dal i dylino teth yr afr i amseru perffaith ei gyd-actores. Diferai'r llaeth i mewn i'r bwced a thros eu dwylo cynhyrfus, dieithr. Siaradai'r bysedd â'i gilydd mewn iaith na fedrai 'run creadur byw ei yngan. Edrychodd Sion ar ei ddyn camera. Gwenodd hwnnw wên lydan a rhoi un nòd ar ei gyfarwyddwr.

'And cut!' bloeddiodd Sion, a dechreuodd y gweithwyr ar y set gymeradwyo fel un.

* * *

Fe aeth gweddill yr olygfa yr un mor esmwyth. Roedd pawb wedi eu hudo dan gyfaredd Iwan Prys ac eisteddodd Cemlyn trwy bob siot yn gegrwth. Syllodd ar bob manylyn a dysgodd yn gyflym am yr angen i roi rhywbeth i'r camera ymhell cyn i neb alw 'Action!'. Sylwodd nad oedd Iwan Prys yn siarad gair rhwng pob cynnig. Aethai'n syth i gornel eithaf y beudy i feddwl yn ddwys am y siot nesaf ar ôl bob cynnig. Arhosai nes y byddai Sion wedi egluro'n union beth fyddai cynnwys honno i'r holl set ac yna deuai i mewn yn dawel cyn chwarae'r olygfa yn union yn ôl dymuniad y cyfarwyddwr. Os mai ailsaethu unrhyw olygfa a ofynnid ganddo, holai'n fanwl beth oedd angen ei wneud yn wahanol, ac yna diflannai i'w gornel unwaith yn rhagor, tra byddai'r technegwyr yn ailosod y celfi a Karen yn sicrhau fod colur y ddau yn cadw'u cysondeb.

Roedd Annest yn rhyfeddol o dawel hefyd. Gwyddai o'r siot gyntaf fod cynllun Iwan Prys wedi gweithio. Roedd y dieithrwch rhyngddynt wedi tanio cynnwrf newydd o'i mewn a gwyddai fod dwylo cadarn Sion Trystan yn llywio'r cyfan yn feistrolgar, dawel. Dyma'r tro cyntaf iddi gael blas ar weithio ers sbel go hir. Ond fyddai hi ddim yn cyfaddef hynny i neb – nid heno beth bynnag. Roedd ganddi gynlluniau eraill ar gyfer heno.

26

Carafán mewn cwr o fynydd...

R HODDODD IWAN DAIR llwyaid o goffi ffres yn y *cafetière* a thywallt dŵr berw am ei ben. Cododd aroglau'r coffi i'w ffroenau a thynnodd anadl ddofn pan glywodd gnoc ysgafn ar ddrws y garafán.

'Dewch i mewn,' galwodd yn hamddenol.

Daeth Annest i mewn, gan ryfeddu at y moethusrwydd a'i hamgylchynai, ond ataliodd rhag ymateb na dweud 'run gair am hynny. Dyma lle byddai Iwan yn cael ei wisgo a'i goluro, ymhell o ŵydd pawb arall. Roedd drws stafell wely'r garafán yn gilagored a thybiodd mai yno y deuai Karen i goluro'r seren. Roedd ei wisgoedd i gyd yn hongian yn dwt ar rêl wrth y gwydr coluro a phob manylyn yn chwaethus ac yn newydd. Hyd yn oed yn ei chyfnod mwyaf llwyddiannus, doedd Annest erioed wedi gweld dim byd tebyg i hyn.

'Steddwch,' meddai Iwan yn dawel, foneddigaidd.

'Diolch.'

Symudodd Annest ychydig o glustogau melfed, gwyrddion i wneud lle i eistedd. Fel pob carafán foethus, roedd y seddi'n drwmlwythog o glustogau o bob lliw a llun.

'Twlwch nhw ar y llawr, Annest,' meddai Iwan, pan sylwodd ei bod yn eistedd braidd yn lletchwith â chwshin melfed yn ei llaw.

'Diolch,' meddai Annest eto, a thaflodd y glustog yn ddiseremoni i'r llawr gan drio rhoi'r argraff ei bod yn gwneud hynny'n ddyddiol.

Roedd y ddau wedi cael cawod ar ôl bod yn ymgordeddu am fore cyfan yn y llaid yn saethu'r olygfa garu. Er eu bod wedi gorfod ailadrodd yr olygfa o bob ongl, er mwyn i Sion gael digon o opsiynau yn y torri, roedd cyffyrddiadau Iwan a'i gusanau wedi ysgogi rhywbeth yn Annest ar bob un cynnig. Yn syth ar ôl y *cut* roedd ei chyd-actor wedi codi ac ymddihatru i'w gornel yn dawel a boneddigaidd, gan aros y cyfarwyddyd nesaf bob tro. Prin y rhannai air â'i gyd-actores, gan adael i Sion wneud y siarad ar ôl pob cynnig. 'Popeth yn iawn?' oedd yr unig beth a ofynnai os oedd ei gyffyrddiadau wedi bod fymryn yn fwy mentrus na'r cyfarwyddyd ar ambell saethiad. Nodiai Annest hithau ei phen gan drio atal ei hun rhag dangos unrhyw gynnwrf mewnol. Deuai Karen i mewn i ailosod ei wig a cheisio cadw cysondeb a datblygiad yr olygfa. Ac oedd, roedd peidio bod wedi siarad a thrafod yr olygfa hyd syrffed cyn ei saethu wedi rhoi gogwydd cwbl wahanol i'w hactio.

Sylwodd Annest fod gŵn faddon Iwan Prys yn foethusach na'r un a gawsai hi. Roedd hyd yn oed y tywelion, a oedd wedi eu gwasgaru yma ac acw hyd y lolfa, yn edrych yn wynnach ac yn llawnach na'r cadach llestri o dywel oedd am ei phen hi y funud honno. Ceisiodd lyncu ei heiddigedd wrth wylio'i chyd-actor yn gwthio hidlwr y *cafetière* i lawr yn ofalus.

'Shwt y'ch chi'n lico'ch coffi, Annest?'

'Du, plis. Dim siwgwr.'

'Weithodd yr olygfa 'na wi'n credu'n do fe?'

'Do. O'n i 'di...'

'Becso?'

'Wel, ia.'

'Finne hefyd. Pob golygfa garu'n anodd, on'd y'n nhw?'

'Nenwedig yng nghanol cachu gwarthaig!'

Gwenodd Iwan gan estyn ei phaned i Annest.

'Ie, sbo.'

Roedd ei dewis o eiriau yn goglais rhyw ddarlun real iawn iddo o'r llaca yr oedd newydd fod yn rowlio ynddo funudau ynghynt. Edrychodd allan drwy'r ffenest a sylwodd ar Cemlyn yn saethu ei olygfa gyntaf. Roedd wedi cynhesu at yr hogyn yn syth, ac edmygai y ffordd y chwaraeai i'r camera. Doedd o ddim wedi bod yn fwriad gan Sion i saethu'r golygfeydd agoriadol heddiw ond roedd rhyw olau bygythiol yn gwaedu dros y corsydd ac roedd am fanteisio ar hynny os nad oedd gan neb arall unrhyw wrthwynebiad.

Roedd Annest, hyd yn oed, wedi cytuno. Gwelai'n union beth oedd Sion wedi ei weld dros y gweundir. Golau perffaith i siot agoriadol y ffilm lle roedd Titus yn croesi'r buarth am y tro cyntaf. Ac roedd symudiadau afrosgo Cemlyn yn brasgamu'n herciog dros y buarth yn ychwanegu cyfrolau at y darlun gorffenedig. Llwyddai i hitio'i farc a glanio yn ei olau'n berffaith ar bob cynnig.

'Actor bach da, on'd yw e?'

Oedodd Annest rhyw fymryn cyn ateb. 'Ydi.'

'Sai'n credu all neb fyth â hyfforddi rhywbeth fel'na.'

'Ti'n meddwl?'

'Ma rhwbeth Gwyddelig biti fe.'

'Gwyddelig?'

'Ie, rhywbeth gonest.'

Teimlodd Annest ei ffôn symudol yn dirgrynu ym mhoced ei gŵn, ond daliodd i drio dilyn trywydd sgwrs ei chyd-actor.

''Na pam ma'r Gwyddelod wedi'i ga'l e'n iawn.'

'Reit.'

'Dy'n nhw byth yn trial efelychu neb arall. Ma fe'n dod o'r pridd. Y straeon a'r acto. Nhw y'n nhw, a neb arall. Os chi'n deall beth sydd 'da fi.'

Doedd Annest ddim cweit yn cael yr un darlun yn y llanc esgyrnog a redai allan o'r ffermdy tuag at y camera, ond fe welai ei fod yn dehongli'n ddeheuig. Roedd rhyw fath o staes wedi cael ei chreu ar gyfer Cemlyn fel y gallai gadw'i fraich dde'n glòs am ei ganol fel y taerech nad oedd gan Titus ond un fraich. Roedd yntau wedi bod yn ymarfer gyda'r staes ac wedi datblygu osgo gwbl gredadwy i'r brawd heglog. Gwawriodd arni'n raddol pa mor ddwys yr oedd y cyfarwyddwr wedi meddwl am ei gynhyrchiad. Gwyddai hefyd fod Iwan Prys wedi meddwl yr un mor fanwl am y ffilm yma. Fyddai o byth wedi derbyn y rhan oni bai ei fod yn sicr ei fod mewn dwylo saff. Sylweddolodd Annest nad neithiwr oedd y tro cyntaf i Sion ac Iwan drafod holl daith y ffilm hefo'i gilydd. Roedd y ddau wedi bod yn cynllunio ers sbel go lew, mae'n amlwg. Teimladau cymysg oedd ganddi pan gnociodd Caron yn ysgafn ar ddrws y garafán. Ar un llaw fe deimlai'n flin nad oedd hi wedi cael llais yn y drafodaeth gêl, a gwyddai fod ei gwefusau wedi meinhau rhyw fymryn wrth i hynny wibio drw'i meddwl. Ac eto, roedd Iwan Prys wedi rhoi sêl ei fendith ar ei chastio, mae'n rhaid, neu fyddai hi ddim yno'n rhannu ei goffi y funud honno. Ymlaciodd ei gwefusau a mwynhau'r cyffur a'r cysur yn ei phaned chwerw-felys.

'Dewch i mewn,' galwodd Iwan.

Agorodd Caron gil y drws a dweud wrth Annest fod Karen yn barod amdani yn y stafell golur.

'Ddo' i rŵan, Caron, unwaith bydda i wedi gorffan fy mhanad.'

''Na ti, 'te, bach. Weda i wrthi dy fod di ar dy ffordd.'

Aeth Caron i hongian gwisg Iwan, oedd newydd ddod o'r sychwr, a chasglu'r tywelion gwlyb oddi ar y llawr. Syllodd Iwan ar Cemlyn dan wenu, a syllodd Annest ar y seren yng nghanol ei ddigon a'r byd wrth ei draed. Braf, meddyliodd, wedi bod yn y lle iawn ar yr amser iawn drwy gydol ei yrfa, mae'n siŵr. Yfodd un llwnc arall o'i choffi cyn codi o'r soffa foethus i fynd i drwsio'i cholur a pharatoi ei meddwl ar gyfer yr olygfa nesaf. Yna, taflodd gip sydyn ar y neges a dderbyniodd. Dau air gan ei chyfrifydd:

Ffoniwch fi.

Suddodd ei chalon, ond penderfynodd ufuddhau i'w orchymyn.

'Dwi'm am daflu dŵr oer ar betha, Annest, ond dwi 'di ca'l llythyr gan y Swyddfa Dreth. Maen nhw'n awyddus i gael cyfarfod i archwilio'ch cyfrifon chi dros y saith mlynadd dwytha.'

'Be?'

'Mae o'n digwydd weithia, os ydyn nhw wedi darganfod unrhyw *discrepancy* yn y cyfrifon.'

'*Discrepancy*?'

'Dwi'm yn siŵr be maen nhw wedi'i dyrchu, ond mi fedra i holi am hynny. A ddudan nhw, sy'n beth arall.'

'Oes rhaid imi fynd?'

'Ofni bod.'

'Ond fedrwch chi ddim bod yno ar fy rhan i?'

'Mi fydda i yno hefo chi, Annest, peidiwch â phoeni.'

Damia! meddyliodd Annest. Wrth iddi ddechrau dygymod â'i sefyllfa dyma ryw ddiawl arall yn dŵad i'w lluchio oddi ar ei hechel unwaith eto. Roedd wedi clywed am y cyfarfodydd annisgwyl yma gan yr Inland Revenue o'r blaen. Roedd ffrind iddi wedi cael ei galw i mewn ac wedi gorfod talu miloedd yn ychwanegol o dreth am ryw reswm na wyddai'n iawn beth oedd ei waelod. Roedd hi hefyd wedi clywed am ambell un yn cael carchar wedi'r alwad annisgwyl. Ond gwyddai nad oedd wedi celu'r un ddimai oddi wrthyn nhw ers iddi gychwyn gweithio. Ceisiodd gysuro'i hun y byddai'r cyfrifydd yn delio â'r sefyllfa, er bod rhywfaint o amheuaeth wedi pwyso arni o'r eiliad y derbyniodd yr alwad. Er iddi roi ei phen yn y tywod gyda'i chyfrifon yn flynyddol fe wyddai, os byddai unrhyw arlliw o ddrwgdybiaeth ynglŷn â'i ffigurau dros y saith mlynedd diwethaf, nad oedd tosturi yn rhan o eirfa swyddogion y Swyddfa Gyllid.

* * *

Gwibiai'r technegwyr a'r cynorthwywyr, yr actorion a'r ecstras heibio i Annest yn llawn cynnwrf, ond doedd dim ohono'n ei chyffwrdd y funud honno. Roedd yr holl leisiau a barablai o'i chwmpas yn swnio'n bell, bell i ffwrdd, yn union fel petai'r swigen o ofid yr oedd ynddi yn llawn dŵr a hithau'n gweld a chlywed y byd fel pysgodyn mewn powlen wydr.

Daeth rhyw ferch ifanc ati hefo galwadau'r ail ddiwrnod o ffilmio ond chymerodd hi ddim sylw ohoni. Eisteddodd yn fud yn y gadair coluro tra oedd Karen yn stryffaglu i gael y wig yn ôl ar ei phen.

'Fedri di jyst dal dy ben dipyn bach mwy stiff imi plis, Annest. Diolch.'

Safodd Caron y tu ôl i'r ferch colur gan aros i lygaid Annest ei ddal yn y drych. Sylwodd yntau fod meddwl yr actores yn bell i ffwrdd ac felly rhoddodd ryw besychiad bach awgrymog i ddal ei sylw.

'Be?' gofynnodd Annest, a'i llais mor farw â hoel.

'Be ti moyn gynta – y newyddion da neu'r newyddion drwg?'

O'i phegwn pell fe ymddangosai Caron mor normal iddi fore heddiw. Ei gwamalwr lliwgar rŵan yn swnio fel rhywun oedd â'i draed ar y ddaear a'i ddyledion wedi eu talu; dyn oedd â'i fywyd mewn trefn. Gwyn ei fyd, meddyliodd Annest. Nid mewn drych yr oedd ei adlewyrchiad iddi, ond yn edrych i lawr arni yng ngwaelodion rhyw geudwll dieithr. Sylwodd ei fod yn anwesu bwndelaid pinc o ddudalennau.

'Be sgin ti'n dy law, Caron? *Rewrites* fory?'

'Ie. 'Son nhw'n lot, a sdim o dy leins di wedi newid.'

'Be oedd hwnna felly, y newyddion da ta'r newyddion drwg?'

'O's rhwbeth yn bod arnot ti, bach? Ti'n ocê?'

Agorodd y consýrn yn llais ei ffrind y mymryn lleiaf ar lifddor ei phryder. Fyddai Annest ddim wedi dymuno teimlo'r deigryn yn cronni yn ei llygaid y funud honno gan fod Karen yn anelu ei phensil ddu at yr union fan lle cronnai ei hunandosturi. Caeodd ei llygaid a llifodd dwy raeadr fechan, un i lawr bob grudd.

'God! Ti'n ocê, Annest?' holodd y ferch colur, na wyddai ddim am ei helbul.

'Sori, Karen, rhaid mi ga'l pum munud, iawn. Sori am hyn.'

Rhedodd allan o'r ystafell a Caron yn dynn wrth ei sodlau, a phob llygad yn eu dilyn yn llawn cywreinrwydd.

'Reit 'ta!' bloeddiodd Karen uwch y lleisiau preplyd, 'gawn ni pawb sy yng ngolygfa'r milwyr draw fan hyn, plis, i'r genod ga'l golwg ar 'ych gwalltia chi. Diolch.'

27

HENDRE EBOLION, HAF 2113

*M*AE *L*UCA*'R* *M*ILWR *yn codi tatws yn yr ardd gefn. Gwelwn siot agos o'r fforch yn plymio i'r pridd ond prin yw'r cynnyrch ac mae'r dysen yn llaw'r milwr yn chwalu'n slwtsh wrth iddo'i gwasgu.*

BRENGAIN: Dim gwell na'r llynedd.

LUCA: Fe ddôn.

BRENGAIN: Ti'n credu?

LUCA: Rof i nhw i lawr yn hwyrach y flwyddyn nesa.

BRENGAIN: Ia… falla.

Torrwn i'r tŷ lle mae Titus yn glanhau'r gwn yn barod i hela. Mae'n edrych allan drwy'r ffenest agored ar Luca. Mae'n anelu ato. (Ymarfer ei annel y mae, ond cawn ni, y gwylwyr, yr argraff ei fod ar fin ei saethu). Yna clywn sŵn babi'n crio'n ei grud. Mae hyn yn torri ar ei ffocws ac mae Luca a Brengain yn troi i gyfeiriad y drws. Rhed Brengain am y tŷ ac mae Titus yn rhoi'r gwn i lawr. A sylwodd Luca ar Titus yn anelu tuag ato? Rhaid mynegi, o'r ymateb ar ei wyneb, ei fod wedi synhwyro rhywbeth.

28

Cwyd dy galon, eneth dirion...

E R NA WNAETH Annest ddim byd ond cwyno yr holl ffordd yn ôl i Fodeurwyn, roedd Cemlyn yn ei seithfed nef. Meddalai'r bytheirio'n betalau melys yn aroglau'r persawr a lanwai gar ei gydymaith. Gwyddai ei fod yntau'n arogli'n lled-dderbyniol hefyd, gan iddo fanteisio ar chwistrellu popeth a gynigid iddo yn y gawod ddiwedd y pnawn. Pwy fyddai wedi meddwl, ychydig fisoedd yn ôl, y byddai'n cael pás adre gan un o'r actoresau roedd wedi bod yn ei hedmygu ers blynyddoedd?

'Ro i lifft yn ôl i chdi, siŵr,' meddai Annest, pan glywodd un o'r rhedwyr yn archebu tacsi i Cemlyn. 'Dwi'n mynd heibio dy dŷ di ar fy ffor yn ôl, tydw?'

'Wel, ydach ond...'

'O, dyna fo 'ta. 'Nawn ni'm achub y blaned 'ma falla, ond 'nawn ni arbad amball geiniog i'r cwmni.'

'Wel, os dach chi'n cynnig.'

'Cym' banad sydyn tra dwi'n sychu 'ngwallt a fyddi di'n dal yn gynt na thacsi,' meddai Annest, cyn diflannu'n ôl i'r stafell golur hefo'r sychwr.

'Fydd Tecs Tacsis o'i go,' ychwanegodd Cemlyn, pan glywodd y rhedwr yn ymddiheuro a chanslo ar yr un gwynt.

'Mae o 'di ca'l arian digon del o'n crwyn ni'n barod,' oedd unig ymateb y rhedwr, gan adael Cemlyn i dywallt panad iddo'i hun a thrio ail-fyw holl gynnwrf ei ddiwrnod cyntaf ar y set.

Cafodd ei luchio oddi ar ei echel pan welodd Annest yn beichio crio ym mreichiau Caron tua chanol pnawn, ond roedd eu golygfeydd i gyd wedi mynd yn reit esmwyth ar ôl hynny a'r golau wedi para hyd nes y cafodd Sion bopeth roedd ei angen ar eu diwrnod cyntaf.

Edrychai Tyddyn Pwyth fel cwch bregus ar fôr tymhestlog wrth i'r car droelli i lawr y gelltydd o Lam y Weddw. Roedd wedi codi'n wynt go ffyrnig wedi i'r haul fachlud gan chwipio'r brwyn yn donnog hyd Gors y Meudwy, a llewyrch y lleuad yn rhoi cip ysbeidiol o'r darlun i'r ddau.

'Lle braf,' meddai Annest, gan sylweddoli pa mor ddramatig oedd yr olygfa oedd yn agor o'i blaen. Rhyfadd, meddyliodd, fel mae amball lecyn yn edrach cymaint gwell o'r naill gyfeiriad na'r llall.

'Ydi, mae o,' meddai Cemlyn, gan syllu ar y rhimyn o wrid yn pylu o wythïen ola'r dydd ar erchwyn eitha'r gorwel. Dau bâr o lygaid yn syllu ar yr un olygfa o ddau begwn, yn rhannu'r un llwybr ond nid yr un daith.

Roedd Cemlyn wedi syllu droeon ar y machlud o'r fan yma dros y blynyddoedd wedi iddo ddychwelyd o rigol ei waith, yn enwedig ar ddiwrnod lladd. Deuai yma i synfyfyrio a chnoi cil ar ddeuoliaeth ryfedd ei waith yn y lladd-dy. Y gwichian a'r tawelwch, gwres y lladd ac oerni'r carcas, cynnwrf y funud ac undonedd yr oriau.

Yn syth wedi i'r bwled drywanu'r anifail, gorchwyl cyntaf Cemlyn fyddai mynd i'r afael â gwasgu'r mymryn olaf o waed o'i gorpws cynnes, cyn ei hongian wyneb i waered i gael 'madael â'r diferion olaf cyn iddynt geulo. Roedd y defaid a'r moch dipyn yn haws i'w trin na'r gwartheg. Synhwyrai'r rheiny'n syth fod rhywbeth ar droed, a phan fethai'r saethwr â chyrraedd ei darged ar y cynnig cyntaf, gallasai'r gyflafan fod yn fwy na llond llaw. Rhoed y moch mewn twbyn o ddŵr cynnes yn syth wedi eu lladd i gael gwared â'r blew yn gyntaf.

Byddai angen symud yn gyflym wedyn, gan fod *rigor mortis* yn gyflymach mewn moch nag mewn gwartheg a defaid.

Gwylio'r machlud a'r sêr fyddai'n dod â'r cyfan yn ôl i'w le wedi diwrnod o waith. Yna, ar noson glir, aros i'r clwstwr cyntaf ymddangos i wenu'n ôl arno hefo'u hen, hen winc ar draws y canrifoedd.

'Neith fama'n iawn, chi,' meddai Cemlyn, pan sylwodd fod Annest yn arwyddo ei bod yn troi.

'Ti'n siŵr?'

'Fyswn i'n 'ych gwadd chi i mewn am banad ond ma gynnon ni bobol ddiarth i weld.'

Suddodd calon Cemlyn pan sylwodd fod car ei chwaer ar y libart o flaen y tyddyn. Be ddiawl ma hon isio rŵan? meddyliodd, wrth ddiolch yn garedig i Annest am y lifft.

'Ddo i heibio chdi bora fory os lici di?'

'Ew! Dach chi'n siŵr?'

'Ydw. Os ti'n gaddo peidio 'ngalw i'n chi bob gafal?'

'O... iawn 'ta. Wel, wela i di fory felly. Diolch.'

'Wyth-ish?'

'Wyth-ish yn ddi-fai. A diolch eto.'

Roedd Cemlyn wedi dychmygu y byddai gan Annest Gwilym tipyn crandiach car na'r Peugeot 208 oedd yn canu grwndi i lawr yr allt tua'r Ship. Beth tybed wnaeth i bersonoliaeth mor fawr â hi ddewis car mor fach a di-nod?

29

Roedd hi'n ofni yn ei chalon...

ERDDODD CEMLYN Y canllath cyfarwydd o'r lôn bost tuag adre yn llawn dryswch a chynnwrf. Roedd wedi cael un o'r diwrnodau gwaith gorau a gawsai erioed, ac eto roedd ei ben ar chwâl. Er i Annest Gwilym fod yn fêl i gyd bron drwy'r dydd, bu i'r euogrwydd o adael ei fam ar ei phen ei hun ei ddwysbigo drwy gydol yr oriau gwaith. Ac er iddo gael y ffasiwn wefr o gydweithio hefo Sion Trystan ac Iwan Prys, roedd ei galon wedi plymio fel carreg i drobwll o'r eiliad y gwelodd gar Megan y tu allan i Ddyddyn Pwyth. Prin y byddai hi'n codi'r ffôn ar ei mam y dyddiau yma, heb sôn am alw i'w gweld.

Sylwodd Cemlyn fod golwg digon di-raen ar ei char wrth iddo ddidol drwy ei fwndel goriadau dan y golau talcen. Arferai Megan newid ei char bob lleuad newydd wedi iddi hi briodi Brynmor ond gan fod yr hogia mewn ysgol fonedd erbyn hyn, tybed a oedd hynny'n gwaedu'r coffrau? Er hynny, ddychmygodd Cemlyn erioed y byddai Megan yn rhedeg ei char yn rhacsyn fel hyn. Anadlodd yn ddwfn a mentro i mewn gan weddi 'Helooo' yn y porticol. Aeth i'r parlwr bach a chael ei fam a'i chwaer yn eistedd wrth y tân, fel yn yr hen ddyddiau, a'u mudandod syber yn siarad cyfrolau.

'Megan! Does ryfadd fod y gwynt 'di troi.'

'Andrea, Fron Heulog, ffoniodd i ddeud bod Mam yn Iceland heb bwt o gôt amdani,' poerodd Megan.

'Gesh dacsi'r holl ffor yno, 'dwn i'm pam ma hi'n hefru gymaint,' protestiodd Catrin Owen.

'Ma hi'n ganol gaea, Mam! Oeddach chi mewn blows ha' a sgert gotwm!'

'Ac yn Iceland dre o'n i, nid yr un yn y North Pôl!' meddai'r fam, gan godi ei hael i gyfeiriad Cemlyn.

'Ond mis Ionawr ydi hi, Mam! A peth dwytha ddudis i wrth adal tŷ oedd ichi gofio mynd â'ch côt, yndê?' atgoffodd Cemlyn hi.

'Dwi'n cofio rŵan, tydw. Ond, wst ti fel ydw i.'

Gwenodd Cemlyn, a rhoi cusan ar foch ei fam a chynnig paned i'r ddwy. Gwrthododd Megan, gan ddweud y byddai'n rhaid iddi ei throi hi am adra i wneud swper i Brynmor. Synhwyrodd Cemlyn yn syth fod ei chwaer yma ar fwy nag un perwyl pan welodd y pamffledyn sgleiniog wrth ochr ei bag llaw treuliedig. Cododd ar ei thraed gan esgus hel ei phethau, ond fe wyddai ei brawd mai ei gornelu'n y gegin fyddai ei cham nesaf, fel yn yr hen ddyddiau. Anodd tynnu castiau oddi ar hen ast, meddyliodd.

'Dewadd! Rhyw ogla crand ar y diân a'n ti, Cemlyn. Lle ti 'di bod?' gofynnodd Catrin Owen yn llawn chwilfrydedd.

'Dach chi'm yn cofio?'

Safodd Cemlyn wrth ddrws y parlwr bach yn aros i'w fam chwarae'r gêm ddyfalu a ddaethai'n rhan mor naturiol o'u diwrnod erbyn hyn.

'Be ti'n feddwl "ddim yn cofio"? Wrth gwrs ei bod hi'n cofio, 'dan ni 'di bod yn siarad am y peth drw'r pnawn; yn do, Mam?'

A dyna ddiwedd ar y gêm ddyfalu fach yna, meddyliodd Cemlyn, gan roi ochenaid fach dawel.

'Ydan ni?' holodd y fam, dan grychu ei thalcen ac yn filain hefo hi ei hun.

'Sôn am Cemlyn yn y ffilm! Tydach chi ddim 'di siarad

am unrhyw beth arall ers pan rois i 'nhroed dros y rhiniog,' ychwanegodd Megan.

'Wel, y nefi wen, ia siŵr iawn. Wrth gwrs 'mod i'n cofio.' Daeth gwên lydan i'w hwyneb rhychiog. Roedd fel pe bai'r sgwrs a gafodd gyda'i merch wedi diffodd pob arlliw o sirioldeb ar wyneb Catrin Owen a rhyw lwydni pell wedi gwthio'r goleuni i'r naill du. Ond yn sydyn, dychwelodd y balchder a'r cywreinrwydd i'w llygaid.

'Wel, sut a'th hi 'ta, Cem? Fan'no cest ti'r ogla gneud 'na, beryg?'

'Ia, Mam,' gwenodd Cemlyn, gan ddweud ei fod yn mynd i daro'r tegell ymlaen wrth gamu'n amheus o'r ystafell. 'Gewch chi'r hanas wedyn.' Fyddai dim blas adrodd unrhyw stori pan oedd Megan yn ei wynt.

Aeth Cemlyn yn syth am y gegin a chyn pen dim clywodd sŵn traed ei chwaer yn tip-tapian i'w ganlyn. Mae sŵn traed yn gallu dweud mwy cyn i'r un gair gael ei yngan weithiau.

'Reit 'ta, 'sa well mi'i throi hi am adra dwi'n meddwl,' meddai Megan, gan wisgo'i menyg fel petai ar fin mynd i'r oedfa.

'Welwn ni chdi cyn Dolig nesa falla?'

'Fasach chditha wedi medru galw acw'r un fath yn union.'

'Hefo be, Megan, hen feic peniffardding?'

'Sut gwyddwn i fod y fan 'di chwthu'i phlwc?'

'Tasat ti'n atab fy negeseuon i lasat ga'l gwbod yr hanas i gyd.'

Ac ystyried fod Megan ar dipyn o frys wrth ffarwelio â'i mam, roedd swper Brynmor wedi mynd yn angof llwyr erbyn iddi gyrraedd y gegin. Rhoddodd ei bag a'r pamffledyn yn ofalus i lawr ar y bwrdd ac estyn stôl iddi ei hun.

'Gymi di damad o swpar tra dwi wrthi 'ta? Waeth ti hynny

ddim os w't ti am setlo. Sbarion ddoe ydi o, ma ddrwg gin i.'

'Dim diolch, mi wyddost fod gas gin i fwyd eildwym.'

'Ac ma gas gin inna wastraffu. Paid â deud na chest ti gynnig.'

Gadawodd i'r chwithdod rhwng ei chwaer ac yntau hongian yn y gegin am sbel ac aeth o gwmpas ei bethau fel na phetai hi ar gyfyl y lle. Waldiodd y mudandod gydag ambell glep sosban a thrawiad cyllell neu fforc i atalnodi'r dieithrwch oedd rhyngddynt. Gwnaeth hi mor anodd â phosib i'w chwaer ffeindio'i thrywydd. Taniodd y stof a thywallt olew yn hael i'r badell ffrio gan droi'r fflam i'w heithaf.

'Fyddi di'n brysur efo'r ffilm 'ma am sbel rŵan felly?'

'Bydda, am ryw hyd.'

'Wrthi bob pen o'r dydd, beryg.'

'Dim mwy nag oeddwn i yn y lladd-dy. Llai os rwbath.'

'Llai?'

'Mond bod yr oria'n anwadal, dyna i gyd.'

'Be ti'n feddwl "anwadal"?'

'Amball benwythnos lle bydd gofyn imi fod yng Nghaerdydd.'

'Caerdydd?'

Torrodd Cemlyn ddau wy i mewn i jwg pridd a'u curo'n ffyrnig. Yna tafellodd weddill tatws y cinio dydd Sul o'r bowlen beirecs i mewn i'r olew chwilboeth gan adael i hisian y saim foddi enw'r brifddinas. Cododd Megan ei llais uwchben yr hisian.

'Caerdydd?' meddai hi am yr eildro.

'Dyna pam godis i'r ffôn arnat ti, Megan. Meddwl falla byddat ti'n fodlon dŵad draw i warchod.'

'Gwarchod?'

'Be arall galwi di o?'

157

'Ti'n siarad fel tasat ti'n sôn am blentyn.'

'Titha'n siarad fel tasat ti'n osgoi atab.'

Ffyrnigwyd y saim unwaith yn rhagor wrth i Cemlyn ychwanegu tomatos a madarch at y gymysgedd. Yna tywalltodd yr wy yn araf a throi'r gwres i lawr rhyw fymryn. Taenodd ychydig o bupur du a phinsiad hael o halen dros y cyfan a rhoi caead arno i dawelu'r hisian. Manteisiodd Megan ar y distawrwydd i ailgydio yn eu sgwrs herciog.

'Fedra i neud y deunawfad, os ydi hynny o ryw help iti?'

'Mi gest fy ngalwada i felly.'

'Wedi dŵad yma i gynnig helpu ydw i, Cemlyn, nid i grafu esgyrn.'

'Gymi di banad 'ta be, Megan?'

'Paid â'i gneud hi'n rhy gry 'ta. Oedd yr un nath Mam fatha gwaed mul.'

Aeth Cemlyn â phaned drwodd i'w fam a thywalltodd Megan ragor o ddŵr i'r tebot. Roedd Catrin Owen yn cysgu'n sownd pan aeth Cemlyn ati, ond gosododd y baned wrth ei hymyl yr un fath yn union. Gadawodd iddi bendwmpian o flaen y tân am sbel. Byddai'n siŵr o'i holi'n dwll yn nes ymlaen, wedi i Megan ei throi hi am adre, ac os oedd yna ddadlau i fod, yna byddai'n well ganddo feddwl amdani'n cysgu nag yn clustfeinio ar unrhyw gecru. Rhoddodd fymryn rhagor o lo ar y tân a thynnu'r llenni'n dawel. Roedd hi fel y fagddu erbyn hyn, a phob arlliw o fachlud wedi ei sugno o'r awyr. Pan ddychwelodd i'r gegin roedd Megan yn sipian paned a oedd bron mor welw â'i hwyneb.

'Dynnish y gwres i lawr, cofn iddo fo losgi.'

'Diolch,' meddai Cemlyn, gan estyn cyllell a fforc a photel sôs brown a'u rhoi ar y bwrdd.

'Fedra i'm gneud y penwythnos wedyn. Dwi'n mynd â'r hogia i Gala Nofio. Fydd yr êtînth o ryw help?'

'Bydd. Falla daw Marian Spar draw i gadw golwg arni'r wsos wedyn.'

'Marian Spar?'

'Ma hi 'di cynnig fwy nag unwaith, chwara teg iddi.'

Tro Cemlyn oedd tynnu stumiau rŵan, pan welodd liw ei baned yn ei fŷg. Trawodd fag te arall yn y tebot a gadael iddo sefyll am sbel ar yr Aga.

'Mi ofynna inna i Andrea os medar hi bicio i mewn i'w gweld hi hefyd.'

'Ydi Mam yn nabod yr Andrea 'ma?'

'Andrea Fron Heulog? Wel ydi, debyg. Oedd hi'r un *class* â fi'n rysgol.'

'Arglwydd, Megan, ti'n meddwl bod Mam yn cofio pawb oedd 'run dosbarth â chdi yn rysgol, w't ti?'

'Wel...'

'Fuo hi yma hefo chdi rioed, yr Andrea 'ma? 'Ta oedd gin ti ormod o gwilydd dŵad â hitha dros y rhiniog 'na?'

'Paid â bod mor biwis, er mwyn dyn, mond trio helpu ydw i.'

'Mam yn colli nabod ar amball un o'i chymdogion erbyn hyn, heb sôn am rywun na welodd hi rioed yn ei bywyd o'r blaen.'

Tywalltodd Cemlyn lwybr igam-ogam o sôs brown dros ei swper a phoerodd y botel ei gweddillion olaf gydag ebwch o ryddhad. Trawodd fymryn o'r dŵr berw i'r botel fel na wastraffai ddiferyn o'r hyn oedd yn glynu i'w gwaelodion. Gwasgodd y cyfan dros ei swper ac edrychodd Megan arno'n gegrwth. Edrychodd yntau'n ôl i fyw ei llygaid a gofyn, 'Lle cest ti dy bump ar y pamffled 'ta, Megan?'

'Picio i weld Andrea ar fy ffordd yma nesh i.'

'Duwcs, finna'n meddwl dy fod di ar frys i weld Mam.'

''Nei di plis orffan cnoi be sgin ti'n dy geg cyn ei hagor hi, Cemlyn. Mi fasa'n neis tasat ti'n ei lyncu fo hefyd, ond neith cnoi y tro am rŵan.'

Roedd hyn fel yr hen ddyddiau yn union. Mân gecru nad oedd byth yn arwain at sgwrs o fath yn y byd a Megan yn cael y llaw uchaf bob gafael. Ond nid heno, meddyliodd Cemlyn. Roedd 'na ryw hyder newydd yn deffro o'i du mewn yn rhywle a doedd Megan ddim yn mynd i gael ei ffordd ei hun ar chwarae bach.

'Fuon nhw'm yma 'ta?' holodd y chwaer.

'Pwy?'

'Y bobol Saturn 'ma?'

Cymerodd Cemlyn gegiad arall o'i swper a chnoi yn araf gan ddal i edrych ar ei chwaer. Gwenodd arni tra oedd hithau'n syllu arno'n disgwyl am yr ateb.

'Pam nad atebi di fi, Cemlyn?'

Llyncodd ei fwyd a chymerodd damaid o grystyn i sychu gweddillion yr wy a'r sôs brown oddi ar ei blât.

'Chdi ddudodd wrtha i am beidio siarad hefo llond fy ngheg,' meddai, gan wenu arni eto.

Dechreuodd gnoi ei damaid olaf yn araf a synhwyrodd Megan fod ei brawd â'i afael yn dynn ar law ucha'r sgwrs. Roedd yn deimlad dieithr ac roedd ei hyder yn simsanu. Estynnodd Cemlyn ei hances boced a sychu y naill ochr i'w geg, yna'r llall, fel petai mewn tŷ bonedd yn swpera.

'Andrea wedi cael cynnig hael iawn gynnyn nhw, medda hi.'

'Faint?' holodd Cemlyn, gan gymryd llymaid o'i de i olchi'r cyfan i lawr a thorri gwynt yn uchel.

'Cant ac ugian o filoedd, am hen dŷ cyngor, meddylia! Ma hi 'di ca'l tŷ bach digon o ryfeddod ym Modeurwyn a phres dros ben i ga'l *hot tub*.'

'Prin bydd hi angan *hot tub* unwaith cynhesith y môr 'ma ryw fymryn eto.'

Anwybyddodd ei ffraethinebu gan geisio cael y gwynt at ei melin ei hun.

'Fuon nhw'm yma 'ta?' holodd.

'Pam ti'n ama hynny?'

'Holi Mam 'nes i. Doedd 'na neb diarth 'di galw ers sbel, medda hi.'

'Llond gwlad o bobol ddiarth 'di galw yma, Megan bach, ond fasa Mam dlawd ddim yn cofio'r un ohonyn nhw.'

'Ma 'na rywun 'di bod 'ta?'

'Un ne ddau, oes.'

'A?'

Sodrodd Megan ei bag yn ei ôl ar y bwrdd â'i llygaid wedi eu hoelio ar Cemlyn.

'Beryg bydd Brynmor ar ei gythlwng gin ti?'

''Di o mond yn iawn imi ga'l gwbod, Cemlyn. Mae o'n gartra i mi gymaint ag ydi o i chditha, cofia.'

'Ti'm 'di'i alw fo'n hynny ers y dwrnod yr est ti lawr i'r eglwys 'na mewn ceffyl a chart.'

'A faint dach chi 'di ca'l 'i gynnig?'

'Tydw i'm 'di trafod y peth yn iawn hefo nhw eto. Dwi'm isio lluchio Mam 'ddar ei hechal ddim mwy na sy raid. Nes bydd yr holl ffilmio 'ma drosodd o leia.'

'Ma nhw bownd o fod wedi trafod ryw swm hefo chdi, siawns.'

'Mond yn fras.'

'Faint, Cemlyn?'

'Rhyw gwpwl o filiyna.'

'Faint?'

Prin y gallai Megan anadlu, ond ceisiodd beidio dangos yn ormodol i'w brawd beth fyddai swm felly o arian yn ei olygu iddi bellach. Wedi'r cwbwl, am a wyddai Cemlyn, roedd hi'n dal i fyw bywyd bras ar etifeddiaeth ei gŵr. Doedd gan Megan ddim math o reswm i amau y gwyddai Cemlyn fod yr hwch ar fin mynd drwy'r siop ym Mhlas Mawr a bod ei theyrnas fechan yn breuo wrth y funud.

Rhyw dair blynedd ynghynt y dechreuodd pethau fynd o chwith ym mywydau Brynmor a Megan. Doedd etifedd Plas Mawr ddim yn weithiwr hanner mor gydwybodol â'i dad. Ond roedd digon wrth gefn yn y blynyddoedd cynnar i dwyllo'u hunain fod popeth yn iawn, a gwariwyd swm sylweddol o arian yn arallgyfeirio rhan o'r tir ar gyfer maes carafanau go chwaethus; cynllun na welodd olau dydd hyd yma gan fod holl awyddfryd Brynmor wedi claearu. Roedd sawl un wedi cwestiynu dilysrwydd y caniatâd cynllunio ac yn amau a oedd cyfeillgarwch y perchennog ag ambell aelod o'r cyngor wedi hwyluso'r penderfyniad. Gofynnwyd am ymchwiliad cyn y gellid symud ymlaen a chollodd Brynmor ddiddordeb yn y prosiect wedi hynny. A thua'r un pryd y cychwynnodd golli ei ddiddordeb yn Megan hefyd.

Nid fod Brynmor na Megan wedi cydnabod hynny i'r un adyn byw, ddim hyd yn oed iddyn nhw'u hunain. Ond claear iawn oedd eu perthynas bellach, y tu ôl i ddrysau caeedig Plas Mawr. Dyna pam y gadawodd hi Dyddyn Pwyth y noson honno gyda'r deunawfed yn dwt yn ei dyddiadur a phwythau ei chynllun i gael ei siâr o gynnig cwmni Saturn yn dechrau troi'n batrwm pendant ar ei gweill.

30

HENDRE EBOLION, DIWEDD HAF 2113

*M*AE *TITUS WRTHI'N* paratoi i fynd allan i hela. Daw Brengain i mewn yn cario'r babi mewn siôl (fel y byddai merched y cymoedd yn arfer ei wneud ers talwm). Mae golwg fodlon iawn arni.

TITUS: Ti yn dy ôl yn fuan.

BRENGAIN: Ac fel gweli di... yn waglaw.

TITUS: Wyt.

BRENGIAN: Werthis i'r llaeth a'r wya i gyd.

TITUS: Go dda.

BRENGAIN: A thair o'r llwyau roedd Luca wedi eu cerfio.

Mae Titus yn taro'i gôt amdano. Nid yw'n ymateb i frawddeg olaf Brengain.

BRENGAIN: Ydi Luca wedi mynd allan?

TITUS: Ydi. Mae o'n taeru iddo weld brithyll yn yr afon.

BRENGAIN: Ti'n ama'i air o, Titus?

Saib. Mae'r ddau yn syllu ar ei gilydd am ennyd.

TITUS: Nid ama ei air *o* ydw i.

Cerdda Titus allan o'r tŷ hefo'r gwn yn ei law.

Dime, dime, hen blant bach...

A ETH ANNEST YN syth i'w stafell i ddarllen yr olygfa oedd i'w saethu ben bore drannoeth. Roedd Iwan Prys wedi gofyn am alwad fymryn yn hwyrach ac felly roedd Sion wedi ychwanegu un olygfa fer rhwng Titus a Brengain i'r amserlen, a honno oedd i'w saethu yn syth ar ôl brecwast. Yn wahanol i'r disgwyl, doedd Annest ddim wedi cwyno'r un sill am y newid sydyn. Er fod Angharad a Caron wedi eu paratoi eu hunain am brotest arall ganddi, roedd gan Annest ormod ar ei meddwl i boeni am alwad gynnar. Penderfynodd lenwi ei baddon yn syth ar ôl cyrraedd yn ôl, estyn ei sgript a golchi ymaith ei holl drafferthion ariannol. Câi hynny aros. Fe allai fod yn fisoedd cyn y câi'r alwad o swyddfa Cyllid y Wlad.

Dychmygai ryw swyddog bach trist y tu ôl i'w ddesg mewn stafell fyglyd yn rhywle yn edrych drwy ei ddyddiadur yr eiliad honno i drefnu eu cyfarfod. Cysurodd ei hun y byddai yfory, o leia, yn well diwrnod iddi hi na'r creadur boldew hwnnw, hefo'i ffigurau a'i feiro rhwng ei fysedd chwyslyd. Chwistrellodd hylif swigod i lifeiriant y tap dŵr poeth a gwyliodd y gymysgfa'n chwyddo'n belen frochiog o fewn dim.

Roedd y dŵr yn falm wrth iddi suddo i'w goflaid a theimlodd yr un cynhesrwydd yn llenwi o'i thu mewn. Ffrwydrodd y swigod bach gloyw wrth iddi gamu drwyddynt a gwrandawodd arnynt yn siffrwd yn dyner yn ei chlust tra gorweddai yn ei hôl yn mwydo yn eu canol. Doedd hi ddim wedi teimlo fel hyn ers sbel go lew a cheisiodd ddyfalu beth oedd wedi tanio'r fath fodlonrwydd ynddi. Roedd yr alwad ffôn gan ei chyfrifydd wedi ei lluchio'n llwyr ychydig oriau ynghynt, ond rŵan fe allai deimlo bob un cwlwm yn datod, a phob cwmwl yn cilio hefo'r diferion olaf a sugnid yn swnllyd i'r pibelli, gan adael dim ond y mymryn lleiaf o ewyn pefriog yn wincio'n ôl arni o waelod y baddon claerwyn.

Byddai ei nain yn arfer dweud wrthi fod haul yn siŵr o ddod yn ei ôl er gwaetha'r storm. Ond doedd ei storm hi prin wedi torri eto, heb sôn am gilio. Beth felly oedd y dedwyddwch rhyfedd yma a ddaethai drosti wedi iddi ddychwelyd i westy digon digysur ar ôl diwrnod o ffilmio mewn gwisg o frethyn llipa yn rowlio mewn mwd am fore cyfan?

Ond wedyn, roedd hi wedi bod yn rowlio yn y mwd hefo un o'r sêr disgleiriaf y gwyddai amdano; roedd 'na dîm cefnogol yn tendiad arni drwy'r dydd, y sgript wedi llifo a'r cyfarwyddo wedi bod yn ystyrlon a sensitif. Er hynny, fe wyddai Annest, ym mêr ei hesgyrn, mai cwmni'r llwydyn bach rhyfedd hwnnw a gerddodd i mewn i'r cyfweliad ym Miwmares ychydig fisoedd yn ôl oedd wedi ailgynnau'r gwres o'i thu mewn. Ond yr amheuaeth o'r teimladau hynny oedd hefyd yn ei drysu; fel y swigod rheiny oedd wedi wincio arni ychydig eiliadau ynghynt a oedd rŵan yn edrych mor ddiddim, neu fel y dŵr cynnes oedd wedi lapio'n gysurus amdani a oedd rŵan yn oeri rhywle yn y gwterydd y tu allan. Ai gwres dros dro oedd yn ei chynhesu hithau? Sut y gallai hi, a oedd wedi bod mor ddilornus ohono pan drawon nhw ar ei gilydd ryw ychydig fisoedd yn ôl, sut y gallai hi rŵan deimlo'r fath gynhesrwydd tuag ato? Ai cyfaill 'hawdd ei gael mewn cyfyngder' oedd hwn, neu a oedd hi wedi ei weld mewn goleuni cwbl newydd ar y set heddiw? Yr hogyn yn ei gynefin yn actio mor naturiol, ac mor rhwydd. Safodd yno'n pendilio o un pegwn i'r llall nes y teimlodd oerfel yr ystafell yn gafael ynddi'n ddirybudd.

Trawodd y gwresogydd ymlaen a gwisgo'i choban gynnes. Agorodd y ffenest a thanio sigarét waharddedig, ond angenrheidiol. Cofiodd am y botel win Sancerre wrth droed ei gwely a galwodd y dderbynfa i ofyn am fwcedaid o rew. Byddai Caron yn ei ôl cyn bo hir. Ond waeth pa mor felys fyddai ei sgwrs, doedd hi ddim am noson ry hwyr heno. Roedd ganddi linellau i'w dysgu a lludded i'w ddiwallu – a chydwybod i'w roi'n ei wely.

* * *

Pan gyrhaeddodd Caron roedd hi'n tynnu am naw o'r gloch ac roedd Annest eisoes wedi yfed gwydraid go helaeth o'r gwin. Eglurodd yntau ei fod wedi gorfod mynd yr holl ffordd i stesion Bangor i nôl dwsin o ieir a dau actor. Roedd y creadur ar ei gythlwng pan gyrhaeddodd stafell Annest ac wedi iddynt gael powlennaid o gawl a thoc o fara menyn roedd Caron, yntau, yn barod am ei wely.

'O's ots 'da ti os af i lan?' gofynnodd, dan ddylyfu gên yr un pryd.

'Dwinna am wely cynnar hefyd, ar ôl mynd dros fy llinella.'

'Ti moyn i fi redeg drwyddyn nhw 'da ti?'

'Ddim os ti wir wedi blino, Caron.'

''Naf i fe os ti moyn.'

'Ti'n angal, Caron?' meddai Annest, gan estyn yr olygfa o'i bag a'i rhoi i'w ffrind.

'Wi'n *fed up* o fod yn blincin angel erbyn hyn.'

'Pwy 'sat ti'n licio bod?'

'Annie Sinclair.'

'Pwy?'

'Cariad newydd Iwan Prys. 'Na pwy fi moyn bod... heddi.'

'Reit,' meddai Annest, ddim yn hollol siŵr beth oedd yr ysgogiad a rhyw awgrym o gwestiwn yn ei hymateb.

'Daeth hi ar y set heno i bigo Iwan lan,' eglurodd Caron. 'O'n nhw'n dishgwl mor hapus, Annest. 'Na fel fi moyn bod, t'wel, yn deit ar bwys y bachan sy'n mynd i'n garu i am weddill fy mywyd. "Enaid hoff cytûn" sydd ddim moyn neb arall ond fi, ta beth arall na pwy arall sy'n dod h'ibo.'

Gallai Annest fod wedi dweud 'Amen' i bob gair ddaeth o enau ei ffrind ond aros yn fud wnaeth hi gan syllu'n dawel ar y sgript o'i blaen heb ddarllen yr un gair. Tywalltodd wydraid o win i Caron a darllenodd yntau gefndir yr olygfa'n uchel.

'Gwelwn Titus yn rhedeg hyd y buarth ar ôl un o'r ieir ac, er gwaetha'r ffaith mai dim ond un fraich sydd ganddo, mae'n llwyddo i'w dal yn ddi-lol. Mae'n troi ei chorn gwddw ac mae'r aderyn yn trengi'n syth. Mae'n edrych allan a gwêl ei chwaer yn dod am adre â'i phlentyn bellach yn cerdded wrth ei hymyl.

Torrwn i'r beudy, lle mae Titus yn pluo'r aderyn erbyn hyn. Pan agora Brengain y drws mae'r plu fel cawod eira o gwmpas ei brawd. Sylwn fod Brengain wedi cael tipyn o sioc fod ei brawd wedi bod mor afradus.'

Hon oedd un o hoff olygfeydd Annest. Roedd yn pitïo nad oedd hi a Cemlyn wedi cael cyfle i gydweithio dipyn mwy cyn mynd i'r afael â golygfa mor anodd. Ac eto, fe wyddai rŵan y byddai Sion yn rhoi digon o amser iddynt gynhesu iddi cyn saethu'r un ebwch. Mor wahanol i ambell gyfarwyddwr roedd hi wedi gweithio hefo fo yn y gorffennol; rhai'n treulio oriau'n goleuo'r set o bob ongl a thrafod pob siot hefo'u dyn camera hyd at syrffed, yna'n galw'u hactorion ar y set ac o fewn dim roedd y cyfan wedi ei saethu heb roi amser iddynt anadlu bron. Ond roedd Sion yn un o'r cyfarwyddwyr prin hynny oedd yn gwybod yn iawn os na fyddai ei actorion yn gyfforddus yn eu rhannau na fyddai diben i unrhyw luniau caboledig, waeth pa mor gywrain fyddai'r goleuo a'r cefndir. Dechreuodd y ddau ddarllen y sgript a cheisiodd Annest anwybyddu'r ffaith fod Caron yn cloffi rhyw fymryn gyda'r acen ogleddol.

BRENGAIN: *Titus!*

TITUS: Be sy?

BRENGAIN: *'Dan ni'n ca'l cig eto, mor fuan?*

TITUS: Tamad i aros pryd.

BRENGAIN: *'Mo dy ddallt di.*

TITUS: Dwi'n dathlu.

BRENGAIN: *Wyt ti?*

*TITUS: (*Yn cilwenu. Nid yw'n edrych ar ei chwaer*) Ydw, dan yr hen drefn.*

BRENGAIN: *Dathlu be?*

TITUS: Wedi ca'l cariad ydw i.

Saib. Mae mynegiant Brengain yn newid.

TITUS: Mae hi am symud yma i fyw hefo mi, Brengain. Mi ga' i fy nghysuro a'm mwytho rŵan, fel chditha. Tro ar fyd 'te?

BRENGAIN: *Ydi... ydi mae o, Titus.*

TITUS: Fydd dim rhaid imi wrando ar rywun arall yn caru o hyn allan, yn na fydd? Ac mi ga' i neffro'n y nos o hyn ymlaen gan grio fy mhlentyn fy hun.

BRENGAIN: *Wyt ti...?*

TITUS: Ydw, Brengain. Dwi'n mynd i fod yn dad, a chditha'n fodryb.

Er gwaetha'r tensiwn mae Brengain yn rhedeg i gofleidio'i brawd ac mae yntau'n derbyn y goflaid.

BRENGAIN: Dwi mor hapus drosot ti, Titus.

*TITUS: (*Yn ansicr*) Wyt ti?*

BRENGAIN: Ydw, wir.

Mae'r ddau yn wirioneddol hapus am ysbaid. Ond pan dry Brengain i edrych ar ei phlentyn ei hun yn chwarae allan ar yr iard, mae'r gofid am eu dyfodol hwy yn gwmwl dros ei hwyneb.

Wrth i Caron ddarllen y cyfarwyddyd i gloi'r olygfa canodd ffôn symudol Annest rhywle yn nyfnderoedd ei bag llaw. Ymbalfalodd drwy'r holl drugareddau oedd ynddo ond erbyn iddi ddod o hyd iddo yng nghanol y cawdel colur a'r llanast arferol roedd y canu wedi peidio.

'Damia!' bytheiriodd. Doedd hi ddim yn adnabod y rhif a diolchodd nad ei chyfrifydd oedd yno'n swnian. Tybed pwy oedd yn trio cael gafael arni'r adeg yma o'r nos?

Aeth Caron i'r lle chwech pan seiniodd ei ffôn yr arpejio cyfarwydd fod rhywun wedi gadael neges iddi ar ei pheiriant ateb. Safodd wrth y ffenest i gael gwell derbyniad. Clywodd lais Cemlyn yn ei chyfarch a llamodd ei chalon.

'O, haia! Fi sy 'ma… Cemlyn. Ca'l ryw fymryn o draffath hefo'r olygfa 'ma 'dan ni'n neud ben bora. Meddwl tybad os oedda chitha'n yr un cwch. Mi biciwn i draw i'w rhedag hi rhyw unwaith-ddwy os ydach chi heb fynd i'ch gwely. Ond falla'i bod hi braidd yn hwyr arna i'n galw. Wedi bod allan yn trio dal ieir hefo un law a ddim 'di sylweddoli ei bod hi 'di mynd mor hwyr. Hitiwch befo os dach chi wedi mynd i'ch gwely. Sori i styrbio. Mam yn ei gwely – felly fedrwn ddŵad draw i'r gwesty os dach chi'n yr un picil. Fel arall, cysgwch yn dawal a wela i chi'n bora.'

'Neges?' holodd Caron, gan gasglu ei bethau cyn ei throi hi am ei wely.

'Graham. Dim byd ecseiting,' meddai Annest, gan geisio cuddio'r cynnwrf yn ei llais.

Roedd Caron wedi synhwyro rhywbeth, ond doedd ganddo mo'r egni i fynd i'w berfedd heno. Rhoddodd gusan i Annest ar ei boch a diflannu i'w ystafell wely fel gwennol i fondo.

* * *

Diffoddodd Cemlyn ei ffôn â'i galon yn curo'n ei wddf. Roedd wedi gadael ei neges fwnglerus i Annest Gwilym a rŵan yn hanner difaru gwneud hynny. Beth feddylai hi ohono'n gadael neges mor wirion iddi yr adeg yma o'r nos? Sut fyddai o'n ei hwynebu hi'n y bore heb wybod beth oedd ei hymateb? Ond cyn iddo gael cyfle i bendroni rhagor, canodd ei ffôn yn ei law a bu bron iddo ei luchio i ganol yr ieir yn ei fraw, a hwythau'n dal i grwydro'n ddryslyd hyd yr iard yn methu deall beth oedd achos yr holl ymlid ryw ychydig funudau yn ôl.

Cyflymodd ei galon eto pan welodd enw Annest Gwilym ar sgrin ei ffôn symudol. Eiliad o oedi, ond roedd yn haws iddo wynebu'r cerydd am ei styrbio hi rŵan na gadael y cyfan tan y bore. Pwysodd y botwm ateb a llyncu ei boer yr un pryd.

'Helô?'

'Cemlyn, chdi sy 'na?'

'Ia… helô.'

'Helô.'

'Sori am…'

'Na… ia, grêt. Fyswn i wrth 'y modd yn mynd dros yr olygfa.

Dwi'n ca'l traffath hefo hi fy hun, ond meddwl falla bysa hi'n haws i mi ddŵad draw acw gan nad oes gin ti olwynion.'

'Wel, ma gin i ddigon o olwynion hyd lle 'ma. Yn anffodus, toes 'na'r un ohonyn nhw'n cofio sut ma troi.'

Gwenodd Annest a thynnodd yr allweddi a'i minlliw o'i bag.

'Ydi o'n iawn i mi alw acw 'ta?'

'Ia. Ydi, siŵr. Ro' i'r teciall ymlaen rŵan, yli.'

'Ydi dy fisitors di wedi mynd?'

'Ydyn, tad. Mond Mam a fi a'r ieir sy 'ma.'

'Reit, fydda i yna mhen rhyw ddeng munud.'

Tywalltodd Annest wydraid mawr o ddŵr iddi ei hun a chwistrellu mymryn o bersawr. Dim gormod. Doedd hi ddim am i Cemlyn synhwyro unrhyw orfrwdfrydedd. Cymerodd ei hamser i yfed y dŵr gan deimlo'i oerni'n clirio'i phen. Trawodd y mymryn lleiaf o finlliw ar ôl gorffen yfed y dŵr a sylwodd ar y ddau wydraid llawn o win oedd heb eu cyffwrdd. Dyna'r tro cyntaf i Caron a hithau ymwrthod â gwin, meddyliodd. Tro ar fyd.

* * *

Lluchiodd Cemlyn y sgideuach a orweddai'n dwmpath yn y porticol y tu cefn i'r setl dderw, a cheisiodd dacluso rhyw fymryn ar y gegin cyn i Annest gyrraedd. Tybiodd mai'r fan honno fyddai'r lle gorau i fynd i ymarfer gan fod yna fymryn mwy o le i symud, a llai o nialwch yno, nag yn unrhyw un o'r stafelloedd eraill.

Fe sylwodd, ar ei ddiwrnod cyntaf, nad oedd yr actorion yn aros yn eu hunfan wrth gydredeg eu llinellau, ac er na fyddai'r olygfa ddim byd tebyg pan ddeuid i'w chwarae ar y set, roedd creu rhywfaint o symudiadau wrth ymarfer yn rhoi mwy o enaid yn y dehongliad ac yn gyfle i'r actorion ddechrau darganfod rhythm naturiol yr olygfa. Roedd o hefyd wedi bod yn gyfle iddo yntau ymarfer ei herc a dweud ei linellau yr un pryd.

Estynnodd yr hen degell copr o'r parlwr, gan feddwl y byddai'n taro hwnnw rhwng ei bengliniau i fod yn iâr. Gan mai dim ond un law oedd gan Titus byddai'n rhaid iddo ddal yr aderyn yn gwbl gadarn rhwng ei goesau i'w phluo.

Clywodd sŵn car yn y pellter a llamodd i daro'r golau talcen ymlaen a chau'r ffenestri roedd wedi eu hagor er mwyn cael gwared o unrhyw arogl bresych a ieir. Tywalltodd ddŵr poeth i'r tebot, a chydag un chwistrelliad sydyn o aroglau da, llamodd am y drws i'w agor iddi.

'Dowch i mewn, dowch i mewn.'

Safodd Annest yn ei hunfan gan adael i'r glaw mân orffwys yn berlau arian ar ei gwallt, tywyll fel y fagddu, a orweddai'n dwt uwch ei hysgwyddau. Syllodd arno, wedi ei fframio yn y drws derw, yn edrych fymryn yn ansicr. Ebychodd.

'Cemlyn, dwi'n mynd i roi tro ar fy swdwl a syth yn f'ôl am y gwesty os na roi di'r gora iddi ngalw i'n "chi" bob gafal.'

'Ia, sori. Ty'd i mewn.'

Wrth gamu dros riniog Tyddyn Pwyth, teimlodd Annest y cynhesrwydd yn lapio'i hun amdani. Er symled, ac er tloted oedd yr aelwyd, roedd y cyfan yn siarad cyfrolau am gariad a gofal a dedwyddwch. Daeth llinell yn ôl iddi o rywle mhell, bell yn ôl, 'Mae gennyt dref, ceraint a theulu, tad a mam a brodyr, fel nad wyt ti'n ddieithr yn y byd.'

'Ty'd drwadd,' meddai Cemlyn, gan wneud lle ar y bwrdd i'r tebot a'r cwpanau.

'Chdi sy'n trwsio sana?' holodd Annest dan wenu.

'Naci,' chwarddodd Cemlyn. 'Mam 'di'r unig un ar ôl ar yr ynys 'ma sy'n dal i drwsio sana, dybiwn i,' meddai, gan roi'r hosan a'r nodwydd o'r neilltu.

'Roedd Nain 'run fath. Fydda hi'n taflu'r un pilyn os

oedd 'na unrhyw fodd o'i drwsio. Gwastraffu yn rheg yn tŷ Nain.'

'Fama'r un fath yn union.'

Yna, tawelwch. Gwenodd y ddau. Doedd dim angen geiriau.

Roedd hyd yn oed y baned yn fwy cysurus yng ngwres yr Aga, a'r glaw mân wedi troi'n gawod drom erbyn hyn. Hyrddiai'r diferion ar y ffenest yn union fel petai rhywun yn tabyrddu'n ysgafn arni â blaenau ei fysedd. Bu'r ddau yn yfed heb yngan gair am sbel, gan adael i'r gwynt a'r glaw lenwi'r distawrwydd. Rhyfeddai Annest nad oedd yna unrhyw letchwithdod yn y tawelwch. Roedd sipian te poeth a myfyrio mor naturiol ag anadlu yn y bwthyn bach yma. Nid mudandod oedd o, ond distawrwydd rhadlon, na phrofodd hi erioed o'r blaen.

'Fasa well ni roi cychwyn arni, ma siŵr,' meddai Cemlyn, gan eistedd ar y stôl drithroed a gosod y tegell copr rhwng ei ddau ben-glin. 'Bora fory ddaw'.

'A be ti am neud hefo'r teciall rhwng dy goesa?' holodd Annest dan wenu.

'Nid teciall ydi o. Iâr,' atebodd Cemlyn, gan ddechrau pluo'r ffowlyn dychmygol.

Edrychai mor naturiol wrth ei waith a theimlodd Annest ei thu mewn yn cynhesu fwyfwy tuag ato. Aeth allan i'r lobi gan redeg ei llinellau'n gyflym drwy ei chof. Yna agorodd y drws am yr eildro ac yn syth i mewn i'w golygfa.

'*Titus!*' cyfarchodd ei brawd. Cododd yntau ei ben ac edrych arni drwy lygaid cwbl wahanol i'r person yr oedd hi wedi siarad ag o ryw funud ynghynt.

'*Be sy?*' holodd yntau, â gwên fach slei ar ei wefus.

Roedd rhywbeth yn teimlo'n iawn am hyn i gyd, meddyliodd Annest. Aroglau'r swper yn deffro atgofion yn ei ffroenau a gwres yr Aga yn lapio'i hun fel hen ffrind yn dynn amdani. Roedd hyn i gyd yn teimlo fel 'dŵad adra'. Ac eto i gyd doedd hi rioed wedi bod 'adra' go iawn, rioed wedi profi'r diddosrwydd yma o'r blaen; dim ond yn ysbeidiol, yn nhŷ ei nain.

"Dan ni'n ca'l cig eto, mor fuan?'

Er mai Brengain oedd yn siarad rŵan roedd rhywun arall yn graddol ddeffro o'r tu mewn i Annest. Plentyn. Hogan fach ifanc oedd wedi bod mewn trwmgwsg hir. Hogan oedd wedi gorfod tyfu i fyny yn llawer rhy gyflym. Ond llifodd y ddeialog yn ei blaen.

TITUS: Tamad i aros pryd.

BRENGAIN: 'Mo dy ddallt di.

TITUS: Dwi'n dathlu.

BRENGAIN: Wyt ti?

TITUS: Ydw, dan yr hen drefn.

BRENGAIN: Dathlu be?

TITUS: Wedi ca'l cariad ydw i.

SAIB.

Roedd y saib yn hir. Yn rhy hir, o bosib. A rhywle yn y saib fe ddiflannodd Titus am ennyd. Edrychodd Cemlyn i fyw llygaid Annest, ac fe ailadroddodd y geiriau.

"Wedi ca'l cariad ydw i."

Collodd Annest ei lle yn llwyr. Ac er mai llinell arall gan Cemlyn oedd i ddilyn, wyddai hi ddim o hynny ar y pryd. Diflannodd Brengain o'r ystafell a churodd y glaw ei fyrdwn ar y gwydr glas. Ailfeddiannodd Cemlyn ei hun a dechreuodd bluo'r tegell copr unwaith eto.

TITUS: Mae hi am symud yma i fyw hefo mi, Brengain. Mi

ga' i fy nghysuro a'm mwytho rŵan, fel chditha. Tro ar fyd 'te?

BRENGAIN: Ydi... ydi mae o, Titus.

TITUS: Fydd dim rhaid imi wrando ar rywun arall yn caru o hyn allan, yn na fydd? Ac mi ga' i neffro'n y nos o hyn ymlaen gan grio fy mhlentyn fy hun.

BRENGAIN: Wyt ti...?

TITUS: Ydw, Brengain. Dwi'n mynd i fod yn dad, a chditha'n fodryb.

Y cyfarwyddyd yn y sgript oedd fod Brengain yn *'rhedeg i gofleidio'i brawd ac mae yntau'n derbyn y goflaid'*. Roedd Annest wedi penderfynu ymhell cyn hyn y byddai'n ymateb yn union yn ôl y cyfarwyddiadau. Rhedodd tuag ato, gan afael yn dynn am ei ysgwyddau.

BRENGAIN: Dwi mor hapus drosot ti, Titus.

*TITUS: (*Yn ansicr*) Wyt ti?*

BRENGAIN: Ydw, wir.

Arhosodd y ddau yno'n llonydd, gan adael i'r goflaid lenwi'r eiliadau. Gostegodd y gwynt a daeth yr olygfa i ben. Ymestynnodd Cemlyn ei freichiau a gafael yn dynn am ei gydactores. Teimlodd hithau gyhyrau ei ysgwyddau'n ymlacio. Nid Titus oedd yno bellach. Teimlodd Cemlyn ddeigryn bychan yn llifo'n gynnes i lawr ei wddf nes mwydo'n llaith yn ei grys. Symudodd y ddau 'run gewyn. Dim ond y dagrau oedd yn rhedeg.

'Cemlyn!' galwodd ei fam o'r llofft. Tynhaodd y cyhyrau unwaith eto a diflannodd y gwres o'i freichiau.

'Ia, Mam?'

'W't ti'n iawn, Cemlyn bach?'

'Ydw, Mam.'

'Nos dawch 'ta, 'ngwas i.'

'Nos dawch, Mam. Wela i chi'n bora.'

Wrth i'r gwynt ailgipio'r diferion, roedd mydr y tabyrddu'n fwy cyson. Llaciodd Cemlyn ei afael a gwenodd ar Annest.

'Ti'n iawn?'

Sychodd Annest ei llygaid â chefn ei llaw.

'Ydw, Cemlyn. Berffaith iawn, diolch iti."

Ffarwél fy mam, a bellach rhowch follt ar y ddôr...

E DRYCHODD CEMLYN ALLAN drwy'r ffenest am y canfed gwaith. Lle ddiawl ma Megan, yn hel ei thraed ar fora mor bwysig? Roedd wedi gadael neges iddi ddwywaith ar ei pheiriant ateb yn gofyn iddi roi galwad yn ôl iddo i ddweud lle roedd hi arni, ond doedd dim ebwch wedi dŵad o'r pen arall. Er fod y parti ffarwelio wedi mynd ymlaen tan yr oriau mân yn y Ship, roedd Cemlyn wedi aros yn weddol sobr, gan ei fod yn amau y byddai hi'n fore go anodd iddo. Nid ar chwarae bach y byddai'n gallu gadael ei fam am y penwythnos yng ngofal ei chwaer.

Roedd wedi sicrhau fod digon o brydau parod yn y rhewgell a gadawodd y tri blwch dal tabledi hirsgwar hefo dyddiau'r wythnos arno mewn lle digon amlwg i Megan eu gweld. Roedd wedi labelu'r tri hefo bore, pnawn a nos arnynt, fel nad oedd posib iddi wneud unrhyw gamgymeriad. Wrth eu hymyl rhoddodd restr gydag ychydig o awgrymiadau o'r hyn roedd ei fam yn hoffi ei wneud ar benwythnosau, os byddai hwyliau go lew arni. Ychwanegodd ambell gyngor ar sut i gadw'r ddysgl yn wastad hefyd:

1. Paid â rhoi gormod o fwyd ar ei phlât neu fe wrthodith ei fwyta.

2. Os ydi hi'n mynd allan, mae'r gardigan werdd yn plesio (yn y drôr isa).

3. Mae hi'n dal yn mwynhau mynd i Spar, ond cofia'i hatgoffa fod ganddi ddigon o domato sŵp, bîns a sôs coch.

4. Os ydi hi'n mynnu gneud panad ei hun, cadwa lygad arni, mae hi'n rhoi'r tecyll ymlaen heb ddŵr ynddo fo weithia.

5. O... a fasa'r ieir yn gwerthfawrogi amball ddyrnaid o hada pan gei di gyfla hefyd!

Diolch.

O.N. (Ceinwen, Miss Marple a Bigger End ydi'r tair gochan, a Doris a Dorien ydi'r ddwy iâr ddandan. Miss Marple (yr un wen) ydi'r un fwya pigog, felly cofia'i bwydo hi'n gynta. Caradog ydi'r hen geiliog (fo sy'n dod yn ail).

Mynnodd Cemlyn y byddai'n dal tacsi i'r gwesty fel na fyddai'n rhaid i Annest ruthro wrth hel ei phethau ar ei bore olaf. Gwyddai'n iawn fod ganddi dipyn o waith pacio a chlirio'i llanast a hithau wedi bod yn y gwesty am yn agos iawn i fis. Roedd o wedi bod yn ei hystafell yn achlysurol dros wythnosau'r ffilmio yn rhedeg dros eu llinellau a thrafod ambell olygfa. Doedd dim byd arall wedi digwydd rhwng y ddau ers i'r gwres aeth drwy ei freichiau yn Nhyddyn Pwyth y noson honno ei adael. Dim oll. Er i'r ddau fod ar eu pen eu hunain rhyw unwaith neu ddwy yn yr ystafell, doedd Cemlyn ddim wedi teimlo dim mwy na chynhesrwydd cyfeillgar rhyngddynt oddi ar hynny.

Beth ddigwyddodd, tybed? Ai'r ffaith iddi daflu ei hun mor angerddol i'w freichiau'n annisgwyl oedd wedi ei ddrysu? Ai dagrau actores deimladwy a lifodd i lawr ei frest nes peri iddo ymgolli'n llwyr yn yr ennyd? Ai dyna'r cyfan oedd o? Dim byd mwy na pherfformiad meistrolgar? Amheuai weithiau fod rhywbeth arall yn celu dan yr wyneb a bod Annest bellach yn aros iddo fo wneud y cam nesaf. Ond beth petai'n cymryd anferth o gam gwag a chwalu'r berthynas waith oedd wedi tyfu rhyngddynt? Cadw pethau fel ag yr oeddan nhw oedd gallaf a pheidio troi'r drol heb fod angen, a'i droi yntau'n destun gwawd ar amrantiad.

Er hynny, roedd hi wedi mynnu ei fod yn teithio yn y car hefo hi i'r de. 'Allwn ni drafod ein golygfeydd ar y ffordd wedyn,' oedd ei byrdwn. A dyna pam roedd o, rŵan, ar binnau, yn aros i'w chwaer gyrraedd. Un cip arall ar y lôn drol ddi-gar ac aeth yn ôl i'r parlwr lle roedd ei fam yn syllu'n fud ar y cês wrth y bwrdd coffi.

'I lle dwi'n mynd d'wad, Cemlyn?'

'Dach chi'm yn mynd i nunlla, Mam. Fi sy'n mynd i ffwrdd am ryw dipyn o ddiwrnodia i ffilmio.'

Daeth lliw yn ôl i'w gruddiau a mymryn o gynnwrf i'w llais.

'Ia, siŵr. Be sy haru mi?'

'Megan ar ei ffor.'

'Ydi,' meddai'r fam yn ddi-ffrwt.

Llusgodd ei thraed am y gegin gan fwmial dan ei gwynt.

* * *

Pan gyrhaeddodd Megan roedd hi'n llawn ffwdan ac yn waglaw. Fe wnaeth rhyw esgus tila fod y car wedi gweld gwell dyddiau ac aeth yn syth i daro'r tegell ymlaen i wneud paned iddi ei hun. Sylwodd Cemlyn fod ei gwallt yn ddi-raen a'r cochni yng ngwyn ei llygaid yn arwydd o flinder. Neu ôl crio efallai? Roedd Tecs Tacsis wrth ei chwt, a rhoddodd Cemlyn floedd arno i ddweud ei fod ar ei ffordd.

Aeth yn ei ôl i'r parlwr lle roedd ei fam yn hepian cysgu erbyn hynny. Sylwodd fod ei thalcen wedi crychu fel petai hi mewn penbleth. Tybed beth oedd ei breuddwyd? Ystyriodd am eiliad ai gwell fyddai gadael iddi gysgu a neidio i'r tacsi heb ffarwelio. Yna clywodd Megan yn clepian drysau a bytheirio na fedrai ffeindio'r te yn unman.

'Cwpwr uwchben y sinc!' bloeddiodd, gan ddeffro'i fam yr un pryd.

'Dwi'n mynd, Mam. Ma'r tacsi 'di cyrradd,' meddai'n dawel.

'Ia, 'na chdi, 'ngwas i.'

'Ma Megan wrthi'n gneud panad i chi.'

'Chymri di'm un yn ei chysgod hi?' gofynnodd hithau.

'Na, well imi fynd. Fydd Annest ar binna.'

Ceisiodd hithau glymu llinyn y cliwiau yn araf. Megan. Tacsi. Annest. Yna gwenodd ar ei mab.

'Bydd, siŵr iawn.'

Rhoddodd Cemlyn gusan ysgafn ar ei thalcen pan ddaeth Megan hefo dwy baned wan a bisgeden blaen rhwng ei dannedd. Safodd wrth y drws am ennyd yn syllu ar law rychiog ei mam yn gafael yn dynn am wddf ei brawd. Teimlodd braidd yn chwithig o fod yn dyst i'r goflaid. Gosododd y paneidiau ar y bwrdd coffi a chymerodd gip ar y nodyn ar y silff ben tân.

'Be 'di hon, rhestr siopa ta stori fer?' holodd, gan edrych yn reit ddi-feind ar y cyfarwyddiadau yr oedd ei brawd wedi eu gadael iddi.

Hwtiodd Tecwyn ei gorn y tu allan yn ddiamynedd a gafaelodd Cemlyn yn ei gês gan anwybyddu cwestiwn ei chwaer. Edrychodd Catrin Owen ar ei phaned ddi-liw, ond thrafferthodd hi ddim i estyn amdani.

'Dwn i'm pam mae o'n gneud y ffasiwn ffŷs, na wn i wir,' meddai Megan, wedi iddi gael cefn ei brawd.

'Ofn i mi ga'l cam mae o, beryg,' atebodd ei mam, gan wrando ar y tacsi yn chwyrnu'n flin i lawr y lôn drol tua'r ffordd fawr.

Yna, rhoddodd ochenaid hir a chau ei llygaid unwaith eto, a thaflodd Megan y nodyn o'r neilltu.

* * *

'Dach chi fel liciwch chi, tydach,' meddai Tecwyn yn flin, gan danio sigarét ac agor ei ffenest mewn un symudiad mecanyddol.

'Pwy?'

'Ffwcin actorion, 'de. Dach chi gyd 'run fath. Byth yn barod. Byth yn deud diolch. Byth yn gadal cildwrn.' Chwythodd Tecs y cwmwl rhyfeddaf o fwg allan o'i sgyfaint, a daliai i raeadru rhwng ei ddannedd melyn tra hefrai'n ei flaen.

'Ddudodd y cwmni eu bod nhw'n gofalu am hynny,' ceisiodd Cemlyn egluro.

Ond chafodd o ddim ymateb, dim ond gwên sarhaus a thynnodd y gyrrwr fwy o fwg i'w sgyfaint. Ac felly ddywedodd Cemlyn 'run gair yn ychwaneg i godi gwrychyn ei hebryngwr pigog. Gwyddai'n iawn nad oedd Tecs wedi cael llawer o gwsg gan ei fod wedi cael gwahoddiad i'r parti neithiwr ac wedi manteisio'n llawn ar haelioni'r cwmni teledu i ddrachtio o'i hochr hi hyd yr oriau mân. Roedd yn dal i lowcio'r gwin coch fel petai 'na ddim yfory wrth i Cemlyn ei throi hi am adre. Amheuai'r ymdeithydd a oedd ei yrrwr mewn cyflwr priodol i fod wrth y llyw mor fuan wedi'r dathliad mwyaf proffidiol a welodd y Ship ers amser maith.

Eitha tawedog fu'r ddau am weddill y siwrnai, ond fe wyddai Cemlyn nad oedd Tecs yn mynd i ollwng yr asgwrn a oedd rhwng ei ddannedd ers wythnosau ar chwarae bach. Erbyn hyn roedd y si ar led fod Cemlyn wedi gwrthod arwyddo cytundeb hefo Saturn ac nad oedd am ildio am bris yn y byd.

'Dallt fod 'na'm symud i fod i chi 'ta, Cemlyn,' oedd ei gynnig agoriadol.

'Ddim nes bydd rhaid imi,' atebodd yntau, gan ddewis peidio cymryd arno nad oedd wedi deall. Doedd Tecs ddim yn un i chwarae hefo'i eiriau.

'Pawb hyd lle 'ma'n d'alw di'n bob enw,' oedd yr ail abwyd.

'Cadw Mam ar ei hechal yn bwysicach na'r un enw ga i 'ngalw, Tecs,' nofiodd Cemlyn heibio'r bachyn.

'Fasa dwy filiwn yn cadw pawb call ar eu hechal, ddudwn i,' lluchiodd Tecs y lein yn nes ato, wrth barcio'n gam o flaen y Ship. Doedd ganddo ddim math o fwriad o fynd allan i gynnig help llaw i Cemlyn hefo'i gês. Ond roedd ar fin tanio'i ddegfed sigarét o'r bore pan luchiodd Cemlyn yr abwyd a'r lein yn ôl i'w wyneb.

'Dwy filiwn? Lle cest ti afal ar ffigwr mor bell ohoni, d'wad, Tecs?' A chaeodd y drws cyn i'r mygwr gael cyfle i ymateb. O fewn dim roedd Tecs allan o'i sedd ac yn agor y bŵt i Cemlyn.

'Dyna ma pawb yn ei ddeud, Cem bach,' meddai, gan estyn y cês allan yn ofalus i'w gwsmer, a'r ffag yn hongian rhwng ei weflau a llai o frath yn ei holi o beth mwdril.

'Pobol yn deud dy fod ditha'n gallu bod yn goc oen ar brydia hefyd, Tecs, ond fyswn i'm yn cym'yd ffortiwn am ailadrodd peth felly wrth yr un adyn byw.'

Cymerodd Cemlyn ei gês o law y dyn tacsi cegrwth.

'Diolch, Tecs. Wela i di ddiwadd 'r wsos, ma siŵr,' meddai Cemlyn â gwên lydan ar ei wefus ond nid yn ei lygaid.

Ac aeth ar ei ben i dderbynfa'r Ship i aros am ei gyd-actores.

33

Mae 'nghariad i leni
yn byw gyda'i fam...

D AETH RHYW DON o chwithdod dros Annest wrth iddi bacio'i bagiau i'w throi hi am y de. Feddyliodd hi rioed y byddai'n teimlo'n drist wrth adael gwesty mor llwm a diaddurn. Roedd fel petai'r muriau a'r bobl wedi eu rhewi mewn amser pan nad oedd cysuron byd materol yn bwysig. Ond dyna oedd ei apêl iddi hefyd. Teimlai ei bod wedi camu dros y Gymru a fu'n dân ar ei chroen mor hir a glanio yn rhywle lle roedd y rhan fwyaf o'i thrigolion â'u traed yn dal yn solat ar y ddaear. Roeddan nhw fel petaen nhw'n anadlu'n ddyfnach yn y rhan yma o'r byd.

Dros gyfnod y ffilmio roedd wedi closio hyd yn oed at y giwed swnllyd yn y bar a fyddai yno ddiwedd dydd yn trafod pob ebychiad o'r hyn oedd wedi digwydd ar y set y diwrnod hwnnw. Byddai holi mawr ar yr ecstras oedd wedi cael eu dewis ar gyfer ambell olygfa go sylweddol, a'r rheiny wedyn yn ychwanegu llathen at bob modfedd o'u stori. 'Be gafoch chi ganddyn nhw i ginio heddiw 'ta?' 'Oedd Iwan Prys yn yr olygfa hefo chi?' 'Gest ti linell go lew i ddeud gynnyn nhw?' 'Ddyliat ti ga'l mwy o bres os gest ti ddeud rwbath, siŵr ddyn!' Doedd dim cau ceg ambell un, yn enwedig un ffrind i Cemlyn oedd yn glanio ar y set weithiau heb wahoddiad hyd yn oed. 'Oedd hi reit slac acw heddiw felly mi adewis i'r llafnyn 'cw wrth y llyw', oedd ei fyrdwn wrth synhwyro am gyfle. 'Os byddwch chi'n brin o filwyr, fydda i yn y lle panad i ddisgwl yr alwad, ylwch. Dim brys.'

Fel arfer byddai'r math yma o ecstra wedi mynd dan groen Annest, ond roedd hi wedi anwylo at Big End dros yr wythnosau diwethaf, nid yn unig am ei fod yn ffraeth, ond roedd o hefyd yn warchodol iawn o Cemlyn. Hyd yn oed pan gychwynnodd y ffrae ryfeddaf yn y Ship ryw noson, roedd Big End wedi dŵad i'r adwy i achub cam ei ffrind.

Parti ffarwelio Iwan Prys oedd yr achlysur ac roedd Annest wedi amau ers dechrau'r noson fod un hogan ifanc yn y bar yn godro'r tipyn dadl oedd wedi bod yn mudferwi ers iddi gyrraedd. Mae rhywun sydd wedi bod drwy'r un felin ei hun yn gallu nabod eiddigedd o hirbell. Sylwodd arno'n miniogi yng nghorneli ei gwefusau pan gododd Iwan Prys ar ei draed i ffarwelio â'r cast a'r criw. Yn ei araith fer, fe ddywedodd y seren ei bod hi wedi bod yn fraint cael cydweithio gyda'r actor lleol ac fe broffwydodd ddyfodol disglair iddo. Sylwodd Annest ar guro dwylo llipa'r ferch wrth y bar tra oedd gweddill yr ecstras a fu'n gweithio ar y set yn bloeddio a chymeradwyo'n frwd.

'Pwy 'di'r hogan fach bwdlyd hefo'r dillad crand?' gofynnodd Annest i Cemlyn.

'Pa un?' holodd Cemlyn, nad oedd yn gallu dweud y gwahaniaeth rhwng Matalan ac Armani.

'Honna'n y ffrog goch a gormod o golur.'

'O, Susan Puw ti'n feddwl. Actores fach dda,' atebodd Cemlyn yn llawn brwdfrydedd.

'Ti'n deud?'

'A Glenys Ty'n Pant 'di honna wrth ei hochor hi. Susan sy'n ca'l y *star part* bob blwyddyn gin Glenys.'

Edrychodd Annest ar y ferch yn y gornel yn tywallt rhagor o ddiod am ddim iddi ei hun. Gwyddai'n iawn fod rhywbeth yn corddi'r seren bigog a thaniodd ei chwilfrydedd yn syth. Hyd yn oed pan ymunodd Iwan Prys wrth eu bwrdd i ffarwelio, cadwodd Annest un llygad ar y ffrog goch a'r minlliw tywyll oedd fel petai'n tanlinellu ei hanniddigrwydd. Gallai weld ei bod yn lledaenu rhyw wenwyn ymhlith y criw oedd o'i chwmpas, ac wrth i Iwan ymladd ei ffordd allan o'r bar gwyddai fod Susan Puw wedi llwyddo i danio'r ddadl y bu hi'n trio'i chynnau ers peth amser.

Asgwrn ei chynnen oedd testun y ffilm. Petai hi'n gwybod bod y sgript yn rhoi darlun mor ddiflas o'r sefyllfa fyddai'r un o'i thraed hi wedi mynd yn agos i'r set yn y lle cynta. Cododd lleisiau'r ddadl ddesibel neu ddwy wrth i'r gwin lacio'u tafodau a sleifiodd y criw cynhyrchu i'r lolfa fesul un am fymryn o dawelwch. Daeth ennyd o osteg i'r ddadl a rhoddodd y distawrwydd lwyfan perffaith i'r seren leol glywed rhagor o'i llais ei hun.

'Ac nid fi 'di'r unig un sy'n 'i ddeud o chwaith, ichi ga'l dallt! Llawar un 'di deud wrtha i'u bod nhw'n anhapus.'

Disgwyliodd Susan am ambell air o gefnogaeth i'w baldorddi ond ddaeth 'run ebwch i'w hachub. Yn y tawelwch, cerddodd Annest i fyny at y bar hefo'i gwydryn gwag, ac anelu am y gornel lle roedd Susan Puw yn anwesu'r botel win coch olaf.

'Duw duw, hogan! Mond ffilm ydi hi, er mwyn tad!' meddai Big End o ben arall y bar.

'Ti 'di newid dy gân mwya sydyn, Geraint. Cwta bythefnos sy ers pan oeddat titha'n hefru am fantais y datblygiad.'

''Di o ots? Sbia cyfla ma pawb 'di ga'l gin y criw! Ac ella na ddaw 'na uffar o ddim byd gin y petha Saturn 'ma'n diwadd, wedi'r holl addo.'

'O, welan nhw ddim lliw fy nhin i ar gyfyl y set eto, waeth gin i amdanyn nhw.'

'Rho'r botal win 'na'n ôl lle cest ti hi 'ta, a dos adra,' anelodd Annest ei hymateb fel saeth o fwa. Erbyn hyn roedd hi'n pwyso ar y bar yn wynebu'r *diva* leol sigledig gan ddal ei llaw allan yn hytrach na'i gwydr. 'Os na 'di'r cwmni'n ddigon da iti, yna ddyla'u gwin nhw ddim bod yn ddigon da i chdi chwaith.'

Anesmwythodd Susan Puw gan roi'r botel yn ei hôl ar y bar a throi at ei chyfarwyddwraig.

'Rhei pobol yn anelu'n rhy uchal yn yr hen fyd 'ma, toes, Glenys? Peth anodd 'di aros ar y top wedi ichi orfod bustachu'ch ffordd i fyny yno.'

'Mae'n well iti anelu at rwbath a'i fethu, nac anelu at uffar o ddim byd a'i daro'n ei ganol.'

Roedd y bar orlawn fel y bedd a theimlodd Susan Puw fod pob llygad yn edrych arni, yn disgwyl ei hymateb. Doedd ganddi'r un, ac felly taflodd weddill ei gwydryn i wyneb Annest a cherddodd allan ar ei sodlau simsan a Glenys Ty'n Pant yn ei dilyn â'i balchder yn deilchion.

* * *

Gwenodd Annest wrth gofio'i buddugoliaeth er gwaetha'i throchfa. Roedd yn gyfarwydd iawn â gwreiddyn yr hyn a gorddai Susan Puw a daeth ton o ryddhad drosti nad oedd teimladau felly'n dod i'w llethu bellach. Cyn hyn, hi fyddai'r un yn y gornel yn mwytho potel ola'r *hospitality* â'r awydd ryfeddaf am ffrae yn llosgi yn ei hymasgaroedd.

Ddaru'r 'hogan goch' ddim ymddangos wedi'r noson honno, a bu gweddill eu cyfnod ar y set yn esmwyth a phleserus iawn. Gwelodd dacsi Tecs yn sgrialu ar y graean y tu allan a chynhesodd ei chalon pan welodd Cemlyn yn rowlio'i gês bach i mewn i'r dderbynfa. Be goblyn oedd hyn? gofynnodd wrthi ei hun. O lle deilliai'r bodlonrwydd dieithr yma ynddi?

Lluchiodd yr ychydig ddilladach oedd dan ei gwely

i'w chês a gwthiodd y llythyr apwyntiad diweddara oedd
ganddi efo'i chyfrifydd i ddyfnderoedd ei bag llaw bochiog.
Rhoddodd glep ar ddrws ei hystafell wely am y tro olaf a
chysurodd ei hun y gallai werthu'r fflat petai'n hi'n mynd
i'r pen arni. Roedd yn mynd i fwynhau'r wythnos olaf o
ffilmio, doed a ddêl.

34

Mae'r gwynt yn oer oddi ar y llyn...

M YNNODD ANNEST YRRU dros Bont y Borth wrth
ffarwelio â'r ynys yn hytrach na'r 'hen beth arall 'na'.
Roedd gyrru heibio'r cadwyni glaswyrdd yn ei hatgoffa o'i
nain bob amser. Arferai ddod â hi i Ffair Borth bob mis
Hydref a byddai'n adrodd yr englyn enwog iddi wrth i'r
ddwy edrych dros y canllaw i gyfeiliant hyrdi-gyrdi'r meri-
go-rownd a'r goleuadau'n fflachio yn y llifeiriant du oddi
tanynt.

'Fydda Nain Pesda'n dŵad 'ddar y bws ar y tir mawr bob
tro byddan ni'n dŵad i'r ffair a mynnu'n bod ni ill dwy'n
cerddad dros y bont. Glaw neu hindda, waeth be, bydda'n
rhaid cerddad yr hannar milltir ola i'r ffair bob blwyddyn.
"Wyddat ti mai lawr ar y creigia 'cw cafodd Cynan ei gladdu?"
fydda hi'n ei ofyn bob gafal, a finna ddim hefo'r syniad lleia
pwy oedd Cynan. Ti'n gwbod pwy oedd o?'

'Na wn i.'

Rhyw hanner gwrando ar ei gydymaith roedd Cemlyn.
Er iddo lwyddo i ateb bob un o'i chwestiynau'n ddigon
cwrtais, doedd o ddim yn cyfrannu rhyw lawer at fyrdwn
eu sgwrs y bore hwnnw. Tybed a oedd Megan wedi cofio
bod ei fam yn cael y Complan hefo'i phaned ddeg? Yr un
hefo mefus ynddo fo. Ac os na fyddai hi wedi bwyta fawr o
ginio a fyddai hi'n cofio rhoi cwpaned o'r Complan llysiau
iddi yn y pnawn? Oedd o wedi cofio rhoi'r manylion hynny
i gyd ar y rhestr i Megan? Beryg nad oedd o. Hyn oll, a

mwy, oedd yn mynd trwy feddwl Cemlyn wrth i Annest
fwydro am ffeiriau a neiniau a beirdd a mynwentydd ar
lan y Fenai.

Yn raddol, fe lithrodd Annest hithau i'w byd bach ei
hun, a'i thu mewn yn gymysg o hiraeth, dryswch ac ofn.
Meddyliodd beth fyddai'r criw i lawr yn y ddinas yn ei
feddwl o'i chyfaill newydd. Roedd Caron wedi trefnu eu
bod i gyd yn mynd allan i Dylan's nos yfory ar ôl iddyn nhw
orffen ffilmio ac roedd Angharad wedi erfyn arni i ddod
i gadw cwmni i Cemlyn. Fe wyddai Angharad nad oedd
Annest yn or-hoff o bartïon; bob amser yn diflannu oddi
yno'n fuan neu'n cyrraedd yn hwyr ac yn feddw. Ond peidio
cyrraedd o gwbl oedd ei thric mwyaf cyson.

'Fyddwn ni i gyd yn gwmni iddo fo'n byddwn, Angharad?'
ymatebodd Annest yn syth.

'O byddwn, wrth gwrs y byddwn ni. Ond…'

Doedd Annest ddim wedi hoffi'r wên fach awgrymog gan
ei chynhyrchydd. Beth oedd hi'n trio'i awgrymu tybed?

'"Ond" be, Angharad?' holodd, wedi saib bwriadol.

'Dim. Sion oedd yn awyddus inni i gyd fod yno'n gwmni i
Cemlyn nos fory. A dach chi'ch dau i weld yn dŵad ymlaen
mor dda erbyn hyn a…'

Pam ddiawl na orffennith hi'i brawddega'n iawn?
meddyliodd Annest. Be goblyn oedd Angharad Prysor yn
drio'i awgrymu? Gadawodd i'w brawddeg anorffenedig
hongian yn yr awyr y tro hwn a bu'n rhaid i Angharad geisio
llenwi'r bwlch yr oedd wedi ei adael ar agor.

'Mae o i weld mor gyfforddus yn dy gwmni di erbyn hyn,
tydi?' oedd ei hymgais i egluro'i hun yn well.

Oedd hi wir yn meddwl bod Cemlyn a hithau'n closio?
Oedd hi'n ddigon craff i fod wedi synhwyro hynny a hithau
wedi gwneud pob ymdrech i gelu ei theimladau? Oedd
Angharad Prysor yn gwybod, pe deuai'r cyfle, y byddai hi'n

suddo i mewn i fywyd Cemlyn fel twrch i bridd cynnes y gwanwyn?

Ond hyd yn oed petai Cemlyn yn syrthio ar ei liniau ac yn erfyn arni fory nesa, fedrai hi byth ildio i'w wahoddiad. Feiddiai hi ddim. Gwyddai, ers dyddiau, fod pawb ar y set yn ymwybodol o'i chyfyng-gyngor ariannol. Tyrchu i mewn i'w boced ac nid i'w galon fyddai eu dehongliad hwy o'r sefyllfa. Toedd hi wedi ei wawdio o'r diwrnod cyntaf hwnnw pan laniodd yn y clyweliad a golwg y diawl arno? Wedi bod yn rhy gyndyn i gydnabod ei dalent a'i ffraethineb, a phawb arall wedi gweld ei rinweddau o'r cychwyn? Fyddai neb o fewn y cwmni'n meddwl am eiliad fod yna unrhyw seiliau didwyll i'w perthynas.

Â'u pennau'n llawn o'u gofidiau eu hunain y treuliodd y ddau y rhan fwyaf o'r ffordd ar hyd yr A470 tua'r de.

* * *

Oni bai fod Annest wedi dweud wrtho ei bod am gymryd y *scenic route* ym Mhontnewydd ar Wy, fyddai Cemlyn ddim wedi dweud yr un gair o'i ben. Roedd y ffordd i lawr i Gaerdydd mor ddieithr iddo ag i'r dyn yn y lleuad, a fyddai ganddo'r un syniad fod Annest wedi troi oddi ar eu hald am Lanafan Fawr tasai hi ddim wedi agor ei cheg.

'Dwi isio iti weld rwla,' meddai Annest, gan wyro i'r dde cyn cyrraedd y pentref ei hun.

Roedd Cemlyn wedi danfon neges at ei chwaer ddwywaith yn ystod y siwrnai yn holi a oedd popeth yn iawn ond doedd o ddim wedi cael ebwch yn ôl ganddi. Fyddai o ddim wedi disgwyl i Megan ymateb fel rheol, ond roedd ei angen am dawelwch meddwl yn drech na'i amynedd heddiw a daeth Annest yn fwy ymwybodol o anniddigrwydd ei chydymaith fel yr âi'r siwrnai'n ei blaen.

'Ti'n ocê?' holodd, wrth i'r car esgyn i fyny'r cwm.

'Megan sy ddim yn f'atab i.'

'Poeni am dy fam wyt ti?'

'Mi wyddwn i mai fel hyn bydda hi.'

Wrth i'r car nesu am Lyn y Fan Fach teimlodd Annest ei thu mewn yn tawelu unwaith eto. Roedd wedi bod yma'n ffilmio ar leoliad flynyddoedd yn ôl ac o'r eiliad cyntaf y trawodd ei llygaid ar foelni'r cwm, fe deimlodd don o drydan newydd yn saethu drwyddi. Byth ers hynny fe ddeuai yma am gyflenwad newydd pan fyddai'r ewyllys yn edwino. Un o'i hoff lecynnau ar y blaned hon oedd ar lan Llyn y Fan Fach. Roedd am i Cemlyn rannu'r un profiad.

'Tydi o'n hardd?'

Fedrai Cemlyn yn ei fyw â theimlo'r un wefr, ond fe gytunodd â'i gyd-actores ei fod yn hardd.

'Ddudis i wrth Sion mai fan hyn ddylia'i fod o wedi saethu golygfa ola'r milwr. Dipyn gwell lleoliad, ti'm yn meddwl?'

Er bod yna lygedyn o haul yn taro ar eu cefnau, haul llwynog oedd o. I lygaid Cemlyn, roedd y llyn yn dywyll ac anghroesawgar a phrin y gallai'r hogyn dryslyd ddychmygu unrhyw dylwyth yn byw yn ei waelodion. Roedd ganddo led atgof o'i athrawes yn adrodd yr hanes rhyfedd am Chwedl Llyn y Fan wrtho yn yr ysgol gynradd flynyddoedd yn ôl, ond doedd y stori ddim wedi cydio yn ei ddychymyg gymaint ag yr oedd wedi ei wneud i Annest, yn amlwg.

'Ia, ond pam y byddai unrhyw ferch yn cael ei denu oddi wrth ei thylwyth gan damaid o fara, er mwyn dyn?'

'Ddim y bara sy'n bwysig. Y ffaith iddo fo ddŵad yn ei ôl a thrio eto,' cynigiodd Annest.

Crychodd Cemlyn ei dalcen a chodi ei sgwyddau. Doedd o ddim yn deall yr hyn roedd Annest yn ei gael o'r stori. Merch o ddyfnderoedd y llyn oedd hi. Pam symud o'i chynefin a'i chymdogaeth i fyd mor ddieithr?

'Stori garu ydi hi, Cemlyn. Ti'm yn gweld? Ma cariad yn drech nag unrhyw beth arall yn y byd.'

Edrychodd Annest ar y moelni o'i chwmpas. Doedd yna'r un goeden, gwrych na blodyn yn tyfu yn unman. Dim ond crib y graig yn taflu ei chysgod du dros y llyn a dyrnaid o frwyn yma ac acw yn ymlafnio yn erbyn yr elfennau gerwin. Hynny oedd wedi denu Annest i'r lle dro ar ôl tro. Dim ond y gwydn a'r penderfynol oedd yn llwyddo mewn lle fel hyn. A'r llyn.

'Ond pam a'th hi'n ei hôl i'r llyn?'

'Stori arall 'di honno,' atebodd Annest, a theimlodd wres yr haul yn cynhesu ei hysgwyddau. Cychwynnodd yn ei hôl am y car a thaflodd un frawddeg i'r gwynt wrth fynd. 'Rhaid iti beidio poeni am dy fam bob munud, wyddost ti, Cemlyn. Fasa hi ddim dicach tasa hi'n gwbod dy fod di'n rhoi dy fryd ar betha erill weithia.'

A cherddodd y llwybr yn ôl am y maes parcio ar ei phen ei hun, wedi anadlu'r nerth yr oedd ei angen arni i ddychwelyd i'r ddinas.

Teimlodd Cemlyn yr oerfel yn dechrau brathu ei wadnau ond roedd ei letchwithdod wedi ei barlysu am ennyd. Doedd neb wedi dweud dim byd tebyg wrtho o'r blaen a cheisiodd feddwl beth yn union oedd wedi ei chymell. Roedd pawb wedi ei edmygu am fod mor driw i'w fam erioed; pawb wedi bod yn dweud wrtho ei fod yn un o fil yn gofalu mor dyner amdani. Neb wedi awgrymu dim byd arall iddo cyn heddiw. Gwyliodd Annest yn ymlwybro tua'i char yn y gwaelodion a sylwodd fod yr haul wedi diflannu dros y grib a'r rhewynt yn troi'n gyffion ar fonion yr hesg ar hyd y glannau. Byddai'r llyn wedi rhewi'n glap erbyn y bore.

Torrwyd ar ei fyfyrdod gan sŵn chwerthin o bell a sylwodd ar ddau gariad yn rhedeg i lawr y moelni y pen arall i'r llyn. Taflodd y bachgen garreg i chwipio ar ei hechel ar wyneb y dŵr a honno'n codi eto ac eto cyn plymio i'r gwaelodion. Yna rhedodd y ddau law yn llaw i gyfeiriad y lôn a'u chwerthin yn pellhau wrth i'r awel feinhau a pheri i Cemlyn yntau symud o'r cysgodion.

Wrth nesu at y car sylwodd fod Annest wedi cynnau'r injan a'r beipen egsôst yn tagu fel mwg taro yn yr oerni. Wyddai o ddim yn iawn sut y byddai'n cyfarch ei ffrind pan agorai'r drws, ond wrth iddo ddod yn nes at y cerbyd sylwodd fod Annest yn beichio crio. Cyflymodd ei gamau a chythrodd am ddrws y gyrrwr a'i agor.

'Be sy, Annest? Be sy 'di digwydd?'

'Dim byd, Cemlyn. Ddyliwn i ddim bod wedi deud be 'nes i a...'

'Deud be?'

'Be ddudis i wrtha chdi rŵan. Doedd gin i ddim hawl i...'

Allai hi ddim dirnad o lle daeth y fath ffrwd o ddagrau. Cwta ddeng munud yn ôl roedd wedi sefyll wrth y llyn yn teimlo mai hi oedd arglwyddes y cwm, a dyma hi bellach yn methu meddwl sut y gallai hi wynebu penwythnos o ffilmio yn y brifddinas. Roedd hi wedi edrych ymlaen gymaint am gael gorffen y ffilm a gweld beth fyddai'r ymateb iddi, a dyma hi rŵan fel plentyn dyflwydd yn methu gorffen ei brawddegau hyd yn oed.

'W't ti isio i mi yrru?' cynigiodd Cemlyn.

Ysgydwodd Annest ei phen a llwyddodd i ddweud, 'Na, ty'd i mewn. Fydda i'n iawn mewn munud.'

Ufuddhaodd Cemlyn i'w gorchymyn ac eisteddodd wrth ei hymyl tra hefrai'r injan a'r twymwr oedd wedi ei droi ar ei uchaf, gan daflu gwres tanbaid i mewn i'r car. Teimlodd Cemlyn ei fodiau'n tincian wrth iddynt ddadrewi, ond roedd ei ddannedd yn dal i glecian fel cnocell ar hast. Yn sydyn, diffoddodd Annest yr injan a dim ond sŵn eu hanadlu oedd i'w glywed.

'Ma wir ddrwg gin i, Cemlyn. Dwn i'm be ddoth drosta i'n deud y ffasiwn beth.'

'Ma Mam yn iawn. Ges i negas gin fy chwaer rŵan, fel o'n i'n dŵad i lawr.'

'Dwi'n falch.'

'Finna hefyd. Ond ti'n iawn. Mi fasa hi'n flin tasa hi'n gwbod 'mod i'n meddwl amdani drw'r amsar.'

Brathodd Annest ei thafod eto. Yna, peidiodd y dagrau. Ond teimlodd ffrwd arall yn codi o'i thu mewn. Ffrwd o eiriau. Geiriau y byddai Annest wedi eu mygu'n gorn cyn heddiw. Ond yma, yn ei chyffesgell gynnes, fe lifodd ei theimladau mor rhwydd. Cyffesodd wrth Cemlyn gymaint roedd hi'n ei edmygu. Dywedodd wrtho na welodd hi'r fath deyrngarwch yn ei bywyd erioed a falla mai hynny oedd wedi peri iddi frathu'n ddirybudd.

'Dwi rioed wedi medru teimlo fel'na tuag at neb. Ddim hyd yn oed at Nain Pesda. Dwi'n cofio edrach ar ei harch hi yn yr eglwys a theimlo'n flin hefo hi am fy ngadal i ar fy mhen fy hun. Chollis i'r un deigryn. Sut medra hi fynd a marw pan oeddwn i fwya'i hangan hi? A rŵan, sgin i neb. Neb i rannu dim byd hefo nhw. A hyd yn oed tasa gin i rywun, a tasa gin i rywfaint i'w roi, dwi'm yn gwbod os medrwn i'i rannu fo hefo neb, achos...'

'Annest...'

'Na, paid â deud dim byd rŵan, Cemlyn. Tydi hyn ddim byd i neud hefo chdi. Wir. Fydda i'n well fory, gei di weld. Unwaith bydda i wedi sortio'r llanast 'ma dwi ynddo fo, mi fedra i symud yn fy mlaen wedyn.'

'Oes 'na rwbath...'

'Na, dim byd. 'Di o'm byd i neb arall... hyn.'

Aildaniodd yr injan a chyfeiriodd y car tua'r dwyrain a'r gwynt eisoes wedi chwipio haen denau o rew dros gyfrinachau'r llyn.

35

CWM ANIAL, HYDREF 2113

SAIF LUCA'N EDRYCH allan i'r pellterau. Does dim arlliw o emosiwn ar ei wyneb. Wrth i'r siot ledu gwelwn ei fod yn sefyll mewn cwm anial lle nad oes dim yn tyfu ynddo. Tir mawnog, diffaith ydyw. Mae o'n ôl yn gwisgo lifrai'r fyddin a daw milwr ifanc arall, dipyn mwy trwsiadus yr olwg, a rhoi mwgwd am lygaid Luca. Sylwn fod ei ddwylo wedi eu clymu o'r cefn ac mae'r milwr arall yn cerdded allan o'r siot.

Clywn lais rhywun yn galw gorchymyn i baratoi i saethu ond mae'r geiriau'n gymysg â sŵn y gwynt a chlebar y brain. Daw'r alaw agoriadol yn ôl i foddi'r gwynt, ond gallwn glywed sŵn y tanio dros y gerddoriaeth. Mae Luca yn syrthio allan o'r siot a chwmwl o fwg y gynnau'n pasio heibio'r llun.

Arhoswn ar siot o'r awyr lle safai Luca cyn syrthio. Daw'r brain i lenwi'r sgrin fel huddyg ar ludw. Yna mae'r darlun yn lledu.

Mae'r siot yn ein harwain i ben y foel ac yno, ar lechwedd unig, mae Titus yn edrych i lawr ar yr olygfa. Arhoswn ar siot dynn o lygaid Titus.

Yna, torrwn yn ôl i weld corff Luca yn gorwedd ar y fawnog, wedi ei ridyllu gan fwledi a'i lifrai'n un gogor o waed.

36

Dwedwch fawrion o wybodaeth,
O ba beth y gwnaethpwyd hiraeth?

W RTH I GEFNLEN gyfarwydd y brifddinas gyrraedd ei
golygon teimlodd Annest ei chalon yn cyflymu. Pa
gynnwrf oedd hwn yn curo yn ei mynwes a hithau wedi
arswydo wrth feddwl am ddychwelyd adre ychydig oriau
ynghynt? Ond heno, wrth yrru tua'r Bae, roedd posibiliadau'r
ddinas yn cynnau yn yr isymwybod. Posibiliadau y
llwyddodd i'w mygu wrth ffilmio yn y gogledd. Roedd y
ffilm wedi bod yn ddihangfa iddi, a'r newid cynefin wedi
pylu'r awydd i ddianc i gorneli tywyll anghofrwydd. Fel
lampau stryd yn y gwyll, roedd hen gyneddfau'n aildanio
fesul un.

Sylwodd ar Cemlyn yn syllu'n gegrwth ar yr adeiladau o'i
gwmpas. Mor ddieithr oedd y strydoedd yma iddo. Tafarndai
a gwestai a oedd mor gyfarwydd iddi hi â chefn ei llaw. Beth
oedd yn mynd trwy ei feddwl tybed?

'Wyt ti isio help i gario dy betha?' holodd Annest, wrth
iddi aros o flaen y dderbynfa y tu allan i Westy Dewi Sant yn
y Bae. Roedd wedi ystyried cynnig iddo ddod i aros hefo hi
yn y fflat ond wedi penderfynu mai doethach fyddai peidio.
Roedd y cwmni wedi trefnu'r gwesty iddo cyn iddyn nhw
ddechrau saethu a gwyddai y byddai 'na hen siarad petai
unrhyw newid i'r trefniant.

'Na, fydda i'n iawn yn fa'ma, diolch iti,' atebodd Cemlyn,

196

gan afael yn dynn yn y ffurflen archeb roedd Caron wedi ei rhoi iddo y noson gynt.

'Mond rhoi honna iddyn nhw wrth y ddesg ac fe gei di dy stafell yn syth. Os cei di unrhyw drafferth, ma'n rhif i ar waelod y ffurflen.' Cyfarwyddiadau oedd wedi rhoi tawelwch meddwl mawr i Cemlyn.

Roedd rhyw letchwithdod wedi dod rhwng y ddau ar ôl iddyn nhw adael y llyn. Cemlyn yn cnoi cil dros y cyfan yr oedd Annest wedi ei ddweud wrtho a hithau'n ceisio dyfalu beth oedd Cemlyn yn ei feddwl ohoni erbyn hyn. Roedd yn dda cael cyrraedd a gwahanu. Diolchodd ei bod yn mynd yn ôl i fflat gwag ac na fyddai'n rhaid iddi ddandwn neb heno. Hi oedd piau heno; neb arall.

* * *

Roedd Cemlyn wedi cerdded drwy ambell i ddrws meri-go-rownd o'r blaen, ond roedd heddiw'n brofiad cwbl newydd iddo. Doedd cerdded i dderbynfa mor grand â hon i ofyn am eich ystafell ddim yr un profiad â chwarae mig hefo'i fam wrth siopa yn Lerpwl slawar dydd. A doedd llusgo cês bach y tu ôl iddo wrth i'r drws gwydr droelli ar ei echel ddim yr hawsaf peth i ymgodymu ag o chwaith. Cydiodd yn dynn yn ei damaid papur wrth aros ei dro wrth y ddesg, a phan ofynnodd yr hogan landeg mewn siwt lwyd, 'Yes sir, can I help you?' fe ddywedodd y frawddeg yr oedd wedi ei hymarfer droeon yr holl ffordd i lawr yn y car. 'I have a room booked for me by Cwmni Teledu Aran', a rhoddodd y tamaid papur iddi ar ei desg ac aeth hithau drwy'r mosiwns arferol ar ei chyfrifiadur.

'Have you stayed with us before, Mr Owen?'

Daeth y cwestiwn yn ddirybudd braidd a doedd Cemlyn

ddim wedi paratoi ei hun ar ei gyfer. Ac er fod yr ateb yn ddigon syml fe oedodd ychydig yn rhy hir cyn ei roi.

'Ym… no.'

'So, would you be interested in booking a table for a meal with us this evening?'

Eto, fe oedodd.

'Yyym… no.'

'Lifts are over there. Breakfast is in the Tempus and Tides restaurant between seven thirty and ten. Any newspapers, Mr Owen?'

Oedodd unwaith yn rhagor, a sylweddolodd ei fod ar fin rhoi'r un ymateb iddi am y trydydd tro.

'Yyym… no, thank you.'

Cymerodd y goriad ac edrychodd arno am eiliad. Doedd hwn ddim byd tebyg i'r allweddi oedd ganddyn nhw yn y gwestai yr arferai o a'i fam aros ynddyn nhw pan fentrai'r ddau aros y nos yn Lerpwl ar ambell benwythnos.

'Anything wrong?'

'Ym'. Gwridodd fel y machlud dros y bae. 'No. Good night.'

Cerddodd i gyfeiriad y lifft cyn iddi gael cyfle i ofyn rhagor o gwestiynau a phylodd y gwrid o'i ruddiau. Edrychodd i fyny i'r nenfwd o lawr y cyntedd a rhyfeddodd ei fod yn ymestyn i gymaint o loriau uwch ei ben Daeth rhyw ofn sydyn drosto. Roedd ei stafell ar y nawfed llawr, a phan ddaeth allan o'r lifft ac edrych i lawr ar y dderbynfa teimlodd y pensgafndod rhyfeddaf. Roedd fel petai'n gweld ffigwr o ddyn bach unig yno'n sefyll wrth y ddesg yn dweud, 'Yyyym… no'. Gwridodd am yr eildro, gan chwilio am ddrws ystafell rhif saith.

Wedi rhoi'r cerdyn yn yr hollt ar bob ongl bosibl ddwsinau o weithiau a chael dim byd ond rhyw olau bach coch yn wincio'n ôl arno bob gafael, o'r diwedd fe newidiodd y golau'n wyrdd a chafodd fynediad i'r ystafell wely fwyaf moethus a welodd erioed. Roedd tyweli mawrion, melfedaidd ar waelod ei wely a digon o sebonach i'w gadw'n lân am fis. Roedd ganddo hyd yn oed ei ystafell ymolchi ei hun! Llanwodd y baddon yn syth bin ac o fewn dim roedd wedi ei lapio mewn dŵr poeth ac ewyn hyd at ei drwyn. Roedd ei fam druan wedi prynu hwda o dywelion newydd iddo gan Marian Spar a mwy o sebon a siampŵ nag a ddaliai ei gês, a doedd angen yr un ohonyn nhw arno.

'Cofia di olchi'r bath ar d'ôl rŵan, Cemlyn. Ti'm isio i bobol yr hotel feddwl nad w't ti wedi dy ddysgu'n iawn,' oedd ei byrdwn wedi bod dros y dyddiau diwethaf.

'Fydda i wastad yn llnau bath ar f'ôl.'

'Ia, ond lasat anghofio mewn hotel, wyddost ti. Pobol yn tendiad yn fanno'n toes? Lasat fynd i feddwl nad oes raid i ti neud affliw o ddim byd. Ond lle bynnag yr ei di'n yr hen fyd 'ma, ma isio ti gofio golchi'r bath ar d'ôl. Ne does wbod be ddyfyd pobol amdanat ti.'

'Ia, iawn, Mam. Mi gofia i'ch cyngor chi.'

Gwenodd wrth gofio'u sgwrs ac estynnodd am ei sgript. Aeth dros ei eiriau rhyw unwaith neu ddwy wrth socian yn y dŵr poeth. Roedd wedi llenwi'r bath enfawr i'w ymylon bron; moethusrwydd na fyddai'n ei ganiatáu iddo'i hun yn aml iawn yn Nhyddyn Pwyth, dim ond pan fyddai'r boilar yn drybywndian ac yn agos at ferwi y byddai modd bod mor wastraffus â hyn. Pan oedd yn blentyn byddai'n rhaid iddo ddefnyddio'r dŵr bath ar ôl Megan yn amlach na pheidio. Dŵr llugoer nad oedd posib gwneud dim ond neidio i mewn ac allan cyn i'r gwres fynd ohono'n llwyr. Suddodd dan y trochion i geisio dileu'r atgof.

Cofiodd am y llyn du a'r anialdir, a geiriau Annest yn dal i ganu'n ei glustiau: 'Rhaid iti beidio poeni am dy fam bob munud awr, wyddost ti, Cemlyn. Fasa hi ddim dicach tasa hi'n gwbod dy fod di'n rhoi dy fryd ar betha erill weithia.'

Clywodd ei ffôn yn canu a llamodd allan o'r dŵr nes roedd llawr y stafell ymolchi'n foddfa o ewyn. Clymodd dywel am ei ganol ac edrychodd ar y neges ar y sgrin.

Mam ddim yn dda. Am fynd â hi adra.

Dywedwch wrtho nad wyf yn lecio ei adael ef fel hyn…

CLYWODD ANNEST GLEP farwaidd drws ei fflat yn taro'n erbyn mynydd o amlenni, a suddodd ei chalon. Gwyddai'n iawn beth fyddai lliw a chynnwys y rhan fwyaf ohonynt a dewisodd eu hanwybyddu. Pam dylai hi boeni am arian? Roedd hi wedi ufuddhau i'w chyfrifydd ac eisoes wedi rhoi swm go ddel i'r dyn treth i'w gadw'n dawel.

Ond gwyddai fod biliau eraill heb eu talu hefyd; biliau na wyddai ei chyfrifydd am eu bodolaeth. A thu mewn i bob llythyr a wasgwyd y tu ôl i'r drws roedd 'na law ddychmygol yn ymestyn ati'n gofyn am daliad, a gwg yr anfonebwr yn edrych yn sarrug arni drwy ffenest pob amlen frown.

Trodd y gawod i'w lefel ffyrnicaf a'r gwres i fyny i'r poethaf y gallai ei oddef. Gwyddai y dylai fod yn cynnig ei chwmnïaeth i Cemlyn yn y gwesty heno ond doedd ganddi ddim math o awydd eistedd mewn awyrgylch mor waraidd a sidêt, a fyddai Cemlyn ddim yn mwynhau'r math o ddihangfa oedd yn dechrau troi'n ysfa ddi-droi'n-ôl yn ei thu mewn hithau chwaith. Roedd hi wedi arllwys yr hyn a allai o'i chalon iddo yn y car a thybiodd ei fod yntau wedi bod ar fin cynnig rhyw fath o gymorth iddi – os oedd hi wedi darllen ei feddwl yn iawn. Ond sut allai o ei helpu? Roedd wedi dewis aros i ymladd ei hawliau yn ei fwthyn tlawd, doedd ganddo ddim math o gelc y tu cefn iddo, yn berchen ar damaid o dir a oedd yn werth miliynau ac eto'n dewis byw o'r llaw i'r genau a'r cyfan er lles ei fam. Allai hi ddim amgyffred y fath deyrngarwch. Na, nid Cemlyn Owen fyddai ei noddfa wedi'r cyfan.

Sychodd ei chorff â'r tywel oedd wedi bod yn crogi yn ei hystafell ymolchi ers mis a mwy. Trawodd y tegell ymlaen a phenderfynodd y byddai'n mynd â'r holl amlenni draw i'w chyfrifydd ar ei ffordd i'r gwaith yn y bore. A hithau wedi ufuddhau i bob gorchymyn, y peth lleia fedrai ei wneud oedd didoli'r cawdel brown o'i blaen. Fe roddai'r cwbl yn ei ddwylo fo o hyn ymlaen.

Cododd yr amlenni'n un bwndel o'r llawr a dal ei gafael ar yr ychydig hynny oedd yn ymddangos yn llai bygythiol. Rhoddodd y gweddill mewn bocs a oedd eisoes yn llawn o'r un math o sothach. Canodd ei ffôn a sylwodd fod ganddi neges yn ei disgwyl.

Ti gytre? Ffansi mynd mas?

YR HEN DDOCIAU, GAEAF 2117

S IOT LYDAN O hen long rydlyd mewn porthladd sydd wedi
gweld ei ddyddiau gwell. Mae'r siot yn tynhau'n raddol
a gwelwn ambell swyddog yn tramwyo'r dec. Rhyw fath o
garcharorion yw'r gweddill a welwn yn llusgo'u traed neu yn
sgrwbio bwrdd y llong segur. Tasgau diamcan, i osgoi segurdod,
yn anad dim arall.

Gwelwn Titus yn syllu i fyny ar y llong o blith y dorf y tu
allan i dafarn. Morwyr, marchnatwyr a phuteiniaid yn gefndir
prysur iddo. Mae ambell feddwyn a milwr yn britho'r cefndir
hefyd. Does fawr o lewyrch ar neb na dim i'w weld. Mae tlodi
'run fath ym mhob oes.

Mae Titus yn magu plwc i ofyn i un o'r swyddogion a gaiff o
fynediad ar fwrdd y llong ac mae hwnnw'n gofyn iddo ddangos
ei bapurau. Nid ydym yn ddigon agos i glywed y ddeialog ond
gallwn synhwyro mai dyna'u sgwrs o'u hiaith gorfforol. Mae
Titus yn dangos rhyw ddogfennau i'r swyddog a hwnnw'n
craffu'n fanwl arnynt.

Mae un ferch ifanc sy'n sgrwbio'r dec yn codi ei phen. Mae
hi'n amlwg wedi nabod herc ei hewythr. Mae'n codi sydyn ac
yn rhedeg allan o'r siot.

Mewn stafell gyfyng yng ngwaelodion y llong mae Brengain
yn gorwedd yn fud wrth i un o uwchswyddogion y 'carchar'
duchan eiliadau olaf ei drachwant arni. Daw'r cyfan i ben
gydag un ebwch ddofn. Nid oes gair yn cael ei ddweud pan
mae Brengain yn gwisgo ac yna'n gadael y caban cyfyng. Pan

ddaw allan mae'r ferch fach welson ni ar fwrdd y llong yn aros amdani.

BRENGAIN: Be sy?

MERCH: Dyn Hendre Ebolion.

BRENGAIN: Be amdano fo?

MERCH: Mae o yma.

Daw cysgod o fynegiant i wyneb diemosiwn Brengain – fel petai hi wedi bod yn disgwyl hyn ers sbel.

O flodyn y dyffryn, deffro.

ROEDD CWMNI ARAN wedi llogi hen warws wag i lawr yn y dociau ar gyfer y coluro a'r ystafelloedd newid; sgerbwd o frics a fu'n fwrlwm o drin a thrafod unwaith. Tipyn gwahanol i foethusrwydd y Bae, meddyliodd Cemlyn wrth iddo ddod allan o'i dacsi i'r oerfel. Roedd peth o'r adeilad hefyd yn cael ei ddefnyddio fel rhan o'r set, ac er mai'r un wynebau cyfarwydd oedd wrthi'n ailwampio wyneb allanol y warws, roedd popeth yn teimlo'n gwbl ddieithr. Gwyddai mai prysurdeb oedd y rheswm dros fudandod y criw technegol ond fe ysai Cemlyn am un cyfarchiad o rywle.

I'r gwrthwyneb roedd hi wedi bod yn y gwesty. Wynebau dieithr yn tendio a dandwn hyd at syrffed. Tost brown 'ta gwyn? Llefrith gafr 'ta buwch? Wy wedi ei sgramblo 'ta wy wedi ei ffrio? Te 'ta coffi? Sôs coch 'ta brown? Ond 'run gair o Gymraeg o enau'r un ohonyn nhw. Teimlai fel adyn ar goll yng nghanol yr holl sylw. Ac er bod digon o fwyd yno i borthi byddin, doedd ganddo fawr o stumog pan laniodd y platiad *full English* o'i flaen ar lestr gwyn, chwilboeth. Edrychodd allan dros y bae i gyfeiliant mân siarad cwrtais a thabwrdd cyllyll a ffyrc ysgafn, a'i du mewn yn sgrechian: Pam ddiawl nad oedd Megan yn ateb y ffôn?

Doedd o prin wedi cyffwrdd ei frecwast pan ddacth un o'r gweinyddesau gorwenog tuag ato. 'Your taxi's waiting sir', meddai, gan edrych ar ei blât llawn.

'Oh, yes. Thank you,' meddai Cemlyn, gan godi'n drwsgl o'r bwrdd. Edrychodd yn euog ar y plât.

'I'm sure the taxi will wait if you...'

'No, no, it's OK,' torrodd ar ei thraws. 'My eyes were bigger than my stomach, I think.'

Crychodd yr eneth ifanc ei thalcen ac yna gwenodd.

'Have a nice day, sir,' meddai, a chariodd ei frecwast yn ôl i'r gegin. Byddai ei fam wedi dweud y drefn yn hallt wrtho am fod mor wastraffus.

Erbyn i'w dacsi gyrraedd y dociau roedd ei stumog yn sgrechian am rywbeth i'w fwyta. Wedi sefyllian y tu allan am ychydig, daeth Caron ato a'i hebrwng i'r stafell golur.

Eisteddodd Cemlyn fel delw yn y gadair goluro, ond roedd ei feddwl yn gwibio i bobman. Pam roedd ei chwaer yn bod mor styfnig? Roedd wedi trio'i ffôn symudol a ffôn y tŷ sawl gwaith. Siawns nad oedd rhywun yn rhywle yn ddigon tebol i'w ateb. Oedd Megan yn peidio am fod ei fam yn wirioneddol wael? Oedd hi'n ceisio'i warchod rhag y gwir plaen tra oedd o'n ffilmio? I rwbio halen i'r briw, doedd ganddo ddim math o signal i lawr yma'n y dociau nac unrhyw fodd arall o gael neges iddi chwaith. Roedd wedi rhoi rhif Cwmni Aran i'w chwaer ond doedd ganddo fawr o ffydd fod hynny'n mynd i fod o werth.

Roedd y stafell golur yn gwch gwenyn o fynd a dod. Gan fod yna gymaint o ecstras ar y set, roedd Karen wedi gofyn am fwy o gymorth heddiw. Yng nghanol yr holl firi fe allai Cemlyn synhwyro fod yna densiwn ymhlith y criw, a Karen yn gwaredu fod Annest yn hwyr i'w galwad – heddiw o bob diwrnod. Gwelodd Cemlyn hi'n codi ei hael ar y ferch oedd yn ei goluro fo, gan dynnu anadl ddofn. Edrychodd ar ei horiawr a glaniodd Caron hefo'i *walkie-talkie* yn ei law.

'Wel?' holodd Karen yn daer.

'Ni 'di trial ffono sawl gwaith, ond so ddi'n ateb.'

'Ddechreua i ar rei o'r ecstras 'ma 'ta. Rho wbod pan gewch chi unrhyw newydd.'

Roedd Cemlyn i fod i orffen ffilmio am bump, yn ôl ei amserlen. Ond gwyddai eisoes y byddai heddiw'n ddiwrnod hir os oedd pethau wedi cychwyn mor wael â hyn. Fe allai Sion wneud ambell siot heb Annest, i arbed rhywfaint o amser, ond doedd pethau ddim yn edrych yn addawol iddo ddal y trên chwarter i chwech. Roedd y posibilrwydd hwnnw'n llithro o'i afael wrth yr eiliad.

'Sgin ti signal, felly?' holodd Cemlyn.

'Na, ddim lawr fan hyn,' atebodd Caron. 'Wi jyst yn ca'l negeseuon o'r swyddfa.'

'O, reit.'

Synhwyrodd Caron ddim fod Cemlyn ar binnau hefyd gan fod ganddo ormod ar ei feddwl. Roedd o wedi gadael Annest mewn tipyn o gyflwr yn Juice neithiwr, er nad oedd wedi crybwyll hynny wrth neb hyd yma, ddim hyd yn oed wrth Angharad. Roedd Annest wedi archebu Mojito anferth pan gyrhaeddodd eu tacsi am hanner nos ac fe wrthododd symud o'r bar. Diod bach i ddathlu eu dychweliad i'r ddinas oedd neithiwr i fod, ond o'r eiliad y cyrhaeddon nhw'r clwb, fe wyddai Caron fod Annest ar berwyl tra gwahanol i'r trefniant gwreiddiol.

Roedd Angharad ar ei ffordd i lawr i'r dociau a gwyddai y byddai'n rhaid iddo ddweud y gwir wrthi pan gyrhaeddai.

'Lle fuoch chi 'ta?' oedd ei chwestiwn cyntaf, a bu'n rhaid i Caron arllwys yr holl stori i'w gynhyrchydd diamynedd.

'Blydi hel, Caron! Pam na fasach chdi wedi mynnu ei bod hi'n dŵad adra hefo chdi? Oeddach chdi'n gwbod yn iawn fod ganddi ddwrnod hegar o'i blaen.'

''Nes i drial!' dadleuodd Caron. 'Ond ti'n gwbod fel mae ddi, Angharad.'

'Oedd hi wedi cymyd rwbath?' holodd ei gynhyrchydd, gan dreiddio i'w drem.

'Ddim pan adawes i hi, na.'

'Ti'n deud y gwir, Caron?'

'Odw! Wrth gwrs 'mod i!'

Torrwyd ar eu sgwrs gan wichiad o'r *walkie-talkie*. Atebodd Caron ar ei union. Cymerodd y neges a gwyddai Angharad nad oedd y genadwri a ddaeth o'r pen arall yn newyddion da. Roedd Caron yn gwelwi wrth yr eiliad wrth wrando ar y llais o'r swyddfa.

'Wel?' holodd Angharad, pan ddiolchodd Caron i'r sawl oedd ar y pen arall i'r lein. Tynnodd un anadl ddofn cyn ateb ei gynhyrchydd.

'Ma'r heddlu tu fas i fflat Annest. Dyw hi ddim yn ateb y drws.'

* * *

Wedi iddo orffen yn y stafell golur aeth Cemlyn i newid i'w wisg. Roedd dau neu dri o ecstras uchel eu cloch y tu allan i'r stafell wisgo yn llowcio baps cig moch ac wy. Dewisodd Sion wynebau caletach ar gyfer yr olygfa yma; wynebau dinesig ac actorion tipyn mwy profiadol hefyd, tybiai Cemlyn. Byddai wedi gwneud llawer mwy o gyfiawnder hefo brechdan gig moch erbyn hyn, ond roedd Sion wedi gofyn iddo fod allan ar y set yn ei wisg cyn gynted â phosib. Synhwyrodd fod y tensiwn yn cynyddu ymhlith y criw technegol, ac er nad oedd neb wedi dweud dim byd yn swyddogol, roedd ei holl gyneddfau'n dweud wrtho fod rhywbeth mawr o'i le.

Y cyfarwyddyd oedd iddo newid yn syth a mynd allan i wneud y siots agoriadol. Byddai Sion yno i fynd ag o drwy'r safleoedd er mwyn y goleuo a'r saethu, ac roedd angen deg o'r ecstras oedd i gerdded allan o'r dafarn yng nghefndir y siot ar y set ymhen hanner awr. Nid dyna oedd ar ei amserlen, ond o leia byddai modd ennill rhywfaint o amser trwy wneud hynny.

Deuai pob cyfarwyddyd yn llawer mwy clinigol na'r sgwrsio cyfeillgar arferol yn y lleoliadau eraill. Popeth yn swnio fel gorchymyn bron. Ac er fod Sion mor ymroddgar â'r wythnosau cynt, roedd y peiriant yn cael mwy o sylw na'r gweithiwr y bore 'ma, a mwy o densiwn yn yr awyr na'r arfer. Gan fod y golygfeydd yn ehangach a'r amgylchfyd yn fwy bygythiol, fe dybiodd Cemlyn ar y cychwyn fod Sion yn fwriadol yn cadw'i bellter. Fel hyn yn union roedd Titus i fod i deimlo yn yr olygfa. Hogyn ansicr yn dod i chwilio am ei chwaer mewn tir estron ac yn methu dod o hyd iddi. Adyn ar goll. Roedd angen yr ansicrwydd yna ar ei wyneb ac fe wyddai Cemlyn yn union sut roedd Titus i fod i deimlo erbyn hyn.

'Be sy?' holodd pan ddaeth Caron â photelaid o ddŵr iddo. 'Ydi Annest yn iawn?'

'Na, ni wedi cael neges yn gweud bod hi'n dost,' atebodd Caron. 'Wi'n credu'n bod ni'n mynd i neud y golygfeydd tu fas yn gynta,' ac yna diflannodd i ganol yr ecstras a dechrau galw rhyw gyfarwyddiadau iddynt.

Penderfynodd Cemlyn fynd efo llif y drefn newydd drwy gydol y bore heb gwestiynu rhagor. Beth bynnag oedd wedi digwydd, fe wyddai fod yn rhaid i'r saethu fynd yn ei flaen ac roedd angen i bob siot weithio. Derbyn cyfarwyddyd a chau ei geg yn drap. Mae'n siŵr y byddai Annest yn cyrraedd ddiwedd y bore yn llawn ymddiheuriadau.

Roedd yr holl olygfeydd allanol wedi eu saethu erbyn amser cinio a phan gyhoeddwyd fod y siot olaf yn glir a phawb yn hapus fe ryddhawyd yr ecstras a dechreuodd y criw technegol glirio'r set.

'That's a wrap, everyone. Diolch yn fawr ichi. Bore da iawn o waith. Thank you.'

Wrap? meddyliodd Cemlyn. Doedd o ddim wedi disgwyl hynny. Be am weddill y golygfeydd? Oedd pethau'n waeth nag a dybiodd? Er ei holl amheuon yn ystod y bore roedd wedi llwyddo i'w berswadio'i hun mai fo oedd yn gorliwio popeth. Dieithrwch ac ansicrwydd yn chwyddo'r amheuon allan o bob rheswm. Ond yna, dechreuodd amau'r gwaethaf unwaith yn rhagor.

Roedd y stafell goluro fel y bedd, y brolio a'r brygowthan wedi hen dewi a gweddill yr actorion wedi eu danfon adre hefo'r esgus fod ambell broblem dechnegol wedi codi. Byddai'r cwmni yn cysylltu hefo asiant y rhai oedd wedi eu cytundebu am ddiwrnod cyfan i aildrefnu dyddiad. Edrychodd Cemlyn ar wig segur Annest yn dal i orwedd yn sypyn wrth y colur. Daeth Angharad i mewn â'i llygaid yn bradychu'r cyfan. Gwyddai Cemlyn yn syth fod pethau'n ddrwg.

'Sori am hynna, Cemlyn.' Roedd golwg ffrwcslyd arni a'i llais yn grynedig. 'Roedd Sion yn meddwl mai'r peth gora fydda gneud yr olygfa'n gynta cyn…' Cliriodd un o'r cadeiriau coluro. 'Stedda.'

'Ydi Annest yn dal yn sâl?' gofynnodd, gan aros ar ei draed. 'Oes rwbath 'di digwydd?'

Oedodd Angharad am eiliad, ond roedd Cemlyn druan wedi cael ei adael yn y niwl yn ddigon hir. Doedd dim pwrpas i unrhyw ragymadroddi pellach.

'Roedd rhywun wedi ymosod arni neithiwr yn ei fflat. Maen nhw wedi ei rhuthro hi i'r ysbyty. Rown ni wbod iti os bydd unrhyw newydd.'

Doedd Cemlyn ddim yn siŵr beth oedd o'n disgwyl ei glywed ond nid hyn oedd o. Damwain efallai. Wedi cael rhyw newydd drwg. Ond nid hyn.

'Fedra i fynd draw i'w gweld hi?' holodd, a chlywodd ryw ddieithrwch yn ei lais ei hun.

'Ddim ar hyn o bryd. Ma'r cyfan yn nwylo'r heddlu, a maen nhw wedi gofyn inni beidio ymyrryd ar hyn o bryd. Cadw draw fydda ora.'

Edrychodd Cemlyn allan drwy'r ffenest a gweld Caron yn cael ei hebrwng ymaith mewn car heddlu.

'Lle ma nhw'n mynd â Caron?'

'I helpu hefo ymholiada. Fo oedd y dwytha i'w gweld hi neithiwr.' A chanodd un frawddeg yn ei gof. Brawddeg olaf Annest cyn iddo ddweud nos da wrthi. 'Wyt ti isio help i gario dy betha?'

Pam na fyddai wedi derbyn ei chynnig? Beth os mai awgrym i dreulio'r gyda'r nos yn ei gwmni oedd hynny? Beth os mai cri am help oedd ei hymddygiad wrth y llyn? Gwyddai'n iawn nad oedd hi wedi edrych ymlaen at ddychwelyd i'r fflat i ganol ei phoenau ariannol. Pa fath o lipryn oedd o? A fyddai wedi gallu gwneud rhywbeth i arbed hyn i gyd?

Fe'i gollyngwyd y tu allan i'r orsaf a cherddodd i fyny ac i lawr y platfform fel gafr ar daranau. Chroesodd o ddim ei feddwl am eiliad fod ganddo signal i ffonio'i chwaer.

Nos Sadwrn mi es adre...

R OEDD CEMLYN YN y stesion yn ddigon cynnar i ddal y trên am dri. Cytunodd Angharad y byddai rhywun o'r cwmni'n bownd o gysylltu pe deuai unrhyw newydd am Annest. Er hynny, roedd Cemlyn wedi anfon sawl neges cyn iddo gyrraedd Henffordd yn holi'n daer amdani. Methai fyw yn ei groen.

Ond ddaeth 'run ebwch o'r brifddinas. Edrychodd allan drwy'r ffenest i geisio dileu'r delweddau erchyll oedd yn mynnu drysu ei ben. Gweirgloddiau diddiwedd yn gwibio heibio ac ambell glwstwr o dai rŵan ac yn y man. Roedd 'na gyfoeth yn y rhan yma o'r wlad, meddyliodd. Llewyrch ar y tai a'r gerddi a graen ar y ffermydd. Mor wahanol i Dyddyn Pwyth.

Wrth i'w feddwl bendilio'n ddryslyd rhwng yr holl ddigwyddiadau, sylweddolodd Cemlyn nad oedd wedi trio cysylltu efo'i chwaer ers ben bore. Ac er nad oedd yntau wedi clywed smic ganddi hithau drwy'r dydd, daeth ton o euogrwydd drosto pan edrychodd ar ei ffôn rhag ofn fod neges wedi dod gan Megan. Wrth gwrs nad oedd neges wedi dod ganddi; toedd o wedi edrych ar y sgrin ganwaith yn disgwyl ymateb gan Angharad Prysor?

'O'n i'n mynd i dy ffonio di, Cemlyn,' atebodd ei chwaer mewn llais braidd yn oramddiffynnol. 'Newydd ddŵad yn ôl o'r sbyty ydw i.'

'Be sy? Ydi Mam yn y sbyty? Be sy'n bod?' holodd Cemlyn, heb roi cyfle i'w chwaer dynnu gwynt.

'Nac'di. Wedi bod â William i *casualty* dwi. Ama'i fod o wedi torri'i goes. Ma Mam yn iawn.'

'Iawn?' gofynnodd, a'i oslef yn holi rhagor.

'Meddwl ei bod hi'n hel annwyd o'n i. Ma'r hen le 'na'n cymryd oria i'w dwymo, Cemlyn. Dwn i'm pam na rowch chi wres canolog i mewn.'

'Hefo be, Megan? Botyma?'

Ddaeth 'run ymateb, dim ond y distawrwydd arferol pan wyddai'r ddau nad oedd eu sgwrs yn arwain i unman. Mur o chwithdod rhwng brawd a chwaer. Yn y saib, penderfynodd Cemlyn mai mynd yn ôl i Dyddyn Pwyth a wnâi heno. Fe drefnai hefo Big End i hebrwng ei fam yn ôl adre yn y bore. Torrodd Megan ar draws ei fyfyrdod.

'Ma'r actores bach 'na sy hefo chi mewn dipyn o gyflwr yn ôl y sôn, tydi?'

Sut yn y byd mawr y cafodd hi afael ar y newydd am Annest? Roedd o wedi clywed am sibrydion di-sail yn lledaenu o'r brifddinas fel tân eithin mynydd ond feddyliodd o rioed y byddai'r newydd wedi cyrraedd pen arall y wlad yn gynt na'i daith drên.

'Lle clywist ti beth felly?'

'Ar y radio ar y ffor adra o'r sbyty. Wedi bod mewn ryw glwb nos go ryfadd oedd hi 'te? Cyffuria'n rhemp yno, meddan nhw.'

'Medda pwy?'

'Ydi hi'n cymryd cyffuria?'

Dau gwestiwn pigog arall heb eu hateb a'r sgwrs yn hitio wal am yr eildro. Wyddai Cemlyn ddim a oedd Annest yn cymryd cyffuriau. Mân siarad ar y set; dim byd mwy na hynny. A beth bynnag, mae gan bawb ei ffaeleddau, meddyliodd.

'Yli, mi ddo i draw i nôl Mam yn y bora hefo Geraint, iawn. Wela i di fory, Megan.'

Daeth â'r alwad i ben wrth i'r trên daranu i mewn i dwnnel a chollwyd y signal cyn i Megan gael cyfle i ddweud ei 'nos da' swta hithau. Lluchiodd Cemlyn ei ffôn ar y bwrdd o'i flaen. Dim pwt o neges gan Gwmni Aran. Pam ddiawl na fyddai Angharad Prysor yn ei ffonio? Os oedd y cyfryngau wedi cael gafael ar yr helynt, siawns nad oedd ganddi hithau ryw newydd iddo yntau.

Syrthiodd i drwmgwsg cyn i'r trên droi tua'r gorllewin. Roedd yn lluchio rhaff allan o'i gwch i geisio achub rhyw ferch a'i thynnu o'r llyn pan ganodd ei ffôn symudol. Pe bai Cemlyn wedi clywed y caniad uwch sgrechfeydd ei hunllef, byddai wedi gweld y neges ymhell cyn i'w drên gosi trwyn Ynys Cybi.

Annest yn gyfforddus. Ffonio os bydd newid. Tacsi'n aros tu allan i'r stesion i ti. A x

* * *

Suddodd calon Cemlyn pan welodd y tacsi melyn cyfarwydd yn aros amdano. Chwythodd Tecs lond sgyfaint o fwg i'r awyr fain cyn sodro'r stwmp i'r pafin â'i wadn. Roedd y cysgod o wên ar ei wefus fain yn ddigon o rybudd i Cemlyn y byddai'r siwrnai adre'n un anodd.

Doedd neges Angharad ddim wedi bod o unrhyw gysur iddo chwaith. 'Cyfforddus'. Be ar wyneb daear roedd hynny'n ei ddweud wrtho? Oedd Annest yn ymwybodol? Oedd hi allan o unrhyw berygl? Fe roddai ganiad arall i'w gynhyrchydd wedi iddo gyrraedd adre. Osgoi ergydion Tecs oedd ei her gyntaf.

'Dy hogan bach di mewn dipyn o stryffîg?'

Lluchiodd Cemlyn ei gês i gefn y tacsi gan anwybyddu'r bwled cyntaf o enau Tecwyn. Rhoddodd wth hegr i gaead y bŵt gan adael i'r glep adleisio'i ymateb.

'Be 'newch chi rŵan?' holodd Tecs, heb lyfu ei weflau.

'Dwi'n gwbod dim gronyn mwy na chditha.'

'Fedrwch chi neud hebddi?'

'Be wn i?'

Trawodd Tecwyn y llyw hefo blaen ei law a phoerodd chwerthiniad fach anadlog rhwng ei ddannedd.

Hen yrrwr blêr, meddyliodd Cemlyn, pan ddaeth y tacsi i stop herciog wrth y goleuadau y tu allan i'r stesion. Tasa Tecwyn wedi rhoi ei droed i lawr, byddai wedi cyrraedd cyn i'r golau droi'n goch yn rhwydd. Roedd yn gyrru fel petai hi'n bnawn Sul. Dechreuoedd chwibanu rhyw alaw heb na phen na chynffon iddi gan daro rhythm anghyson â bysedd a oedd mor felyn â'i dacsi. Edrychodd Tecs ar ei gwsmer, a'i wên yn lletach y tro yma.

'Be sy'n mynd drw dy feddwl di, Cem bach?'

'Meddwl pam na bryni di faniwal o'n i?'

Daeth yr ateb mor sydyn gan luchio Tecwyn oddi ar ei echel am sbel. Edrychodd Cemlyn arno am eiliad er mwyn dal ei ymateb. Sylwodd ar rych o benbleth yn llinell ddofn uwch ei drwyn.

'Ma gin i faniwal yn y bocad, be sy haru ti?'

'Nid y llyfr o'n i'n feddwl. Car maniwal, hefo gêrs call ynddo fo. Car dyn diog 'di hwn.'

'Ma'n dda i ti wrtho fo,' meddai Tecwyn, a gwyddai Cemlyn fod y blewyn a dynnodd o drwyn y gyrrwr piwis wedi bod yn gamgymeriad. 'O leia ma gin i gar. Pam na bryni di olwynion efo'r holl bres 'na ti 'di neud?'

''Di troi'n wyrdd 'li, Tecs,' nodiodd Cemlyn tua'r goleuadau. Agorodd Tecwyn y ffenest a phoerodd gegaid o lysnafedd ar y pafin cyn gyrru allan o'r dre mor araf â char cynhebrwng.

Cei gysgu tan y bore...

P<small>AN AGORODD</small> A<small>NNEST</small> ei llygaid fe glywodd ei nain yn gofyn iddi a oedd hi'n iawn. Fe fyddai hi'n flin hefo hi, meddyliodd, am fynd ar gyfyl yr hen far yna neithiwr. Fyddai hi'n dweud y gwir wrth ei nain pan ddeffrai? Beth oedd y gwir? Beth yn union ddigwyddodd neithiwr? Roedd llais ei nain yn swnio'n fengach na'r hyn a gofiai, ond roedd yr un addfwynder ynddo. Doedd hi ddim wedi teimlo'r tynerwch hwnnw ers blynyddoedd.

'Annest? Odych chi'n fy nghlywed i?'

Gwnaeth ymdrech i godi ar ei heistedd ond saethodd llafn o boen rhywle o waelodion ei chroth gan wanu ei chalon; poen a barodd iddi gau ei llygaid yn dynn unwaith eto. Teimlodd law gynnes yn mwytho'i grudd yn ysgafn.

'Annest?'

Nid ei nain oedd hi. Doedd ei nain ddim yn fyw. Roedd Annest yno'n gafael yn ei llaw pan fu hi farw. Roedd hi'n ei chofio'n ymladd am ei hanadl olaf, yn dal i fyw mewn gobaith y byddai ei merch yn cyrraedd cyn iddi ddiflannu i'r 'llonyddwch mawr'. Dyna fyddai ei nain yn galw'r byd nesa bob amser. Er ei bod hi wedi llusgo Annest i'r ysgol Sul ar sawl achlysur i ddysgu am blant bach yn mynd at Iesu Grist ar ôl iddyn nhw farw, a rhyw straeon tylwyth teg felly, i'r 'llonyddwch mawr' roedd hi ei hun am fynd pan ddeuai'r amser. Tybed oedd Annest wedi llithro yno ei hun?

'Dewch, Annest. Cymerwch lymed o ddŵr.'

Na, nid ei nain oedd hi. Ddaru ei nain rioed ei galw yn 'chi'. Na siarad mewn acen fel hyn. Ond falla mai felly roedd pawb yn siarad yn y 'llonyddwch mawr'. Pawb yn addfwyn. Pawb yn dyner.

'Nain?'

Yna syrthiodd i drwmgwsg anesmwyth unwaith eto, lle bu'n rhedeg a rhedeg trwy gatrawd o filwyr arfog, pob un ohonyn nhw'n sefyll yn styfnig yn ei ffordd. Pam na symudai'r cnafon? Gwyddai fod ei chariad yn aros amdani ar y llong ond cipiodd un o'r milwyr ei bag a'i daflu i ganol y dyrfa swnllyd. Roedd y cyfan oedd ganddi yn y bag, ac wrth iddi edrych arno'n chwyrlïo i gyfeiriad y dŵr fe'i gwthiwyd hithau'n ôl fel nad oedd ganddi syniad lle y glaniodd ei holl eiddo. Popeth a feddai yn cael ei ddwyn oddi arni. Ond gafaelodd rhywun yn ei llaw a'i thynnu i loches

'Annest? Os y'ch chi'n fy nghlywed i, gwasgwch fy llaw i. Allwch chi, 'nghariad i?'

Roedd rhywun yno unwaith eto yn anwesu ei llaw ac yn rhwbio'i braich yn ysgafn â'r llaw arall. Y fath dynerwch dieithr. Ond beth petai hi'n ymateb yn ôl? Doedd hi ddim am gael ei brifo eto. Dyna oedd yn digwydd bob gafael. Dangos tynerwch ac yna'n cael eich brifo. Byddai'n haws o lawer dianc yn ôl i'r llonyddwch oedd yn aros amdani.

'Dewch, Annest. Peidiwch â bod ofn. Gwasgwch fy llaw i unwaith,' erfyniodd y llais yn dynerach.

Wyddai Annest ddim a oedd hi'n llwyddo i wasgu llaw ei 'nain' ai peidio, ond fe wyddai ei bod hi wedi trio dweud rhywbeth wrthi. 'Os bu farw...'

Eisteddodd y nyrs i fyny'n ei sedd ar unwaith a gafael yn dynnach yn ei llaw. 'Beth wedoch chi, Annest?' Daeth wyneb merch ifanc hardd yn nes at erchwyn y gwely. Na, nid ei nain oedd hon. Gallai arogli ei phersawr. Arogl gwyddfid a hafau. Arogl bywyd a gobaith.

'Trïwch ei ddeud o eto, Annest. Unwaith eto… Dowch.'

'Os bydda i farw cyn y bore, Duw a gadwo f'enaid inne.'

Gwenodd y nyrs arni a phwyso botwm wrth ymyl y gwely. Canodd rhyw gloch yn dawel yn y pellter a theimlodd lyfnder esmwyth ei chlustog yn ei gwahodd i gysgu unwaith eto, a'r llaw gynnes yn dal i'w chysuro o erchwyn ei gwely glân.

Drwy y nos yn ffaelu â chysgu...

EDRYCHAI TYDDYN PWYTH mor unig heb na golau talcen na dim i'w groesawu adre. Doedd Megan ddim wedi trafferthu cau'r giât lôn ar ei hôl, hyd yn oed, a theimlodd Cemlyn ryw ddicter dieithr yn ei stumog. Pam oedd ei chwaer mor ddi-feind?

'Duw, reit handi!' meddai Tecwyn dan ei wynt, 'sbarith ti godi 'ddar dy din i'w hagor hi.'

Roedd Cemlyn wedi cymryd arno hepian cysgu ar y ffordd adre a chafodd lonydd i ymgolli yn ei helbulon ei hun. Pesychodd y tacsi i fyny'r lôn drol a theimlodd Cemlyn y rhyddhad o gael dianc o felyndod y cerbyd drewllyd i'r awyr iach pan ddaeth hwnnw i stop herciog arall y tu allan i'r drws ffrynt. Ond o'r eiliad y rhoddodd ei droed ar bridd ei filltir sgwâr fe wyddai fod rhywbeth o'i le. Roedd o wedi cael profiad digon tebyg y noson y gadawodd ei dad y tŷ am y tro olaf. Dyna pam y rhedodd allan i ddannedd y storm yn llewys ei grys y noson honno heb ddweud gair wrth ei fam. Rhedeg yn syth at erchwyn Craig y Morlo a rhyw reddf ynddo yn gwybod yr union fan i fynd iddo. Y man lle byddai ei dad yn sefyll yn aml i edrych i lawr ar y creigiau'n cael eu dyrnu gan y tonnau milain. 'Dwn i'm sut ma'r hen ynys 'ma'n dal yma efo'r fath waldio' clywodd o'n ei ddweud ar sawl achlysur.

'Gysgist drwy'r *news* gynna 'ta?' holodd Tecwyn wrth agor bŵt y car.

'Glywis i rywfaint,' mentrodd Cemlyn gyfaddef. Roedd wedi gwrando ar bob gair ond heb gymryd arno ei fod yn effro.

'Dy lefran di'n dal 'run man.'

'Diolch ti, Tecwyn,' meddai Cemlyn, gan estyn ei gês allan o'r bŵt ac ymbalfalu am ei allweddi ym mhoced ei gôt. Dylai fod wedi rhoi ei bump arnyn nhw'n gynt fel y gallai fynd o'i afael cyn iddo dyrchu ymhellach. Gwelodd Tecwyn ei gyfle yn eiliadau'r chwilio.

'Mewn ryw glwb nos oedd hi, 'nôl bob tebyg.'

'Ti'n deud?'

'Weirles ddudodd, nid fi. Lle'n drybola o gyffuria, meddan nhw. Allan o'i phen, ddudwn i.'

'Nos dawch, Tecs.'

'Gofyn amdani, ma raid.'

A dyna pryd y digwyddodd o. Doedd ei gês prin wedi cyffwrdd â'r llawr cyn i Cemlyn sylweddoli fod migyrnau ei law dde'n plannu eu hunain ym moch chwith y gyrrwr syfrdan. Safodd Cemlyn yn fud am ennyd yn gwylio Tecwyn yn griddfan wrth ochr ei gar. Roedd y glec yn gymaint o fraw iddo fo ag yr oedd i'r dyn yr oedd newydd ei lorio.

'Ti'n iawn?' mentrodd ofyn yn betrus.

'Be *ti'n* feddwl?' holodd Tecwyn, wrth iddo fustachu'n ôl ar ei draed a cheisio adfer rhywfaint o'i hunan-barch. Sychodd y pridd gwlyb oddi ar ei drowsus a chyffyrddodd ei foch, lle roedd y chwydd eisoes yn codi i'r wyneb.

'Paid â dŵad ar 'y nghyfyl i byth eto, Tecs. Ti 'nallt i?'

'Ti'm yn ffycin gall!'

'Hyd yn oed os cynigian nhw ffortiwn i chdi i ddŵad i fy nôl i, dwi'm isio gweld lliw dy din di na dy dacsi'n agos i'r lle 'ma.'

Cerddodd Cemlyn at y drws ffrynt gan ddisgwyl y byddai Tecwyn yn mynnu talu'r pwyth yn ôl. Ond cyn iddo gael yr allwedd i dwll y clo, clywodd Tecs yn tanio'r injan a chwyrnellu ymaith dipyn cynt nag y gwnaeth ar y ffordd i fyny. Chaeodd yntau mo'r giât ar ei ôl chwaith.

* * *

Roedd y tŷ'n oer ac yn rhyfedd o dawel. Er na fu'r tyddyn yn lle swnllyd erioed roedd yna wastad ryw grwndi yn y cefndir yn rhywle – radio neu deledu, injan wnïo neu degell yn mudferwi ar yr Aga. Ar ei dawelaf deuai ffrwtian neu fref o rywle. Ond heno roedd hyd yn oed y gwynt yn y simnai'n dawedog. Ddim hyd yn oed ebwch olaf marwydos yno i dorri ar y mudandod.

Rhedodd fymryn o ddŵr oer dros gefn ei law dde i geisio lliniaru rhywfaint ar guriadau'r boen. Beth yn y byd mawr ddaeth drosto? Doedd o ddim wedi cyffwrdd pen ei fys yn yr un adyn ers amser maith. Hyd yn oed yng nghanol dadleuon mwyaf meddw y Ship, fu Cemlyn erioed yn rhan o ffrwgwd bach na mawr. Codi a mynd yn syth am adre oedd ei reddf erioed pe codai unrhyw gecru. Dim ond unwaith o'r blaen y gallai gofio clymu ei gwlwm pump a tharo rhywun. Hogyn yn yr ysgol oedd wedi awgrymu nad llithro oddi ar erchwyn Craig y Morlo ddaru ei dad y noson y bu farw, a fflach o wylltineb wedi troi'n ddwrn. Ond gallai'n hawdd fod wedi mynd i mewn am yr ail ddyrnaid heno ond rywsut, rywfodd, roedd rhyw gynneddf wedi ymyrryd a'i ddal yn ôl.

Pan aeth i'w wely, lapiodd y tawelwch o'i gwmpas wrth iddo suddo i'r gobennydd a llithro i drwmgwsg difreuddwyd, tywyll, tan y bore. Fesul darn y daeth holl ddarlun ei ddoe a'i echdoe rhyfedd yn ôl iddo, ac fe wyddai na fyddai'r heddiw oedd o'i flaen ddim mymryn haws chwaith.

Y bore wedyn roedd y tawelwch yn dal yno. Er fod y wawr

wedi hen dorri, roedd y mudandod yn taro'n rhyfedd ar ei glust. Ai fel hyn fyddai hi wedi i'w fam druan fynd i'w bedd? Oedd tawelwch yn beth mor llethol â hyn mewn tŷ gwag? Yn sydyn, fe wawriodd ar Cemlyn na fu erioed yn y tŷ ar ei ben ei hun o'r blaen. Teimlai fel dieithryn yng nghanol y distawrwydd newydd.

Crawc hen frân a chwalodd ei fyfyrdod, a bref oen bach i'w ganlyn. Gallai glywed ambell gar yn y pellter erbyn hyn hefyd, ond roedd 'na rywbeth ar goll yn y gerddorfa foreol ar wahân i chwyrnaid arferol ei fam. Cân y ceiliog, meddyliodd. Pam goblyn nad oedd Caradog wedi cyfarch y bore efo'i floedd arferol?

Llamodd i'r ffenest a gwelodd nad oedd Megan wedi cau drws sied yr ieir y noson cynt. Roedd ei chwaer wedi addo y byddai hi neu Brynmor yn picio'n ôl i roi'r adar i glwydo cyn nos a theimlodd y gwylltineb yn dychwelyd am yr eildro. Bytheiriodd dan ei anadl wrth lamu am y drws cefn a gwyddai, cyn ei agor, beth fyddai'n ei aros. Dim ond un o'r ieir roedd y cena barus wedi mynd hefo fo, gan adael y gweddill yn gorwedd yn gelain, hurt hyd y buarth. Suddodd ei galon a rhoddodd glep mor ffyrnig i'r drws cefn nes i'r tŷ ysgwyd i'w seiliau. Diolchodd nad oedd ei fam adre i glywed y rhegfeydd oedd yn atseinio'n ôl ato o'r parwydydd a'r distiau.

Yna, tawelwch. Agorodd y drws am yr eildro. Yn ei gynddaredd doedd o ddim wedi ei lawn daro fod rhywbeth arall ar goll o'r buarth. Roedd yr hen fan wedi diflannu hefyd, a dim ond sgwaryn o wair melyngrin lle bu'r siarabáng yn segura mewn ffrâm o lygad yr ŷch a dafnau o rwd. Be goblyn oedd yn mynd ymlaen?

Dychwelodd i'r tŷ a llenwi'r tegell gan drio meddwl pwy yn enw'r greadigaeth fyddai'n trafferthu i ddŵad yr holl ffordd i Dyddyn Pwyth i ddwyn sgerbwd o fan oedd wedi hen fynd i'w haped ers misoedd. Canodd ei ffôn symudol. Neges o Gaerdydd.

Bore da. Pethau'n edrych yn well. Sion yn ffonio i aildrefnu'r ffilmio pnawn 'ma – yn y gogledd. Wedi addasu'r ddeialog. Sgript ar ei ffordd. x.

Erbyn canol bore roedd yr ieir druain a'r hen geiliog balch yn gorwedd yng ngweryd oer yr ardd gefn. Claddodd Cemlyn yr adar yn ddigon tyfn fel nad oedd perygl i'r cena barus a'u lladdodd ddychwelyd am ei swper nesaf. Cyn dechrau ar y claddu, tywalltodd baned gref o de iddo'i hun a chlywodd sypyn o lythyrau'n glanio ar lechen y porticol. Wrth eu codi o'r llawr, sylwodd fod yna amlen gan Big End wedi bod yn gorwedd yno ers y diwrnod blaenorol ac allwedd ynddo. Darllenodd y nodyn oedd ar yr amlen.

Wedi cael y part iawn i'r hen fan! Fydd gin ti olwynion newydd erbyn fory, Cem! Aweeeee! Big End.

Gwenodd wên lydan cyn taflu'r swp llythyrau ar y bwrdd ac aeth allan ar ei union i weld y fan. Fe gâi bori dros gynnwys gweddill yr amlenni wedi iddo gael mymryn o awyr iach ei gynefin yn ôl yn ei ysgyfaint.

Trist yw'r galon fach...

SYLLODD ANNEST AR y bowlennaid o uwd yn oeri o'i blaen a theimlo'r cyfog gwag yn corddi unwaith eto; mor wag â'i chof ystyfnig. Roedd yr heddlu wedi galw heibio'r ysbyty fwy nag unwaith yn ei holi'n dwll heb fod fymryn nes i'r lan o'r naill gyfweliad i'r llall. Bu Caron yn cynorthwyo gyda'r ymchwiliad hefyd, ond waeth faint o'u cymowta a ddisgrifiai i Annest, doedd dim yn tycio.

'Dych chi ddim wedi cyffwrdd eich uwd, Annest?' holodd y nyrs yn dawel.

'Dim stumog,' atebodd hithau, gan edrych yn syth o'i blaen ar ddim byd o bwys. Ebwch claf a chlonc ymwelwyr yn toddi'n un cawdel dryslyd yn ei phen. Roedd ganddi ddarlun clir o Caron a hithau'n cyrraedd Juice yn llawn cynnwrf o fod yn ôl yng nghanol yr holl fwrlwm, ond roedd popeth yn troi'n dywyll wedi'r glep ar ddrws y tacsi.

Roedd y glep yn dal i ganu'n ei chof; ei chalon yn suddo wrth iddi gau'r drws. Beth oedd mor gynhyrfus am ddychwelyd i'r un sŵn a'r un hen syrffed? Pam na fyddai hi wedi dweud wrth Cemlyn y byddai hi'n picio draw i'r gwesty yn nes ymlaen i weld a oedd bob dim yn iawn; mynd â fo allan am bryd o fwyd a'i wneud i deimlo'n gartrefol? Pam na fyddai hi wedi gwneud hynny yn lle llusgo'i thraed i ddawnsio i'r un hen guriad didrugaredd? Beth oedd y dynfa?

Doedd dim tynfa. Rhigol oedd o, a dim byd arall.

Dychmygodd Cemlyn yn gorwedd ar wely anferth, ar goll ym moethusrwydd ei westy, a hithau'n troi cefn arno. Parodd ei heuogrwydd iddi estyn am ei ffôn symudol ac yn ei brys fe drawodd ei phaned i'r llawr. Chwalodd ei chwpan yn deilchion a llifodd y cyfan yn ôl iddi ar amrantiad. Syrthio. Cwffio. Ildio. Teimlodd ei hun yn cael ei hyrddio i'r llawr a rhywun yn ymosod arni o'r cefn. Rhwygo. Dyrnu. Rhegi. Cofiodd arogl y boen wrth i'w phen gael ei wthio i'r palmant gwlyb a chofiodd saeth yn ei gwanu wrth i'w threisiwr wthio ei hun arni'n ddidrugaedd. Bachgen ifanc, cyhyrog, cryf nad oedd yn mynd i gael ei fodloni waeth beth wnâi hi. Cofiodd yr eiliad y dewisodd ei chorff gofio dim mwy. Goleuadau oren yn nofio'n y pyllau o'i blaen. Oren a du. Lliwiau calan gaeaf. Lliwiau ofn.

'Annest, chi'n iawn?'

Rhedodd y nyrs ati tra ymladdai am ei hanadl. Wrth iddi ail-fyw'r hunllef roedd fel petai hi'n dal o dan bwysau ei threisiwr, yn dal i geisio gwingo o'i afael; ei chorff wedi tanio pangfeydd o boenau wrth ailagor y llifddorau.

'Dewch, Annest, be sy'n bod?'

Rhewodd am eiliad. Ailweindio'r cof. Roedd y darlun yn gliriach. Cofiodd deimlo'r gwaed yn llifo'n gynnes yn erbyn ei boch. Cofiodd ei bod yn gwisgo'r ffrog fach ddu, yr unig anrheg Nadolig a brynodd iddi ei hun pan gafodd ei chostau gan y cwmni. Cofiodd ei bod yn oer.

'Ddudis i wrth Caron 'mod i'n mynd adra ac mi ffoniodd am dacsi imi. Ond do'n i'm isio tacsi. O'n i'n gwbod be fasa'n digwydd taswn i'n cymyd tacsi a do'n i'm isio mynd i fan'na eto.'

Gafaelodd y nyrs ei llaw yn dyner ac anadlodd Annest yn ddyfnach wrth iddi ailweindio'r olygfa unwaith eto. Y darlun yn dod yn gliriach bob gafael.

'Mynd i ble, Annest?'

'I'r un lle ag o'n i'n arfar mynd iddo fo. Ddudis i nad o'n i'm isio tacsi. Do'n i'm isio deffro'n bora'n difaru'r un hen betha. Gwynebu'r un hen *shit*… a'r un hen ogla stêl dros bob man. Sori.'

'Peidiwch ymddiheuro, Annest fach. Chi'n saff fyn hyn.'

Pam yn y byd mawr oedd hi'n dweud hyn i gyd wrth rywun na wyddai'r nesaf peth i ddim amdani? Hyd yn oed pan fyddai Caron a hithau'n trafod eu caru dwl, gwamalu fyddai'r nod ac nid bwrw'u calonnau. Cymharu nodiadau am ffaeleddau eu cariadon unnos fyddai'r ddau, nid mynd o dan groen y gwir plaen nad oedd yr un owns o gariad wedi bod yn agos i'r un noson a gafodd mewn gwely hefo dyn erioed. Ffwcio ac nid caru fu'r weithred i Annest o'r cychwyn ac roedd wedi cael syrffed ohono.

'O'n i'm isio bod yn y clwb. O'n i'm isio hyd yn oed bod hefo Caron. 'Run peth oedd yn digwydd bob tro… ac felly mi gychwynnis i gerddad. Fy hun. O'n i isio bod adra.'

Gwasgodd y nyrs ei llaw yn dynnach a'i thynerwch yn cyffwrdd y tu hwnt i ddwylo. Sut gallai rhywun yr oedd hi prin yn ei nabod ddangos y fath ofal?

'Dwi'n meddwl ei fod o wedi 'nilyn i o'r clwb,' ychwanegodd. 'Gin i'r teimlad ei fod o wedi bod yno'n gwatsiad fi'n dadla hefo Caron am y tacsi. Gin i go' o weld rywun yn stêrio arnan ni.'

'Y'ch chi am imi alw'r heddlu, Annest?'

O'i gymharu â'r tynerwch a deimlai yn ei chyffyrddiad, dim ond sŵn oedd cwestiwn y nyrs, a ddiflannodd i weddill cacoffoni'r ward. Beth allai hi ddweud wrthyn nhw a fyddai o unrhyw fudd? Dim ond ail-fyw'r hunllef drosodd a throsodd a wnâi. Disgrifio beth? Nerth? Grym? Poen?

'Dim rŵan,' meddai, gan fwynhau gwres y llaw yn dyner yn erbyn ei chroen.

YR HEN DDOCIAU, GAEAF 2117

*D*AW BRENGAIN ALLAN *ar fwrdd y llong. Mae Titus yn aros amdani. Prin y mae'n ei hadnabod. Colur yn drwch ar ei gruddiau yn cuddio'i thlysni cynhenid. Mae Brengain yn syllu'n ddifynegiant ar ei brawd. Nid oes arlliw o emosiwn yn ei llygaid blinedig i gychwyn, ond yn raddol, drwy'r olygfa, maen nhw'n fflamio, a dychwela'r tân yn ei bol unwaith yn rhagor.*

TITUS: (*Yn betrus*) Brengain?

BRENGAIN: Dwi'n gwbod pwy ydw i, Titus.

TITUS: Be?

BRENGAIN: Dwi'n gwbod pwy ydan ni'n dau.

TITUS: (*Yn meddwl ei bod yn drysu*) Gwranda, Brengain, dwi am iti ddŵad adra.

BRENGAIN: Ma f'angan i yma. Ma 'na newid i fod.

TITUS: Brengain, gwranda…

BRENGAIN: Ti ddim yn fy nghredu i, nag wyt?

TITUS: Ma'r bychan angan gofal. Fedra i ddim cynnal y lle 'cw fy hun.

BRENGAIN: Ma'r bobol ar y lan am godi eto, meddan nhw. Yn union fel oeddan nhw yn y llyfra.

TITUS: Llyfra?

BRENGAIN: Taw! Paid â chodi dy lais!

TITUS: Tydi byw yn fan hyn ddim wedi gneud dim lles iti, Brengain.

BRENGAIN: (*Yn chwerw*) Oedd gen i ddewis?

TITUS: Mae gen ti rŵan!

BRENGAIN: Rhy hwyr.

TITUS: Ma'r tŷ 'cw angen...

BRENGAIN: Dynas?

Saib. Mae Titus yn nodio.

BRENGAIN: I lle diflannodd hi 'ta?

TITUS: I'r nos...

BRENGAIN: Milwr?

TITUS: Be wn i?

BRENGAIN: Y milwyr sydd wedi mynd â bob dim arall oddi arnan ni.

TITUS: Nhw sy â'r hawl.

BRENGAIN. Ond nid felly roedd hi, Titus! Nid ar y cyrion yn crafu byw oedd pobol yn arfar bod.

TITUS: Sut gwyddost ti?

BRENGAIN: Y llyfra!

TITUS: (*Yn gwylltio*) Chdi a dy lyfra!

BRENGAIN: Gofyn di i'r bobol ar y lan. Maen nhw'n dechra siarad eto. Fel yn yr amsar a fu. Dos i siarad hefo nhw, Titus, a hwyrach do' inna adra wedi iti glywad be sy ganddyn nhw i'w ddeud.

45

Beth roi di i dy chwaer, fab annwyl dy fam?

DOEDD YR HEN fan fach ddim gwaeth na newydd, meddyliodd Cemlyn, wrth i'r injan ganu'n fodlon yn ei glust ar ei ffordd i hebrwng ei fam adre. Ond mynnai'r sgyrsiau dychmygol rhwng ei chwaer ac yntau darfu ar y pleser o gael ei olwynion yn ôl ar y lôn a'i fam yn ôl ar ei haelwyd. Dim ond unwaith yr oedd wedi bod i'r Plas ers i Megan briodi. Parti bedydd yr hynaf o'i neiaint oedd yr achlysur hwnnw. Doedd o ddim yn cofio iddi gyboli hefo'r ieuengaf; ac os bu rhyw lun o fedydd, yna fu'r un o draed Cemlyn na'i fam ar gyfyl y dathliad hwnnw.

Roedd Brynmor wedi gadael giatiau'r Plas ar agor ar ei ffordd allan a sylwodd Cemlyn pa mor ddi-raen oedd popeth. Drain a chwyn yn y borderi a oedd yn gynfas o liwiau ar ei ymweliad diwethaf. Doedd Brynmor ddim adre, a doedd ôl ei lafur ddim yno chwaith.

Gwelodd ei fam yn pendwmpian yn yr heulfan wrth dalcen y tŷ ac aeth heibio i'r drws cefn rhag ei deffro. Roedd yn gyfle i grafu ychydig o esgyrn efo'i chwaer tra câi hithau ei chyntun. Roedd y plant wedi mynd hefo'u tad allan o'r ffordd ac roedd cês bach ei fam eisoes wedi ei bacio, yn hen barod am ei hymadawiad. Ar y bwrdd, yn un rhes, roedd Megan wedi llungopïo pob sill a ddanfonwyd iddo gan gwmni Saturn.

'Dew! Ti 'di bod yn brysur,' meddai Cemlyn, gan gymryd cip ar y byrddaid papurach.

'Mond trio gweld y pictiwr cyflawn oeddwn i,' atebodd hithau.

Mae'n rhaid bod Megan wedi bod yn tyrchu drwy bob twll a chornel yn Nhyddyn Pwyth i ddod o hyd i'r ffasiwn fanylion. Roedd un neu ddau o lythyrau yno a oedd yn ddieithr i Cemlyn hyd yn oed.

'Drwadd ma hi?'

'Cysgu. Meddwl bysa'n gyfla inni drafod petha.'

'Be sy 'na i'w drafod?'

Gwlychodd Megan y tebot heb ddweud gair ymhellach, a llanwyd y stafell â'r hen dawelwch cyfarwydd. Gadawodd i'r tegell drechu'r mudandod.

'Dwi'm yn mynd i ollwng hyn ar chwara bach, ti'n dallt hynny'n dwyt?'

Fel arfer, byddai Megan wedi aros i'w brawd agor ei geg a rhoi ei droed ynddi. Ond gwyliodd Cemlyn ei chwaer yn tywallt dwy baned a'i dwylo'n gryndod i gyd. Estynnodd am y ddysgl siwgwr.

'Dim siwgwr i mi diolch, Megan. Rois i'r gora i hwnna flynyddoedd yn ôl.'

'Dwi'n gwbod bod Mam wedi rhoi petha'n dy dd'ylo di, ond tydi hynna'm yn rhoid yr hawl i chdi ista ar ffasiwn bres.'

Crychodd Cemlyn ei dalcen ac edrych yn chwilfrydig ar ei chwaer. 'Pwy ddudodd 'mod i'n ista ar unrhyw beth?'

'Mi wyddost yn iawn be sy gin i.'

Er fod Cemlyn wedi dychmygu ei hun yn cael y ddadl ryfedda hefo'i chwaer y bore hwnnw, fe wawriodd arno'n sydyn nad oedd dim math o'i hangen arno. Roedd pethau'n ymddangos yn llawer symlach iddo erbyn hyn. Fe welai'n union o ble roedd taerineb ei chwaer yn deillio, a thosturiodd wrthi. Cymerodd lwnc o'r te rhad a sylwodd fod lle gwag yn y gornel lle'r arferai cwpwrdd tridarn nobl sefyll; yr unig ddodrefnyn y mynnodd Megan ei lusgo yma o Dyddyn Pwyth flynyddoedd yn ôl. Llowciodd weddill ei baned ar ei dalcen.

''Sa well i mi'i throi hi, dwi'n meddwl. Cha'l hi'n ôl i batrwm cynta medra i.'

'Fasa hi'n symud allan fory nesa, medda hi.'

Dyna fyddai tacteg Megan bob amser. Cadw'r cerdyn gorau nes byddai'n rhaid. Ond roedd Cemlyn gam o'i blaen erbyn hyn. Nid drws y cwt ieir yn unig roedd ei chwaer wedi anghofio'i gau. Roedd holl fywyd Megan druan ar agor led y pen bellach.

'W't ti wedi deud wrthi felly?'

'Ma ganddi berffaith hawl i wbod be 'di'i gwerth hi, gystal â chdi a finna, Cemlyn.'

'Oes, d'wad?'

Edrychodd i mewn i'r tristwch yn llygaid blinedig ei chwaer, ac am y tro cyntaf ers iddo gyrraedd mi faddeuodd y cyfan iddi. Roedd yna gysgod o leithder fel cwmwl du yng nghornel ei chegin a'r ffenest uwchben y sinc yn graciau traed brain gan ddiffyg paent a gofal.

'Dach chi'n ista ar ffortiwn yn yr hen hofal 'na. Mi allsa Mam fod yn byw mewn clydwch am weddill ei hoes. Mi allsan ni i gyd.'

Daeth rhyw daerineb i'w llygaid a chlywodd sŵn car Brynmor yn tagu ei ffordd i fyny'r dreif.

'Waeth ti heb â dadla nad oes gin i'n hawlia, Cemlyn. Dy gyfrifoldeb di 'di gneud be sy ora i Mam hefo'i heiddo hi. Dwi 'di bod drw bob dim hefo 'nhwrna ac mae ynta'n cytuno fod gin i berffaith...'

'Twrna?' torrodd Cemlyn ar ei thraws cyn i neb arall gyrraedd i droi'r drol ymhellach. 'A faint o bres wastraffist ti ar beth felly?'

'Ma James a finna'n dallt ein gilydd yn iawn.'

'Ydach chi?'

Pan glywodd Cemlyn sŵn drysau ceir yn clepian a chrensian traed ar raean torrodd y newyddion i'w chwaer yn gyflym ac yn llawer tynerach na'r ddeialog danllyd a fu'n canu'n ei ben ar y ffordd yno.

'Adra bydd hi'n aros, Megan bach. Dyna 'di'r cyngor dwi wedi'i ga'l gin bawb. A falla bysa'n well i ti fynd â hwnna i dy James di ga'l golwg arno fo.'

Trawodd y llythyr a dderbyniodd gan Saturn y bore hwnnw ar gynffon y rhesaid a oedd eisoes ar y bwrdd ac aeth drwodd i nôl ei fam. Roedd yn well ganddo beidio bod yno pan ddeuai Megan i wybod bod Saturn wedi tynnu'r cynnig yn ôl ac yn egluro nad trwy dir Tyddyn Pwyth y byddai'r lôn newydd yn mynd wedi'r cwbl. Roedd si ym mrig y morwydd fod hyd yn oed Saturn wedi dechrau cael traed oer erbyn hyn.

Pan ddaeth yn ei ôl i'r gegin roedd yr hogia wedi ei heglu hi am allan i chwarae cuddio, a Megan yn dal i sefyll yn ei chwman uwchben y llythyr. Roedd Brynmor yn tywallt gwydraid hael o wisgi iddo'i hun a syllodd ei lygaid pŵl ar Cemlyn heb ddweud yr un gair.

'Awn ni, 'ta,' meddai Cemlyn, gan godi'r cês bach hefo'i law dde, tra pwysai Catrin Owen yn drymach na'r arfer ar ei aswy.

Pwysai Megan hithau'n drwm ar gornel y bwrdd a llowciodd Brynmor ei wisgi ar ei dalcen. Hebryngodd Cemlyn ei fam i'r car heb air o ffarwél. Doedd dim modd iddo gau'r drws cefn gan fod ei hafflau'n llawn, ond clywodd glep go hegar arno pan oedd ar fin tanio'r injan.

Cymerodd un cip ar ei symudol cyn taro'i droed ar y sbrdun. 'Run ebwch gan neb o Gaerdydd. Hen betha gwael, meddyliodd. Pam ddiawl na fydda rhywun yn codi'r ffôn i ddeud rwbath?

* * *

Ddywedodd Catrin Owen 'run gair o'i phen ar ei ffordd adre nes iddyn nhw gyrraedd trofa Ty'n Pant. Doedd Cemlyn ddim wedi sylwi ar ei ffordd i'r Plas fod ffenestri'r hen dŷ wedi eu bordio a rhes tyddynnod Pen Isa'r Lôn wedi eu chwalu'n llwyr.

'Nefi! Be sy 'di digwydd fan hyn?' holodd, â'i llygaid fel dwy soser.

'Glenys 'di derbyn y cynnig, ma raid,' meddai Cemlyn yn drist.

'Cynnig? Pa gynnig, d'wad?'

Os oedd cof Catrin Owen yn pylu, doedd yna affliw o ddim o'i le ar ei chlyw. Roedd Cemlyn ar fin atgoffa'i fam o'r cynigion a wnaed gan Saturn ond dewis peidio mynd i unrhyw fanylion ddaru o yn y diwedd, dim ond dweud ei fod yn cofio i Glenys sôn ei bod wedi cael cynnig hael am ei thŷ gan rywun.

'Be ddaw o'r hen banto felly, dybad?' gofynnodd ei fam, heb holi'r un gair am y ffilm na'r ffaith fod y fan wedi ei thrwsio.

Pan gyrhaeddon nhw Dyddyn Pwyth aeth yr hen wreigen i lenwi'r tegell mor reddfol ag oen at deth y ddafad. Edrychodd allan drwy'r ffenest yn methu'n lân â dirnad beth oedd ar goll ar yr iard.

46

HENDRE EBOLION, GWANWYN 2118

*M*AE *Titus* yn *dysgu Haulwen i ddarllen. Dim ond cannwyll sydd ganddynt i oleuo'r stafell ond mae'r ddau wedi ymgolli yn yr hyn a ddarllenant. Mae'r stafell yn drwch o lyfrau.*

HAULWEN: Beth yw'r byd i'r nerthol, mawr?
Cylch yn treiglo.
Beth yw'r byd i blant y llawr?
Crud yn siglo.

TITUS: Mae dy ddarllen di'n gwella, Haulwen.

HAULWEN: Be o'n ei feddwl?

TITUS: Barddoniaeth ydi o.

HAULWEN: Be 'di hynny?

TITUS: Geiria wedi'u gosod hefo'i gilydd mewn patrwm.

HAULWEN: Fel gwau?

TITUS: (*Mae'n gwenu*) Ia... fel gwau.

Mae Titus yn edrych drwy'r ffenest ac yn gweld Brengain a Gwawr yn nesu tua'r tŷ. Sylwn fod tipyn mwy o wyrddni o'u cwmpas ac mae gan Gwawr dusw o flodau melyn, cryfion yn ei llaw.

HAULWEN: Gawn ni ganu rŵan?

TITUS: (*Y cwestiwn yn ei luchio*) Canu?

HAULWEN: Ia.

TITUS: Oes gen ti gân?

HAULWEN: Ddysgis i ambell un gin y dynion ar y llong.

TITUS: Tasa'r milwyr wedi dy glywed di…

HAULWEN: Ddaru nhw!

TITUS: Be ti'n feddwl?

Daw Brengain i mewn hefo Gwawr ac mae'r fechan yn rhedeg i gofleidio'i thad. Clywn yr alaw 'Ffarwél i Langyfelach Lon' ar ddau bibgorn.

HAULWEN: Glywis i ambell un yn chwibanu'r alawon ar fwrdd y llong, yn hwyr yn y nos. Union 'run caneuon ag yr oeddan ni'n eu canu yn y selerydd. Felly mae'n rhaid eu bod nhw'n clwad.

TITUS: (*Yn amheus*) Y milwyr?

HAULWEN: Ia. Roedd amball un yn dŵad i'r selerydd aton ni. Toeddan, Mam?

BRENGAIN: Well iti gadw'r llyfr 'na rŵan, Haulwen, mae hi'n amsar gwely.

HAULWEN: Gawn ni ganu fory?

BRENGAIN: Os bydd d'ewyrth Titus yn fodlon.

Mae Haulwen yn edrych yn ymbilgar ar Titus. Mae'n rhoi nòd fechan a gwên yr un pryd. Mae Haulwen yn cau'r llyfr a rhoi cusan i'w mam a'i hewyrth a'r tri yn dweud 'nos da' ac mae Haulwen yn hebrwng ei chyfneither fach i'r gwely. Saib.

Mae Titus yn edrych ar ei chwaer ac yn gweld ar ei mynegiant fod ganddi newydd. Mae'r sgwrs yn gyfrinachol.

TITUS: Be sy, Brengain?

BRENGAIN: Neges.

Saib hir. Mae Titus yn edrych yn ansicr.

BRENGAIN: Maen nhw wedi meddiannu'r harbwr ac mae llongau o'r Werddon wedi glanio neithiwr.

Mae Titus yn codi ac yn edrych allan drwy'r ffenest.

BRENGAIN: Mae 'na ddigon o ola dydd iti fynd heno, Titus.

TITUS: (*Yn betrus*) Oes...

BRENGAIN: Fydd Gwawr yn iawn.

Saib.

BRENGAIN: Fyddi ditha'n iawn. Gei di weld.

47

Llythyr a ddaeth yn fore iawn...

WRTH IDDO DDARLLEN yr addasiad a wnaed i'r golygfeydd olaf, roedd Cemlyn yn teimlo fymryn yn well. Er nad oedd dyddiad pendant wedi ei drefnu ar gyfer eu ffilmio, roedd y ffaith fod drafft arall o'r sgript wedi glanio yn arwydd fod pethau'n symud rhywfaint. Pam felly roedd Caron wedi dweud wrtho na allai Annest dderbyn galwadau ffôn? Roedd pythefnos wedi pasio a'r cyfan a glywai o swyddfa'r cwmni oedd fod Annest yn dal yn gyffordus ond nad oedd yn ateb galwadau neb.

Doedd o ddim wedi clywed yr un ebwch gan ei chwaer ers iddo ddychwelyd chwaith, a'r tawelwch yn dweud y cyfan. Doedd ganddi ddim cymhelliad i alw bellach a doedd Tyddyn Pwyth ddim mwy o werth na phris y farchnad leol, a hwnnw'n plymio fesul diwrnod. Roedd diddordeb Saturn wedi pylu dros nos a thai go nobl yn mynd am y nesa peth i ddim, heb sôn am dyddyn anghysbell. Châi Megan ddim cnegwarth o'i siâr am y lle, hyd yn oed petaen nhw'n llwyddo i werthu. Yn sicr fyddai ddim digon o elw iddi grafangu allan o'r twll roedd hi ynddo ar hyn o bryd. Megan druan.

Hel meddyliau felly roedd Cemlyn pan gofiodd ei bod yn amser paned ei fam. Wrth iddo wlychu'r dail, sylwodd ar y postmon yn pasio'r ffenest. Amserlen y ffilmio falla? Rhedodd i'r drws ffrynt a gwelodd lythyr yn syrthio'n ysgafn ar y mat o'i flaen. Nid sgript oedd hwn, yn sicr. Amlen felen a edrychai fymryn yn ddieithr ar y teils llwydion ond mi adnabu'r ysgrifen ar unwaith. Roedd wedi gweld nodiadau Annest yn draed brain ar hyd ei sgript sawl gwaith yn ystod y ffilmio. Syllodd ar yr amlen am sbel a'i agor yn araf. Yna darllen:

Annwyl Cemlyn,

Fel ti'n gweld, dwi'n medru sgwennu! Fymryn yn grynedig ella, ond dwi'n OK. Piti ydi bo fi'n medru cofio hefyd! Ac ma gin i gwilydd. Ddim am be ddigwyddodd i fi, ond am be ddudish i wrtha chdi ar lan y llyn. Dwi'm yn medru madda i fi'n hun am hynny. Am frathu heb feddwl be o'n i'n ddeud. Dwi'n deffro'n chwys doman weithia pan dwi'n cofio be nes i ddeud.

Ma nhw wedi dal yr hogyn nath. Hogyn ifanc ar gyffuria. Allan o'i ben a ddim yn siŵr iawn pwy ydi o nac i lle mae o'n mynd. Di o'm yn gwadu dim byd. Sy'n mynd i neud petha'n haws yn y pen draw, meddan nhw. Madda fydd yn anodd, ond mi wna i... ryw ddwrnod. Gin i lot i ddeud wrth bobol sy'm yn gwbod pwy ydyn nhw.

Fedri di fadda i mi 'di'r peth? Dwi ddim yn gwbod be ddoth drosta fi i ddeud ffasiwn beth wrtha chdi. Edliw dy fam dy hun i chdi! Dwi'n plygu mhen mewn cwilydd wrth sgwennu hyn ac ma'r nyrs newydd ofyn os dwi'n iawn. Maen nhw i gyd yn mynd i banig massive yma pan dwi'n rhoi mhen i lawr yn isal – ond dwi'n OK. Mond pan dwi'n cofio be ddudis i dwi'n gwingo tu mewn.

Maen nhw'n ailsgwennu'r diweddglo, tydyn? Wedi torri rywfaint o'n leins i! Damia! Dim isio rhoi gormod o bwysa arna i, ddudodd Caron. Teimlo'n uffernol mod i wedi gneud traffath i bawb. Ond dwi'n falch bo ni'n gneud golygfa'r docia yn Holyhead. Fedra i'm disgwl i ddŵad yn ôl i ga'l dipyn o awyr iach y gogs... Shit! Nes i rioed feddwl 'swn i'n cyfadda peth fel'na i neb! Fi! Methu disgwl i ddŵad yn ôl i'r gogledd! What?

Mi eglurodd Caron pam na fedri di adael Tyddyn Pwyth ar hyn o bryd. Ti'n gneud y peth iawn, Cemlyn. Gobeithio bod dy fam yn o lew. Edrach ymlaen yn ofnadwy i ddŵad draw i'ch gweld chi'ch dau pan gawn ni ddyddiad ffilmio. Dwi wedi deud wrth Angharad mod i isio <u>union</u> yr un stafall yn y Ship!

Wnes i ddim danfon e-bost am nad wyt ti ond yn eu cael nhw weithia, medda chdi. A beth bynnag, ma llythyr yn well, dydi. Gneud imi godi o 'ngwely a symud ryw fymryn i sgrownjio am feiro. Ges i'r papur a'r envelope gin y ddynas neis 'ma o Canton sy 'di bod drwyddi go iawn. Ti'n gweld gymaint mewn lle fel hyn. Dŵad â fi at y nghoed.

Fi ofynnodd i Caron ddeud wrtha chdi am beidio ffonio, gyda llaw. Oedd raid imi gael danfon hwn ata chdi gynta. O'n i angan ymddiheuro ar bapur cyn medrwn i siarad hefo chdi. Cachwr fuish i rioed. Dwi byth yn medru deud y petha iawn yn y lle iawn ar yr amsar iawn felly roedd hi'n haws sgwennu. Ond fydda i'n dallt yn iawn os mai'n ôl i'r llyn yr ei di ar ôl inni orffan ffilmio – fuish i'n hen ast hefo chdi dair gwaith (o leia!). Ti'n cofio stori Llyn y Fan?

Ond mae gofyn am faddeuant yn fan cychwyn, tydi? A dwi'n dechra teimlo'n well yn barod. Mae gŵr y ddynas bach o Canton wedi dŵad â bloda iddi ac mae hi'n crio. Hapus ydi hi, dwi'n meddwl. Lot fawr o gariad yna. Braf. Mae gini hi stamp *imi hefyd, medda hi. Ddim wedi prynu peth felly ers oes pys! Ddim cweit yn siŵr lle dwi'n sticio fo! A dwi ddim yn siŵr be i ddeud wrth orffan y llythyr 'ma chwaith. 'Cofion annwyl' yn swnio <u>mor</u> Nain-ish. 'Cariad mawr' yn <u>fwy</u> fatha Nain. Felly dwi jyst yn mynd i ddeud rwbath, OK?*

Rwbath, Annest x

Rhoddodd Cemlyn y llythyr yn ôl yn yr amlen dan wenu ac estyn am ei ffôn symudol.

'Beryg fod y banad 'na di stiwio, d'wad, Cemlyn?'

'Ar ei ffor, Mam!'

Danfonodd neges sydyn i lawr i Gaerdydd:

Maddau rwbath! x

48

A'r gwynt i'r drws bob bore...

DAETH BRECWAST YN y gwely yn rhan o'r patrwm dyddiol yn Nhyddyn Pwyth heb i'r un o'r ddau sylwi bron. Mor hawdd oedd llithro i drefn newydd er gwaethaf y rhigol a fu. Heb i neb ddweud yr un gair, fe gludwyd y paneidiau a'r wyau a thost i fyny'n foreol. Ildiodd y baned a'r sgwrs gyda chaniad y ceiliog a daeth y defodau newydd mor ddistaw â'r drafft dan riniog y drws. Ailstyfnigodd y gaeaf gan ddal ei afael yn dynn ar unrhyw arwydd o wanwyn cynnar.

Roedd Catrin Owen yn dal i wneud paned i'r ddau dan yr un hen drefn, ond roedd paratoi prydau yn mynd yn anos bob dydd iddi. Mynnai blicio ambell dysen neu foronen ond byddai wedi ymlâdd cyn pen dim. Weithiau, fe ddeuai'r paneidiau y naill wrth gwt y llall. Dro arall ddeuai'r un alwad o gyfeiriad y tyddyn i ddweud bod 'panad ar bwr'. Dychwelai Cemlyn o'r caeau ambell waith a chael ei fam yn dal yn ei gwely am hanner dydd. 'Dowch, Mam. Deimlwch chi'n well ar ôl ichi folchi a newid, chi,' fyddai'r byrdwn bryd hynny.

Cymerodd Cemlyn gip sydyn ar y sgript ddiwygiedig wrth baratoi'r brecwast i'w fam. Mân newidiadau oedd y rhan fwyaf; deialog Brengain wedi ei docio yma ac acw er mwyn ysgafnu'r baich dysgu i Annest. Ond sylwodd fod yr olygfa olaf wedi ei hailwampio dipyn mwy na'r gweddill. Titus rŵan fyddai'n neidio i'r afon, nid Brengain. Eglurodd Angharad fod y meddyg wedi eu cynghori i gadw gwaith corfforol Annest

241

i'r lleiafswm isaf posib gan nad oedd rhai o'r creithiau wedi mendio'n llwyr.

Roedd ar fin mynd i edrych a oedd ei fam am godi i ginio pan ganodd ei ffôn symudol. Annest! Llamodd ei galon ac aeth allan i'r iard i gael gwell signal. Negeseuon testun yn unig fu rhyngddynt ers iddo dderbyn y llythyr ac roedd pythefnos dda ers hynny. Pwysodd y botwm i'w hateb.

'Annest!'

'Jyst isio deud diolch.'

'Am be, d'wad?'

'Y bloda.'

'Doeddan nhw'm byd'

'Sut gwyddost ti? Fi cafodd nhw.'

Gwenodd Cemlyn iddo'i hun gan adael iddi gael y gair olaf. Roedd ei llais fymryn yn wanllyd ond roedd ei thafod yn amlwg wedi mendio'n llwyr.

'Dda cl'wad dy lais di, Annest.'

'Mi wellith.'

'A mi welli ditha.'

'Gnaf. Ond o'n i jyst isio deud 'mod i wir yn...'

'Plis, paid â dechra ymddiheuro. Does dim angan.'

'Ond...'

'Dwi'n rhoi'r ffôn i lawr os ti'n mynd i gario mlaen. Dwi'n iawn. Roeddach chdi'n iawn... a dwi'n ocê.'

Am unwaith yn ei bywyd wyddai Annest ddim beth i'w ddweud. Cemlyn gawsai'r gair olaf ar y mater bach yna a theimlodd Annest ryw ryddhad o'i glywed yn bod mor ddiflewyn-ar-dafod. Rhyfeddodd Cemlyn yntau ei fod wedi llwyddo i fynegi ei hun heb betruso unwaith wrth ddweud ei ddweud. A doedd dim chwithdod yn yr eiliadau tawel rhyngddynt erbyn hyn chwaith. Doedd dim angen geiriau drwy'r amser, hyd yn oed mewn sgwrs ffôn.

'Sut ma'r ddynas bach o Canton?'

Cemlyn eto'n cael yr hyder i arallgyferio'u sgwrs.

'Ma hi'n dal yma. Ond ma'r ddwy ohonan ni'n ca'l mynd adra fory.'

'O'r diwadd.'

'Alwodd fi draw at ei gwely neithiwr i ffarwelio. Deud ei bod hi'n falch ei bod hi'n cael mynd adra i...'

Roedd y tristwch yn ei llais yn ddigon. Gadawodd Cemlyn iddi gael ennyd iddi ei hun. Eco pell y ward yn y cefndir ac ambell ebwch gan Annest yn trio dal y dagrau yn ôl. Ymwrolodd cyn dweud ei ffarwél yn ei ffordd ryfedd ei hun.

'Cofia fi at dy fam, Cemlyn.'

'Mi wna i.'

'A biti gin i gl'wad am yr hen ieir hefyd.'

'Llwynogod yn bla hyd lle 'ma.'

'Yr anifail 'ta'r math arall sgin ti rŵan?'

'Bob un, beryg. Ffernols slei 'dyn nhw i gyd.'

Roedd cael siarad yn rhyddhad, a theimlai Cemlyn ryw gwlwm yn dadweindio. Mwy o sŵn cloncian a mân siarad yn y cefndir.

'Dew! O's 'na barti 'di cychwyn acw?' holodd.

'Amsar fisitors, a dwi'n gweld Caron yn trio sleifio potal o bybli i mewn dan ei gôt. Ffonia i di fory, 'li.'

'Rho ganiad wedi iti gyrraedd adra.'

'Rwbath.'

'Be?'

'Rwbath 'de! Ti'n gwbod fod gas gin i ddeud ta-ta!'

'O, ia. Rwbath-rwbath i chditha hefyd!'

Roedd Cemlyn yn dal i wenu wrth lamu i fyny'r grisiau am stafell wely ei fam. Doedd hi prin wedi cyffwrdd â'i brecwast ac roedd un o'i thabledi yn dal ar ymyl ei soser. Agorodd y llenni a sleifiodd yr haul cyndyn i'r ystafell lwyd.

'Ydach chi am godi i ginio heddiw, Mam?' gofynnodd, wrth

estyn am yr hambwrdd gwely oedd bellach yn rhan annatod o'r celfi yn stafell wely ei fam.

'Hwrach g'na i,' atebodd, gan edrych yn ddryslyd ar weddillion ei brecwast.

'Be dach chi ffansi?'

'Sgin i fawr o stumog, cofia.'

Suddodd calon Cemlyn wrth glywed yr un hen ateb a cheisiodd feddwl am drywydd newydd.

'Annest yn cofio atoch chi,' mentrodd. Ond gwyddai, wrth i'r frawddeg lithro dros ei wefus, na fyddai hynny ond yn ychwanegu et ei dryswch.

'Annest?'

'Ia, yr hogan dwi'n actio hefo hi.'

'Yn y pantomeim?'

'Naci, Mam. Yn y ffilm.'

Cliriodd y cwmwl. 'Ia, siŵr... y ffilm.'

Cododd o'r gwely yn eitha sbriws ac estynnodd Cemlyn ei chôt nos a'i slipars iddi. Fe gymerai hi gawl tomato i ginio ac un dafell o frechdan wen ar draws y dorth. Edrychodd allan drwy'r ffenest dros Gors y Meudwy am Lam y Gwyddal. Syllodd ar y gwylanod yn sgrechian ar yr ewyn yn gwyngalchu'r creigiau oddi tanynt, fel petaent yn dadlau â rhywun nad oedd yno.

'Paid â gneud yr un camgymeriad â ddaru dy chwaer,' meddai wrth ei mab, gan ddal ei threm tua cyfeiriad y graig.

'Pam dach chi'n deud peth felly wrtha i rŵan, Mam?'

Daeth rhyw gryndod i'w pharabl, fel petai hi'n ymdrechu i gadw'r deigryn o'i llais.

'Dim byd gwaeth na phriodas heb gariad. Mi wn i hynny'n well na neb.'

HENDRE EBOLION, HAF 2120

*M*AE'N TYWALLT *Y glaw a gwelwn Brengain yn rhoi tusw o flodau ar fedd. Mae croes fechan ar y bedd ac enw Luca wedi ei ysgythru arni. Wrth i'r siot ledu gwelwn ferch yn rhoi blodau ar fedd arall sy'n rhedeg yn gyfochrog â bedd Luca. Bedd ei thaid yw hwn. Mae'r siot yn lledu eto, a sylwn fod plentyn rhyw deirblwydd oed hefyd yn sefyll wrth ymyl y beddau.*

BRENGAIN: Gwawr, wyt ti am roi dy flodyn di ar fedd Taid?

Mae Gwawr yn ysgwyd ei phen ac yn rhedeg i ffwrdd. Mae'n rhedeg at raeadr fechan a lluchio'r blodyn i'r afon. Dilynwn y blodyn nes y daw at bistyll. Mae Gwawr yn chwerthin ac yn rhedeg gyda'r blodyn wrth iddo gael ei gario gan y llif. Mae Haulwen yn casglu blodau o'r gors ac yn sylwi ar ei chyfnither yn chwerthin ac yn dilyn y blodyn. Mae hithau'n ymuno yn yr hwyl. Mae Brengain yn dilyn hefyd. Maen nhw'n chwerthin wrth i'r blodyn gael ei dynnu'n gyflymach a chyflymach gan lif yr afon. Yna daw'r chwerthin i stop. Mae'r tair yn amlwg wedi gweld rhywbeth dieithr iawn. Pan ledaena'r siot gwelwn mai Titus sydd yno ar lan yr afon yn sgota hefo gwialen seml. Mae'n amlwg ei fod wedi cael bachiad ac mae'n ceisio tynnu'r pysgodyn o'r dŵr.

HAULWEN: Be mae o'n neud, Mam?

BRENGAIN: Pysgota.

HAULWEN: Fel y dynion ar y cwch?

BRENGAIN: Ia, ond welodd yr afon yma ddim sgodyn ers cyn co'.

GWAWR: Be 'di sgodyn?

BRENGAIN: Bwyd.

Mae Titus yn glanio'r pysgodyn.

TITUS: Dwi wedi'i ddal o, Brengain!

BRENGAIN: Bwwwwwwyd!

Mae Brengain yn dadwisgo ei blows a'i sgert ac yn neidio i'r dŵr yn ei llawenydd. Yna fe neidia Haulwen a Gwawr i'r afon hefyd, dan sgrechian a gorfoleddu. Mae'r siot yn codi fel y gallwn weld y cyfan o safbwynt aderyn; yn uwch ac yn uwch. Gwelwn yr anialdir yn ei holl wylltineb naturiol, hardd, a theulu, nid annedwydd, yn dathlu yn nŵr yr afon. Daw'r alaw agoriadol i'n swyno, ond y tro hwn mae naws mwy gobeithiol yn y trefniant.

50

I fryniau a phantiau Pentraeth...

P AN AGORODD ANNEST ddrws ei stafell yn y Ship doedd hi ddim wedi disgwyl i'w thu mewn roi'r ffasiwn ochenaid o ryddhad. Roedd popeth yn union fel ag yr oeddan nhw pan adawodd hi fisoedd ynghynt. Cipiwyd ei hanadl mor ddirybudd. Ac wrth i'w hysgyfaint fynnu ei gyflenwad nesaf o awyr iach yr ynys llanwyd ei ffroenau â phersawr lafant a chamffor, Imperial Leather a thywelion glân. Arogleuon ddoe yn falm ar ei heddiw dryslyd.

Ond cysurodd ei hun fod peth o'r dryswch wedi clirio erbyn hyn. Roedd wedi rhoi ei fflat yn y Bae ar y farchnad i dalu peth o'r dyledion a fu'n ei llethu drwy'r gaeaf. Llechen lân. Maddau dyledion. Symud ymlaen. Waeth befo lle. Roedd y brifddinas wedi gwasgu arni ers iddi symud yno o Lundain; pob cornel fel petai'n edliw neu watwar rhywbeth iddi. Diflastod swyddfa'r cyfrifydd, anwadalwch y cwmnïau teledu, syrffed y clybiau a hunllef ei fflat yn y Bae. Pob ffenest siop yn siom ailadroddus a phob wyneb ar y stryd yn fwgwd difynegiant.

'Ma whant arno i i byrnu fflat yn y Bae,' meddai Caron, wrth yrru'r actores fregus dros y 'Fenai dlawd'.

'Wel, os ti ffansi un hefo dwy stafell wely a *one careless owner* rho wbod. Wn i am un gei di sy'n uffar o fargan.'

'Braf!' meddai Annest, gan fwynhau'r osteg wedi i Caron ddiffodd yr injan.

Caeodd ei llygaid a gadael i'r tawelwch lapio'i hun amdani

fel dillad glân ar wely cyfarwydd. Yna, teimlodd rhywun yn ei gwthio'n filain o'r cefn a braich gref rhywun yn ceisio'i thagu. Cipiodd ei hanadl gan afael yn dynn yn ei sedd; chwys oer dros ei thalcen mewn amrantiad. Agorodd Caron ddrws y car iddi ac edrychodd Annest arno fel petai'n ddieithryn wedi dod i'w hachub.

'Ti'n iawn, bach?'

Anadlodd yr awyr iach i'w hysgyfaint a chiliodd yr atgof. Gwyddai'n iawn lle i'w guddio erbyn hyn. Roedd wedi hen gynefino â chladdu atgofion.

'Ydw diolch, Caron. Rho funud imi.'

'A' i â dy gês di lan i'r stafell,' meddai ei ffrind, gan adael i'r llonyddwch setlo. 'Dere di pan ti'n barod.'

Roedd pawb wedi bod mor garedig hefo hi ers yr ymosodiad. Pawb yn dandwn a thendiad fel petai hi'n dal yn seren. Fel hyn y byddai pobl yn arfer ei thrin yn nyddiau cynnar ei gyrfa, ond doedd hi ddim yn siŵr beth i'w wneud ohono fo bellach. Ond roedd y tawelwch yn dweud wrthi am beidio â phoeni. 'Mi fydd popeth yn iawn,' meddai'r distawrwydd.

Mentrodd allan i'r awyr iach a theimlodd egni newydd yn saethu drwyddi wrth iddi roi ei throed ar y graean mân. Edrychodd ar arwydd yr hen westy a gwenodd. Roedd un llythyren wedi diflannu ers iddi fod yma ddwytha. Y Sip oedd yr enw erbyn hyn. Ond yr un oedd y croeso a gafodd unwaith y mentrodd roi ei phen rownd y drws.

51

Ac os na ddôn nhw mi ddôn.

CYRHAEDDODD BIG END pan oedd Cemlyn yn tywallt paned iddo'i hun. Roedd hwnnw wedi rhoi caniad iddo'r noson cynt i ddweud ei fod yn chwilio am gartra i ddwy iâr ddandan a thybed a oedd Cemlyn awydd eu mabwysiadu.

'Easter Eggers ydyn nhw ill dwy. 'Nawn nhw ddodwy wya gwyrdd, glas, pinc a gwyn iti a ma nhw'n blydi lyfli!'

Derbyniodd Cemlyn y cynnig ac fe addawodd Big End y byddai yno cyn naw. Edrychodd ar y cloc. Chwarter i wyth.

'Pwy sy 'na?' galwodd ei fam o'r llofft pan glywodd sŵn car yn gwenynu i fyny'r lôn drol.

'Geraint sy 'na, Mam,' galwodd Cemlyn. 'Dwi'n glychu'r teciall os dach chi awydd panad hefo ni.'

Eisteddodd Catrin Owen yn ei chadair wrth y stof wrth i Cemlyn dywallt y te i'r tri. Edrychodd ar y ddau yn eistedd ar y setl wrth y twll dan grisia, yn union fel yr hen ddyddiau. Yr unig wahaniaeth oedd fod y ddau fymryn talach erbyn hyn a dwy iâr ddandan yn clwcian wrth eu fferau.

'Glywsoch chi fod Ty'n Pant wedi'i werthu?' holodd Big End.

Er eu bod wedi clywed rhyw si am y cynnig hael gafodd Glenys Ty'n Pant daeth chwithdod rhyfedd dros y tri. Neb yn dweud dim byd am sbel. Sŵn tywallt panad a meddwl. Cemlyn dorrodd ar eu myfyrdod.

'Beryg na fydd 'na banto leni felly,' mentrodd.

'Os na neidith rhywun i'r adwy 'te?' ychwanegodd Big End.

Felly roeddan nhw'n cnoi cil ar y sefyllfa pan oedd Annest yn cychwyn o'r gwesty. Roedd hi wedi dweud wrth Cemlyn y byddai'n dod heibio tua'r chwarter i naw 'ma. Roedd Cemlyn â'i lygaid ar y cloc yn meddwl beth fyddai Annest yn ei feddwl o hyn i gyd. Llestri ei frecwast hyd y lle, ei fam yn dal yn ei choban a'i chyrlyrs, Big End hefo un iâr ddandan dan ei fraich erbyn hyn a'r llall yn dal i swatio dan y bwrdd.

Nid fel hyn oedd wythnos ola'r ffilmio i fod i gychwyn. Roedd Cemlyn wedi bwriadu mynd â brecwast i fyny i'r gwely i'w fam ac roedd Marian Spar wedi addo dŵad yno i roi cinio iddi. Roedd wedi gobeithio gwadd Annest i mewn am baned hamddenol i'r ddau gael sgwrs am yr hyn ddigwyddodd cyn mynd ar y set. Sgwrs mewn llonyddwch ar ei aelwyd. Gwyddai fod Annest wedi mwynhau bod yn Nhyddyn Pwyth y tro o'r blaen y bu yno. Ond roedd yn gweld ei gynlluniau'n dipyn o wy clwc erbyn hyn.

'Damia nhw!' meddai Catrin Owen dan ei gwynt.

'Pwy, Mam?' holodd Cemlyn.

'Nhw 'te. Pwy bynnag ydi'r giwad 'ma. Pwy bynnag ddiawl ddoth yma i'n hel ni o 'ma. Ma nhw'n gwbod yn iawn be ma nhw'n neud. Trio troi'r drol ma nhw.'

Edrychodd Cemlyn ar ei fam mewn syndod ac yna ar Geraint. Roedd pethau wedi bod yn troi yn ei phen ers iddi fod yn nhŷ Megan, mae'n rhaid. Ambell fore, roedd hi wedi codi o'i gwely'n llawn egni a'i sgwrs yn felin bupur ddifyr a rhesymegol – fel yn yr hen ddyddiau. Darnau'n disgyn i'w lle, yna'n syrthio'n glewt eto, a'r blinder rhyfedda'n ei llethu. Mynd a dod fel y llanw a'r trai ar Graig y Morlo.

Er bod patrwm y bore hwn wedi ei luchio oddi ar ei echel ryw fymryn, roedd hi'n braf clywed clwcian ieir unwaith eto, meddyliodd Cemlyn. Dim ond megis cychwyn roedd y ddwy fach yma; Titus a Brengain. Dyna fyddai eu henwau. A dyna roedd Tyddyn Pwyth ei angen rŵan, llond iard o ieir yn clwcian. Tyfu llysiau. Tocio'r berllan. Dyna rywbeth arall roedd o ar feddwl ei wneud ers blynyddoedd. Deuparth gwaith, rhesymodd. Teimlodd ryw gynnwrf newydd yn egino.

'Dwi'm yn meddwl dôn nhw fy hun,' taflodd Geraint ei gnegwarth i ganol y clwcian a thynnu Cemlyn yn ôl o'i gynlluniau.

'Ti'n meddwl, Big End?' meddai Cemlyn yn obeithiol.

'Os dôn nhw, os na ddôn nhw, ma'r damej wedi'i neud i Fodeurwyn yn barod,' ychwanegodd Catrin Owen, gan godi'r trywydd mor llyfn ag edau drwy ril.

Rhyfeddodd Cemlyn at y miniogrwydd. O ble daeth hyn tybed?

Clywodd Annest yn cyrraedd ac aeth Cemlyn i'w gwahodd i mewn am baned er gwaetha'r llanast. Er ei fod wedi clywed ei llais yn cryfhau bob tro y siaradai â hi ar y ffôn, roedd ei gweld yn edrych mor dda yn rhyddhad mawr iddo. Ac roedd cofleidio'n rhwydd i'r ddau. Y lletchwithdod wedi mynd. Roedd yn falch o'i gweld. Hithau'r un modd.

'Ti'n edrach yn dda.'

'Dipyn o baent yn cuddiad y llanast.'

'Fedra i'm deud 'run fath am y gegin m'arna i ofn, ond ma 'na banad ar y go, os ti ffansi?'

'Pam ti'n meddwl dois i'n fuan, Cemlyn? I fynd dros fy leins?'

Wrth i Cemlyn arwain Annest tua'r gegin daeth sŵn clwcian o'r cefnau.

'Ond o'n i'n meddwl...'

'Big End,' eglurodd Cemlyn. 'Ty'd drwadd imi ga'l eu cyflwyno nhw iti. Titus a Brengain 'di'u henwa nhw. Fymryn yn swil i gychwyn, ond os byddi di'n glên hefo nhw mi gei wya o bob lliw a llun yn ôl.'

Aeth Annest drwadd i'r gegin a chael y llanast yn gysurlon a'r wy wedi ferwi pinc yn destun sgwrs ddigri iawn rhwng Big End a Cemlyn. Daliodd lygad Catrin Owen yn syllu'n fanwl arni unwaith neu ddwy. Tybed beth oedd yn mynd trwy feddwl yr hen garpan?

Ond mae llecyn ger yr afon
Ylch yn lân heb ddim o'r sebon.

WRTH NESU TUA'R afon i saethu'r olygfa olaf, teimlodd
Annest bwl o dristwch yn golchi drosti fel ton, ac yna'n
cilio eto. Llanw a thrai. Mynd a dod. Edrychodd ar y nant
fechan yn troelli tua'r môr. Symud yn ei blaen er gwaethaf
pob rhwystr. Lleoliad perffaith, meddyliodd. Edrychodd tua'r
gorwel. Awyr las. Diwrnod olaf y saethu. Cychwyn newydd.

Roedd cynnig wedi ei wneud ar y fflat a hwnnw'n un digon
teg. Tybed ai Caron oedd wedi ei wneud? Fentrodd hi ddim
gofyn iddo heddiw. Gallai hynny aros. Ond o leiaf roedd
pethau'n symud i'r cyfeiriad iawn o'r diwedd. Roedd hithau
mewn lle gwell ei hun bellach. Gwyddai lle roedd hi hapusaf.
A'i thraed yn rhydd a'i rhagdybiaethau'r chwilfriw. Roedd y
byd yn dal yn rhywle i'w ofni, ond roedd ynddo gilfachau
nad oedd eto wedi eu handwyo gan ddynion hefyd.

Doedd ffilmio golygfeydd y dociau ddim wedi bod yn
hawdd, yn enwedig yr olygfa drais ar fwrdd y llong. Bu Sion
a hithau'n trafod pob siot fesul ffrâm fel bod y cyfan yn llifo'n
esmwyth heb din-droi'n ormodol ar y set.

'Cynta'n byd cawn ni hon i'r cans, gora'n byd,' meddai'r
cyfarwyddwr yn dawel.

Eisteddodd Annest yn y sedd golur yn rhedeg ei llinellau
iddi ei hun. Lle perffaith i ymlacio cyn unrhyw ffilmio yw
sedd golur os ydi'r byd a chitha ar delerau da. Roedd dwylo

Karen yn dyner wrth daenu'r colur a'r brwsh powdwr yn esmwyth ar ei grudd. Doedd Cemlyn ddim yn yr olygfa yma ond roedd yno i gyrraedd ac estyn petai raid.

Roedd y colur yn drwch, fel mai prin yr oedd Annest yn ei hadnabod ei hun yn y drych. Brengain wedi cyrraedd y gwaelodion oedd hon, yn rhygnu byw i drio cynnal ei phlentyn, yn dal gafael mewn unrhyw lygedyn o obaith pe deuai heibio.

'Fi 'di honna?' ebychodd.

'Fedra i dynnu fo i lawr ryw fymryn os ti isio,' cynigiodd Karen yn syth.

'Na, ma hwnna'n berffaith. Diolch.'

Un cip arall yn y drych tra chwistrellai Karen gwmwl arall o Elnett ar ei wig.

'Brengain druan,' meddai Annest yn dawel, cyn mentro allan ar y set.

'Fyddi di'n ocê,' meddai Cemlyn, gan roi paned o goffi du yn ei llaw.

'W'st ti be? Dwi'n mynd i fod yn well nag ocê. Dwi'n mynd i fod yn ffwcin *brilliant*!'

Dewisodd Cemlyn lecyn digon pell i wylio'r olygfa fel na fyddai modd i Annest ddal ei lygad wrth ffilmio, ond yn ddigon agos i fod wrth law petai hi angen unrhyw beth. Er fod Sion wedi sicrhau fod mwy na digon o gymorth iddi petai angen, roedd Annest wedi gofyn i Cemlyn fod yno hefyd.

'Jyst gafal amdanaf i ar ôl imi orffan. Dyna'r oll fydda i isio.'

Doedd gwylio'r olygfa ddim yn hawdd, a gwyddai Cemlyn mai mynd trwy'r mosiwns yn unig roedd Annest ar bob cynnig. Ond dyna'n union fyddai Brengain wedi ei wneud hefyd, meddyliodd. Gorwedd yn fud ac ildio i'w thynged. Ei holl angerdd yn ysu am gael rhedeg ar y set i wahanu'r ddau actor a'i reddf yn ei arbed rhag gwneud hynny. Onid dyna pam roedd o'n mwynhau actio? Dal drych inni weld ein hunain am yr hyn ydan ni. Ein cryfderau a'n gwendidau'n cael eu chwifio o'n blaenau i'n sobri a'n diddanu. Dyna pam 'dan ni'n gneud hyn, meddyliodd. Dyna pam dwi yma. I ddangos ein bod ni angan brwydro drw hyn i gyd. Dyna dwi'n gweld o 'mlaen i rŵan. Hogan yn brwydro drw'r holl gachu i ddeud rwbath. Dyna pam dwi'n ei charu hi.

Cyn iddo sylweddoli'r hyn oedd wedi gwibio drwy'i feddwl roedd Annest wrth ei ymyl ac yntau'n lapio gŵn nos drwchus am ei hysgwyddau crynedig. Roedd ei cholur wedi ei ddifetha ac un linell ddu yn rhedeg i lawr ei grudd. Roedd Sion yn fodlon a'r criw yn dawel. Yn llawn edmygedd.

'Ti'n iawn?' holodd Cemlyn yn dawel.

'Gafal yn sownd yn'a fi, 'nei di? Plis?'

Roedd ei hangen yn syml, a'i gyflawni'n symlach fyth.

* * *

A heddiw oedd bore ola'r cynhyrchiad. Roedd Sion eisoes wedi saethu'r golygfeydd hefo'r merched yn taflu'r blodau i'r afon a'r haul wedi chwarae ei ran yn berffaith; yn tanio'r grug ac yn goleuo'r afon yn gadwyn i lawr y dyffryn. Byddai'r cyferbyniad rhwng yr heulwen a mwrllwch llwyd yr olygfa agoriadol yn asio'n berffaith â holl weledigaeth y cyfarwyddwr.

Edrychodd Annest ar Cemlyn yn ymarfer pysgota hefo'i wialen-wneud ar waelod y bryncyn, lle roedd yr afon yn hamddena'n bwll. Mor glyfar fu Sion yn ei gastio. Yn fronnoeth yn yr haul, roedd Titus wedi tyfu'n ddyn, ei gyhyrau'n dynn ac yn solet wrth iddo ymarfer stumiau'r sgotwr praff. Cemlyn dlawd. Ei gyfoeth i gyd yn ei ddawn i ddiddanu ac i garu. Ei filltir sgwâr yn ganolbwynt ci fywyd a'i orwelion yn bellach nag y tybiai.

A'r olygfa anoddaf y tu cefn iddi roedd rhedeg i lawr y dyffryn yn dilyn y blodyn efo'r merched bach yn rhwydd. Er fod Sion angen sawl ongl i sefydlu'r pysgotwr unig ar waelod y dyffryn yn cymryd amser, pwy allai gwyno am orfod rhedeg rhwng y brwyn yn dilyn blodyn am y degfed gwaith?

'Cino!' galwodd Caron wedi i Sion gadarnhau ei fod yn hapus â'r siot olaf am y bore.

Yna daeth sgrech o waelod y graig wrth i bawb gerdded i gyfeiriad y babell fwyd. Roedd y merched bach yn dal wrth y graig uwchben y pwll yn sgrechian ac yn gynnwrf i gyd. Rhedodd pawb i lawr tua'r trobwll a gweld fod Cemlyn yn brwydro i ddal gafael yn ei wialen. Roedd yn amlwg fod yna horwth o bysgodyn ar ei fachyn, ac o fewn dim roedd Sion wedi galw ar ei ddynion camera i ffilmio o bob ongl bosib.

Yn dawel, fe ddechreuodd gyfarwyddo'r actorion ac fe wyddai pawb fod hwn yn gyfle na ellid ei golli.

'Gwrandwch, bawb,' meddai, 'os llwyddith Cemlyn i lanio'r sgodyn mi gariwn i mlaen i ffilmio'r olygfa olaf yn union fel y buon ni'n trafod bore 'ma. Peidiwch â phoeni os na fydd hwn yn gweithio, mi allwn ni ddŵad yn ôl ar ôl cinio a'i saethu dan yr hen drefn. Ond am rŵan, byddwch yn greadigol. Dach chi'n gwbod y stori. Daliwch i ffilmio. Gwna be fedri di, Cemlyn. *Stand by*, bawb!'

Aeth un o'r dynion camera i mewn i'r hofrennydd yn barod ar gyfer y siot olaf un. Doedd y gyrrwr ddim i danio'r injan nes y câi arwydd i wneud hynny gan fod Sion am gymryd y sain tra byddai'r merched a Titus yn neidio i'r dŵr. Pan fyddai'n hapus fod ganddo ddigon o luniau i gyfleu'r gorfoledd bod yna fyd newydd ar dro, byddai'r hofrennydd yn codi. Unwaith y byddai'r ciw hwnnw wedi ei roi, roedd pawb arall i lochesu yn yr hen furddun wrth ymyl. Doedd o ddim am weld yr un creadur byw arall yn agos i'r panorama olaf.

Yn raddol, llwyddodd Cemlyn i dynnu'r sgodyn i'r lan.

'Dwi wedi'i ddal o, Brengain!' galwodd Titus o lan yr afon a gorfoledd yn tasgu ohono.

Gafaelodd Annest yn dynn am ysgwyddau'r ddwy ferch fach gan weiddi nerth esgyrn ei phen.

'Bwwwwyd!' bloeddiodd, nes bod ei llais yn atseinio drwy'r dyffryn.

Rhedodd y merched i lawr tua'r afon gan neidio i mewn i'r dŵr a mwynhau'r rhyddid i chwarae fel y mynnent. Ymunodd Cemlyn yn y rhialtwch a dechreuodd y tri chwerthin o ddifrif; chwerthin na chofiai Cemlyn ei brofi ers tro byd. Chwerthin na wyddai ei gyhyrau amdano tan heddiw.

Cododd yr hofrennydd yn raddol ac edrychodd Annest ar y tri yn plymio ac yn chwerthin yn yr afon, a theimlodd fel adyn ar y lan. Fe wyddai na fyddai Brengain yn aros yn y fan honno ar ei phen ei hun. Fe sylweddolodd, waeth beth fyddai hi'n ei wneud i fynegi'r llawenydd oedd ei angen ar ddiwedd y ffilm, na fyddai'n gyflawn oni bai ei bod hithau'n mentro i'r dŵr. Daeth mymryn o banig i'w mynwes. Roedd yn rhaid cydio yn yr eiliad neu adael iddo fynd. Teimlodd yn noeth yn sefyll yno ar y graig a'r tri arall yn dathlu yn y pwll crisial.

Cododd Cemlyn o waelod y pwll a dal ei llygad. Deallodd ei lletchwithdod a gwenodd arni. Gwenodd hithau arno yntau. Yna fe daflodd Titus lond llaw o ddŵr oer drosti. Gwelodd y merched beth oedd yn digwydd ac ymuno yn y trochi. Safai Brengain ar y graig yn wlyb at ei chroen a thybiodd Annest weld Cemlyn yn amneidio arni i fynd un cam ymhellach. Gwyddai hithau fod y camera'n ddigon pell erbyn hyn i golli unrhyw greithiau. Tynnodd ei chrysbas a'i sgert gan sefyll ar y graig tra gwaeddai'r tri arall arni i neidio i mewn. Roedd y graig yn uchel ond roedd Annest yn gwybod nad oedd ganddi ddewis ond neidio. Rhoddodd un floedd anferth a phlymiodd i'r dyfnderoedd clir.

Mor braf ydi bod dan ddŵr dros 'ych pen a'ch clustia. Yn ôl i rwla saff; rwla lle fedar neb 'ych cyffwrdd chi. Fan hyn dwi i fod. Reit o dan y dŵr. Glân. Bob dim yn symud tua'r un lle – i'r un diban. Patrwm. Mae 'na batrwm i bob dim i fod. Chwalu patryma ma pobol. Fa'ma dwi isio bod.

Edrychodd Cemlyn yn syn ar y cylchoedd dŵr yn pylu ar ymyl y lan. Roedd y merched bach yn syllu'n fud ar yr union fan lle diflannodd Brengain. Dim ond sŵn yr hofrennydd yn hymian yn bell uwch eu pennau. Llonyddodd y cylchoedd.

'Annest!'

Taflodd Cemlyn y sgodyn i'r lan a phlymio i'r pen dyfnaf lle roedd mymryn o drobwll yn yr afon dan gysgod y graig. Ac yno roedd Brengain, ei chroen yn laswyn yn erbyn y tywyllwch. Yr haul yn donnau arian mân hyd ei chorff, oedd yn hongian fel angel gwyn uwchben allor. Ei llygaid yn bell. Yn rhywle nad oedd yn perthyn i'r byd hwn.

Yn sydyn, gydag un hyrddiad o egni, saethodd yn ôl tua'r haul gan anadlu'r aer fel petai'n llenwi ei sgyfaint am y tro cyntaf erioed. Dilynodd Cemlyn hi at wyneb y dŵr. Anadlodd yntau o'r newydd gan edrych yn syn ar Annest. Nid ei chwaer oedd yno bellach. Nid yr un Annest oedd hi chwaith.

'Be ddigwyddodd?' holodd Cemlyn a sŵn yr hofrennydd yn cilio'n y pellter.

'Mond be oedd i fod i ddigwydd.'

Gwenodd Annest wên ddireidus gan ddweud: 'Ty'd i lawr i fan hyn. Ma teulu Llyn y Fan yn ysu i dy weld di.'

Plymiodd yn ôl i'r llyn, a Cemlyn yn dynn wrth ei sodlau.

Diolchiadau

Wedi imi fod yn gweithio ar y stori dros gyfnod go faith, mae fy rhestr o ddiolchiadau wedi tyfu'n raddol dros y blynyddoedd. Ond hoffwn estyn fy niolch yn gyntaf i'r Lolfa am eu cefnogaeth a'u gwahoddiad i gyhoeddi'r gwaith, ac yn arbennig i Meinir Wyn Edwards a Robat Trefor am eu crib mân dyfal a'u hamynedd di-ben-draw.

Diolch i'r holl ffrindiau ym myd y theatr a byd amaeth am wrando a chyfrannu a chynnig syniadau. Diolch yn arbennig i Owen Arwyn ac i Arthur a Jean Hughes am rannu o'u profiadau; i deulu E. T. Jones, Lamia, Siop y Bwtsiwr ym Modedern, am ganiatáu imi fynd draw i'w lladd-dy i wneud gwaith ymchwil; ac i deulu Caerdegog am eu croeso, eu straeon ac am eu safiad dewr, ac unig ar adegau, yn dal eu tir yn ardal Cemlyn, Ynys Môn.

Diolch i Angharad Price, fy nhiwtor personol yn ystod y chwe blynedd hynod o ddifyr a dreuliais yn fyfyriwr doethuriaeth mewn ysgrifennu creadigol ym Mhrifysgol Bangor, am ei harweiniad doeth.

Ac yn olaf, i'm teulu, am adael llonydd imi bydru 'mlaen i hogi fy syniadau ac am fod yno i wrando pan oedd angen clust yn achlysurol. Ond yn fwy na dim, am eu hamynedd a'u hanogaeth.

Hefyd o'r Lolfa:

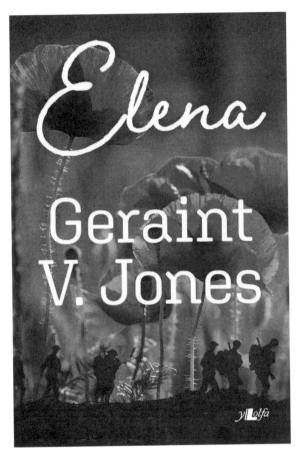

£9.99

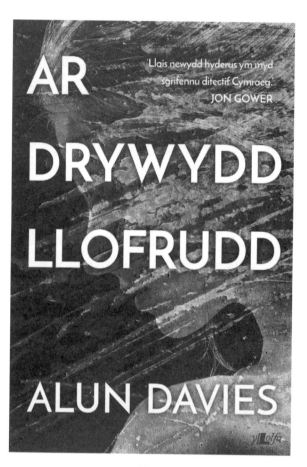

AR DRYWYDD LLOFRUDD

'Llais newydd hyderus ym myd sgrifennu ditectif Cymraeg.'
JON GOWER

ALUN DAVIES

y Lolfa

£8.99

'Cloben o nofel sy'n rhoi i ni'r alaethus o drist a'r doniol iawn.'
MEINIR PIERCE JONES

ESGYRN

Heiddwen Tomos

'Dod ar eu traws wrth chwarae wnaethon nhw. Esgyrn.'

y olfa

£8.99

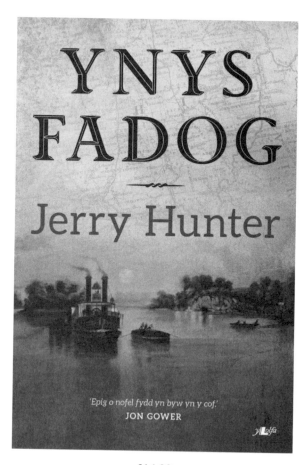

YNYS FADOG

Jerry Hunter

'Epig o nofel fydd yn byw yn y cof.'
JON GOWER

y Lolfa

£14.99

Am restr gyflawn o lyfrau'r Lolfa, mynnwch
gopi am ddim o'n catalog
neu hwyliwch i mewn i'n gwefan

www.ylolfa.com

lle gallwch archebu llyfrau ar-lein.

TALYBONT CEREDIGION CYMRU SY24 5HE
ebost ylolfa@ylolfa.com
gwefan www.ylolfa.com
ffôn 01970 832 304
ffacs 832 782

Tajemnice Kodu

Nieautoryzowany przewodnik
po sekretach
Kodu
Leonarda Da Vinci